马国翰研究

赵晨 著

北京联合出版公司

自　序

　　马国翰是清代中期著名的辑佚大家，著有《玉函山房辑佚书》六百余卷。他亦是著名的藏书家和目录学家，著有《玉函山房藏书簿录》二十五卷。这两部著作，体现着马国翰的最主要成就，也是马国翰众多著作中流传最广的，故学者的眼光也多集中在这两部著作上。

　　马国翰一生著述颇丰，除《玉函山房辑佚书》与《玉函山房藏书簿录》外，亦有大量诗文集和其他学术著作。因此，马国翰的成就不仅仅体现在辑佚学和目录学上，也体现在其他方面。只有对马国翰的著作进行全面的阅读研究，才能对他的各项成就有系统全面的认识。而全面了解马国翰的各项成就，对于评价马国翰的学术贡献、界定马国翰的学界地位是至关重要的，所以应该对马国翰进行全面研究，拓宽现有的研究范围。

　　但马国翰的大部分著作流传不广，长期以来鲜为人知。《四库未收书辑刊》第四辑曾收入马国翰《月令七十二候诗》四卷，上海古籍出版社亦将马国翰《红藕花轩泉品》稿本与刻本影印出版。但市面上能见得到的马氏著作仍然十分有限，文献不足，故难以对马国翰进行全面的研究，这是目前对马国翰研究范围较窄的主要原因。

　　《山东文献集成》的出版，改变了这种现状。其第一辑影印了马国翰《玉函山房藏书簿录》、《玉函山房辑佚书》、《玉函山房目耕帖》、《玉函山房辑佚书续补》诸书；第二辑收录了《马氏家谱》十五卷，对认识马国翰的家族历史大有裨益；第三辑收录马国翰《竹如意》、《玉函山房文集》、《文选拟题诗》、《五峰山馆诗课》、《玉函山房试帖续》、《夏小正诗》、《买春诗话》等书；第四辑收录《玉函山房诗钞》、《玉函山房诗集》两书。《山东文献集成》不但影印了大量的马国翰著作，也收录了不少马国翰友人的著作，如李廷棨《纫香草堂诗集》，周乐《二南吟草》、《二南诗钞》、《二南文集》，李邺《柿园诗稿》，王德容《秋桥诗选》、《秋桥诗续选》等，其中亦可钩稽出不少与马国翰有关的文献资料。《山东文献集成》所影印的马国翰及其友人之著作，大大丰富了研究马国翰所需的各种文献资料。随着研究资料的不断丰富，对马国翰进行全面研究的条件也逐渐成熟。对《玉函山房辑佚书》和《玉函山房藏书簿录》的研究固然需要更细致、更全面，而将现有的一切马氏著作和相关著作利用起来，多角度、多层次地研究马国翰，把马国翰研究从一个侧面扩展到全面，使读者对马国翰有更完整、更准确的认知，也是十分必要的。

  对于马国翰的研究，前辈学者已有大量的成果。

  清光绪时期的蒋式瑆是第一个对马国翰遗书进行搜访并整理出马氏手稿目录的学者，也是第一个就《玉函山房辑佚书》的作者问题进行探讨的学者。其《手稿存目》保留了大量马国翰藏书、著书的资料信息，记载了一批马氏未完手稿，对于整理马国翰的生平著作有重要的参考作用。其《书后三篇》列举证据，以证马国翰之《玉函山房辑佚书》非窃章宗源而来，确凿有力。蒋式瑆是从马国翰著作入手研究马国翰的第一人，他的研究为后人提供了宝贵的经验和启示。马国翰的外孙李元琎亦在《马氏全书·后序》中对马国翰的藏书活动及《玉函山房辑佚书》的刊刻、印刷情况有详细介绍。蒋式瑆和李元珽所作诸文，皆是详明可信的第一手资料，十分宝贵，对于后人研究马国翰具有重要的意义。

王重民先生是近代第一位从较全面的角度研究马国翰并对其进行评述的学者。其《清代两大辑佚书家评传》略载马国翰的生平事迹，又列出了马国翰的著作目录；最重要的是，系统总结并论述了《玉函山房辑佚书》的作者问题。继蒋式瑆之后，王重民先生更加深入透彻地为马国翰辩诬，力证《玉函山房辑佚书》为马国翰所作。王重民先生之文，对后人从更多层面研究马国翰具有启示作用。

建国后研究马国翰的学者渐多，其目光多数放在《玉函山房藏书簿录》和《玉函山房辑佚书》上。王绍曾先生与沙嘉孙先生合编的《山东藏书家史略》有专篇论述马国翰的藏书始末，对读者认识马国翰的藏书活动很有帮助。后陆续有单篇论文论及马国翰与《玉函山房藏书簿录》及《簿录》所体现的具体问题。如2002年《文献》季刊刊登杜泽逊师《马国翰和〈玉函山房藏书簿录〉》，详述《玉函山房藏书簿录》的馆藏情况、体例结构、所收书的版本情况、数量种类及解题特色等诸多问题。贵州民族大学郭国庆亦有多篇论文论述《玉函山房藏书簿录》中的具体问题，包括藏书版本、藏书来源、藏书种类与数量等诸多方面。2005年，台北大学邱丽玟作硕士论文《马国翰及其〈玉函山房藏书簿录〉研究》，对马国翰的藏书和《玉函山房藏书簿录》中的各项问题做了系统的梳理研究，是目前关于马国翰及《玉函山房藏书簿录》最全面的研究论文。

在对《玉函山房辑佚书》的研究方面，1983年，沙嘉孙先生有《马国翰和〈玉函山房辑佚书〉》一文，对马国翰辑《玉函山房辑佚书》的过程及《辑佚书》刊刻的始末有详细论述，亦论及马国翰窃章氏书之说，并对前人辩诬进行了总结。1994年，叶树声、张立敏有《马国翰窃章宗源辑佚成果辩》，刊于《河北图苑》，对前人之辩诬有所增补，使马氏非窃章氏书的证据更加确凿有力。2005年，山东师范大学李梅训有《马国翰的辑佚学成就——以〈玉函山房辑佚书·经编纬书类〉为例》一文，将马国翰辑佚、校勘之功做了梳理。2009年，章宏伟有《马国翰与〈玉函山房辑佚书〉》一文，述及马国翰的生平活动及辑佚过程，亦作"马国翰窃章宗源成果辩"一节。2010年，《图书馆论坛》发表盐城师范学院赵荣蔚《论〈玉函山房辑佚书〉的体例特色》一文，从《玉函山房辑佚书》本身出发，分析了《辑佚书》在编纂过程中的体例规范。2014年，《学行堂文史集刊》刊载西南大学高月《马国翰〈玉函山房辑佚书〉研究综述》一文，综述了与马国翰及《玉函山房辑佚书》相关的各项资料。

此外，关于马国翰著作雕版的单篇文章有：2000年，《文史哲》载滕咸惠作《清代马国翰著作木刻雕版在章丘发现》一文，记1999年秋马国翰著作木刻雕版在章丘埠村镇西鹅庄被发现一事，并列出了书版中比《马竹吾先生全集》和其他单行著作多出的马氏著作7种。2001年，《藏书家》第4辑载宁荫棠《百年藏板重现记》一文，对马国翰著作雕版的发现过程、数量、保存状况等作了详细介绍。这些文章对于考论马国翰的著作和研究马国翰著作的出版过程具有重要意义。

综上，目前学界关于马国翰的研究以论文为多，关注点多在《玉函山房藏书簿录》和《玉函山房辑佚书》上。这些成果对后人研究马国翰提供了巨大的理论支持，但随着马国翰的各种著作逐渐地为人所知，其行年、著作、交游、藏书、辑佚、文学活动等多方面的文献史料已经公布，对马国翰进行全面研究的条件已日益成熟。

关于马国翰的生平事迹，前人略有总结，但尚未有从《马氏家谱》中汲取有益信息来详述马国翰家族者。据民国二十年马笃恒、马笃艮主修《马氏家谱》，可以明晰马国翰家族迁徙、定居的过程，以及马国翰这一支的血脉延续情况。了解马国翰的家族史，对于了解马国翰的生活环境和生存背景有所帮助。王重民先生在其《清代两大辑佚书家评传》中对马国翰的生平行迹作了梳理，整理了简单的马国翰年谱；本书从更多的资料入手，在前辈学者的基础上，作了更为详尽的马国翰行年录，以期对读者了解马国翰的生平事迹更有帮助。

关于马国翰的著述，王重民先生在《清代两大辑佚书家评传》中列出过马国翰的著作目录。本书除将马国翰的著作列作目录外，更搜集到一些不见于马国翰诗集、文集中的论文之语，散见于周乐《二南文集》中。其论文之语，对于研究马国翰的文学理念和文学成就是有帮助的。马国翰的著作，类型众多，涉及经学、辑佚学、目录学、金石学、文学等诸多方面，这些著作证明了马国翰的成就是多方面的，他的学术身份也是多重的，其在辑佚学、目录学、经学、金石学和文学评论领域皆有建树，是一位十分全面的学者。

关于马国翰的交游，台北大学邱丽玫在其硕士论文《马国翰及其〈玉函山房藏书簿录〉研究》中有所总结，但并不完全。其文没有涉及马国翰为官期间结识的各位同僚，早年师友及同乡友人亦有所缺漏。本书通过马国翰的诗集、文集等，将其中涉及的人物一一钩稽出来，力求将马国翰的交游考证得更加完备。

关于马国翰的藏书，前人诸论文亦较为详备，涉及马国翰藏书的数量、种类、版本、来源等多方面的内容。本书在研究马国翰藏书时，特别注意到其藏书多清代刻本，亦多清代人著作。通过《玉函山房藏书簿录》中所保留的书籍版本信息和作者信息，可窥清代出版状况、学术状况和清代文人创作的状况。从这一点上来看，马国翰的《玉函山房藏书簿录》是一部具有鲜明时代意义解题书目。另外，在整理《玉函山房藏书簿录》诸条目的过程中，笔者发现在马国翰收藏的诸多清人著作中，多有不见于其他书目著录，或其版本不见于他书著录者。这些著作多是清代基层官员或乡土文人的作品，流传不广。诸书目皆不著录，将会导致这些著作被淹没在历史中，后人无从得知其概况。《玉函山房藏书簿录》的著录，使这些流传不广的著述得以被后世知晓，即使其书不存，通过《簿录》的著录及解题所述，亦可知其大概。因此，《玉函山房藏书簿录》的著录在一定意义上具有不可替代性，也为现代编纂清人著述目录提供了重要的参考。

关于《玉函山房辑佚书》，前人诸论文的关注点多在《辑佚书》的刊刻、作者问题的辩证上，而整体研究《玉函山房辑佚书》的力度不够。本书对《玉函山房辑佚书》所辑佚书的数量、种类、分类等进行了统计和总结，更将马国翰辑录诸佚书所引之书一一钩稽列出，形成《玉函山房辑佚书》引书考。考察马国翰所引诸书，是考察马国翰辑佚工作的一个重要方面，从引书可知马国翰在辑佚过程中所付出的具体劳动和辑《玉函山房辑佚书》的具体过程，对于认识《玉函山房辑佚书》的价值与作用具有重要意义。另外，对于《玉函山房辑佚书》各叙录的研究，前人也少有涉及。《玉函山房辑佚书》的各篇叙录，不仅是一个巨大的佚书资料库，更是一部庞大的佚书目录。和《玉函山房藏书簿录》一样，《玉函山房辑佚书》的叙录，体现出马国翰过人的目录学成就。同时著有存书、佚书两种目录者，有清一代，只马国翰一人，其在目录学史上的贡献不可小觑，也应在中国目录学史上占据一席重要的地位。

关于马国翰的文学创作，前人亦较少涉及。本书对马国翰的文学活动作了梳理和总结。马国翰是一位诗人，曾于道光二十二年（1842）加入鸥社，与鸥社诗人共同创作了大量的诗歌作品。鸥社诗人崇尚杜甫、边贡、李攀龙，继承了杜甫的"诗史"传统。马国翰的诗歌风格也颇受鸥社风气的影响，笔意质朴，着眼现实，格律精工。马国翰的文章以赋与考据文章居多，其所作赋多是科举课业之作。而其所作考据文章，订正前人讹误、考订经义、考证地理，于经、史之义多有阐发，有益学林。诗文以外，马国翰著有《竹如意》二卷，皆为笔记体小说，志怪、谐谑之外，亦涉及山东风土习俗及民间传说，具有一定的民俗学价值。此外，马国翰还著有文学评论著作《买春诗话》，记清代诗人诗作79条，其中多为山东诗人之作。《买春诗话》在对诗句进行文学评价外，还具有重考据的特点，马国翰对所评诗句中所用之词的词义及由来多有考证，因此，《买春诗话》在具有文学性的同时也具有一定的学术价值。《买春诗话》有不少条目被《山东通志·艺文志》直接引用，其对于地方文献的保存也作出了不小的贡献。

本书虽从多方面、多角度研究了马国翰，但仍有待于做更深层次的研究。马国翰研究依然具有很大的研究空间。《玉函山房辑佚书》是一部内容极其丰富，也极其复杂的大型丛书，对辑佚书原文的阅读和理解、对佚文的校勘与补遗都是有待进一步研究和探讨的，也是接下来学者需要进一步努力探索的。

目　录

第一章　马国翰行年考 / 1

　　第一节　家世 / 1

　　第二节　生平简述 / 3

　　　　一、启蒙时期（7岁—14岁）/ 3

　　　　二、科举求仕时期（15岁—39岁）/ 5

　　　　三、仕宦时期（39岁—59岁）/ 8

　　　　四、暮年乡居时期（59岁—64岁）/ 10

　　第三节　行年录 / 11

第二章　马国翰著述考 / 27

　　第一节　著作目录 / 27

　　　　一、经部 / 27

　　　　二、史部 / 30

　　　　三、子部 / 33

　　　　四、集部 / 36

　　　　五、丛书 / 42

　　第二节　散见他处之论述 / 44

　　　　一、见于周乐《二南文集》者 / 44

　　　　二、见于《续修历城县志》者 / 47

第三章　马国翰交游考 / 51

第一节　早期师友 / 51
第二节　同乡师友及门生 / 54
第三节　科考同年及官场同僚 / 63
第四节　鸥社友人 / 73
附：续鸥社年表 / 83
第五节　至交好友 / 87

第四章　马国翰藏书考 / 95

第一节　马国翰藏书来源考 / 97
一、手自抄录 / 97
二、友人相赠 / 104
三、自行刊刻 / 107
四、购买所得 / 108

第二节　马国翰藏书之版本分析 / 109
一、著录出版时间 / 109
二、著录书籍来源 / 111
三、著录出版者 / 113
四、著录出版地 / 129
五、著录书籍出版形式 / 133

第三节　玉函山房藏书之特色 / 135
一、收藏山东乡贤著作 / 136
二、收藏小说 / 138
三、收藏医书 / 139
四、收藏地方志 / 141

第四节　《玉函山房藏书簿录》及《簿录》以外的马氏藏书 / 147
一、版本 / 147
二、体例 / 151

三、所收书之数量与种类 / 152
　　四、《玉函山房藏书簿录》以外的马氏藏书 / 160
第五节　《玉函山房藏书簿录》的分类 / 162
　　一、类目设置 / 162
　　二、分类评析 / 172
　　三、分类失当之处 / 181
第六节　《玉函山房藏书簿录》的意义与价值 / 183
　　一、时代意义 / 184
　　二、目录学价值 / 186

第五章　《玉函山房辑佚书》研究 / 201

第一节　清代辑佚学之盛与马国翰《玉函山房辑佚书》
　　　　形成背景 / 201
　　一、辑佚学的发展及清代辑佚学的形成 / 201
　　二、清代辑佚学兴盛的原因 / 205
　　三、《玉函山房辑佚书》之前清代的辑佚学成就 / 207
第二节　《玉函山房辑佚书》作者辨 / 213
　　一、前人误解之说及学者辩解之论 / 214
　　二、马氏非窃章氏书之证据举例 / 218
第三节　《玉函山房辑佚书》的版本、体例、数量与分类 / 224
　　一、版本 / 224
　　二、体例 / 230
　　三、种类与数量 / 231
　　四、分类 / 235
第四节　《玉函山房辑佚书》引书考 / 237
　　一、经部 / 238
　　二、史部 / 280
　　三、子部 / 299
　　四、集部 / 321

第五节 《玉函山房辑佚书》叙录考 / 325

　　一、叙录之内容 / 325

　　二、《玉函山房辑佚书》之叙录与《玉函山房藏书簿录》之解题的关系 / 334

　　三、《玉函山房辑佚书》之叙录的价值与意义 / 341

第六节 马国翰的辑佚原则与辑佚方法及其在辑佚学领域的成就与贡献 / 344

　　一、辑佚原则 / 345

　　二、辑佚方法 / 349

　　三、马国翰在辑佚学领域的成就与贡献 / 351

第六章 马国翰文学研究 / 357

第一节 诗文创作 / 357

　　一、诗歌体裁 / 358

　　二、诗歌内容 / 360

　　三、马国翰及鸥社诗人的诗歌艺术特色 / 363

　　四、文章创作 / 367

第二节 笔记小说的创作和诗话创作 / 373

　　一、笔记小说的创作 / 374

　　二、诗话创作 / 383

结　语 / 395

参考文献 / 397

第一章　马国翰行年考

第一节　家世

马国翰，字词溪，山东历城人，生于乾隆五十九年五月十三日，① 卒于咸丰七年。因民间称五月十三日为"竹醉日"，故自号"竹吾"。其室名有"玉函山房""红藕花轩""买春轩"等。马国翰是清代中期重要的文献学家，学识渊博，治学范围广，著述丰硕。

马国翰所在的马氏家族人丁兴旺，分支繁盛。其始祖为马文英。据民国二十年《马氏家谱》载，马文英字章华，明洪武四年自河北枣强迁居山东长山县西南三十里马庄。② 其二世祖为马文英长子马敬先，"居大马家峪，子三"③。其三世祖为马敬先第三

---

① 〔清〕马国翰：《玉函山房诗集》有《竹醉日为余初度鸥社诸君以诗见惠闲日集饮湖上始知朱退旂先生与余生同日赋此代祝并酬诸君意》一诗。案：宋范致明《岳阳风土记》卷末云："五月十三日谓之'龙生日'，可种竹。《齐民要术》所谓'竹醉日'也。"故马国翰生日为农历五月十三日。光绪十年章丘李氏补刻本，卷七，第十八页。

② 马笃恒、马笃艮主修：《马氏家谱》云："始祖文英，字章华，元配陈氏，继配李氏。明洪武四年由枣强迁居长山县西南三十里马庄。子五。墓在庄西南。乾隆十七年勒石墓侧。"民国二十年第五次续修本，长支卷一，第一页。

③ 《马氏家谱》长支卷一，第一页。

子马成，其时已将其家迁至章丘涧西庄。① 马成一族在章丘涧西庄居住，直至马国翰曾祖马云龙，又迁居历城劝夫庄（今全福庄）。② 马云龙有三子，第三子马毓秀为马国翰祖父。据民国二十年《马氏家谱》载，马毓秀"字秋实，邑廪生，貤赠修职郎。元配张氏，继配张氏，貤赠太孺人"③。马国翰父马名锦为马毓秀第二子，字文江，曾任山西汾州府经历，又历署宁乡、武乡、天镇知县。④ 马国翰为马名锦长子，民国二十年《马氏家谱》对马国翰有详细记述："字词溪，号竹吾。道光辛卯举人，壬辰恩科联捷进士。历任陕西石泉、泾阳等县知县，陇州知州。著有《玉函山房目耕帖》数百卷，《玉函山房辑佚书》千余卷。板因纷错，多有遗失。丁宫保补刻行世。配丁氏。"⑤ 《马氏家谱》对马国翰的记载较为详细，可见其在家族中是颇受重视的。

马国翰有两位兄弟，马国屏和马国垣。国屏、国垣皆出嗣。国屏出嗣叔父马名铎，国垣出嗣伯父马名铨。马国垣有二子，马笃诚和马笃信，笃诚出嗣马国屏。

马国翰有三子七女⑥，三子分别是马笃堃、马笃简和马天骥。但马国翰的亲生子只有马笃堃一人，笃简、天骥均为嗣子。马笃堃后改名马笃坊，年十六夭折。道光十八年马国翰有《哭子笃坊》诗云："生长十六岁，未尝离斯须。岂意觏沉疾，却被庸医诬。"⑦ 马笃坊年幼夭折，无子嗣，故过继本族子为子。民国二十年《马氏家

---

① 《马氏家谱》云："成，配□氏，子一，居章丘东南三十里涧西庄。"长支卷一，第二页。
② 《马氏家谱》云："云龙，太学生，例赠奉政大夫。元配赵氏，继配沈氏。赵氏俱例赠太宜人。迁居历城劝夫庄。子三。"长支卷五，第十五页。
③ 《马氏家谱》长支卷五，第十五页。
④ 《马氏家谱》长支卷五，第十六页。
⑤ 《马氏家谱》长支卷五，第十六页。
⑥ 〔清〕马国翰：《玉函山房诗钞》《悼女阿平》诗云："我生一统计，三男七女儿。"光绪十年章丘李氏补刻本，卷二，第三十九页。
⑦ 《玉函山房诗集》卷六，第一页。

谱》载，马笃坊嗣子马润"字漱六，由直隶枣强本族出嗣"①，马润有一子马厚福，厚福有三子。马笃坊一脉由此延续。

马国翰嗣子马笃简，后改名秉乾，原是马国翰曾祖父马云龙之弟马见龙的玄孙，其生父名马梦龄。马笃简有子二人。另一名嗣子马天骥，族名马笃恭，《马氏家谱》载其"改名倬，字超凡，又字卓人"②。马天骥与马国翰亲生子马笃坊同为马云龙玄孙。

马国翰虽中年丧子，但有嗣子继承家门，后世子嗣延绵至今。

第二节　生平简述

马国翰的生平轨迹，按时间大致可分为四个时期，即启蒙时期、科举求仕时期、仕宦时期和暮年乡居时期。本节分别叙之。

一、启蒙时期（7岁—14岁）

马国翰生于其父名锦官山西时，自小跟随父亲读书，马名锦亦是对其寄予厚望。马国翰七岁开蒙，习《论语》。其《扫墓》诗云："忆父生前训迪我，不时鞭楚警游惰。七年就传习鲁《论》，一岁一经严督课。"③可见其父对其栽培之用心。读经的同时，马国翰也开始进行诗歌创作方面的尝试。最早先是作对。马国翰《忆昔八首》第一首的小注，记载了他九岁时侍读父侧赋

---

① 《马氏家谱》长支卷六，第八页。
② 《马氏家谱》长支卷八，第九页。
③ 《玉函山房诗集》卷四，第十页。

对的情景，其小注云："余九岁时，先君夏夜纳凉汾郡之冰怀堂。时翰侍侧，先君以'五大为天地君亲师'命对，翰即对曰'一生守仁义礼智信'。先君甚喜，顾谓舅氏戴宝斋先生曰：'是儿将来有望。'"① 由此可见，马国翰在儿童时代即表现出不俗的诗文才能。但其真正开始学习诗歌创作则是在嘉庆十二年。马国翰时年十四岁，跟随金宝川正式开始学习制艺诗律。② 金宝川名拣，浙江山阴人，是马国翰的诗歌启蒙老师。马国翰《玉函山房诗集》始自丁卯（嘉庆十二年），其年正是马国翰初学诗律之时。马国翰跟随金宝川学诗的时间并不长，同年底，③ 金宝川即入京求仕。马国翰作《送金宝川夫子北上》一诗纪之，表达对师长的感恩之心："海样师恩大，洪炉具化工。一庭悬霁月，列坐沐春风。驿路公车促，都门远信通。伫看金帖报，飞马杏花红。"④ 嘉庆十三年，金宝川赴京后，马国翰与其同学李金峰即跟随吕心源继续学习。⑤

马国翰在启蒙阶段的诗作多是励志、纪游及课业之作，作品不多，文笔稍显稚嫩，但其诗作已透露出其勤勉的治学态度和淡泊名利的人生态度。其嘉庆十二年所作《励志诗》云："晴昼方永，微风乍过，啼莺在树，寄我好歌。光阴荏苒，驶比流波。不勤往训，此生若何。"⑥ 又如其嘉庆十三年所作《李金峰课社赋得竹深留客处得留字》诗云："共约竹林游，丛篁深处留。此中无热客，我辈本清流。伫月琴三弄，临风酒一瓯。逍遥堪永夕，信

---

① 《玉函山房诗集》卷二，第九页。
② 〔清〕马国翰：《忆昔八首》之二小注云："翰年十四从先生，始学制艺及诗律。"《玉函山房诗集》卷二，第十页。
③ 《玉函山房诗集》以年为序，《送金宝川夫子北上》一诗在丁卯（嘉庆十二年）之末，戊辰（嘉庆十三年）之前，故推为嘉庆十二年底。
④ 《玉函山房诗集》卷一，第二页。
⑤ 嘉庆十三年，马国翰有《李金峰课社赋得竹深留客处得留字》诗，又《忆昔八首》之三小注云："金峰随叔晓林先生任汾令，余得与同受业于吕心源夫子。"
⑥ 《玉函山房诗集》卷一，第一页。

宿狎眠鸥。"① 马国翰在十四五岁的年纪，就已经形成了自己的治学态度和人生态度。可以说其日后傲人的学术成就与其早年形成的勤奋的学术态度是分不开的。

嘉庆十四年冬，马国翰十六岁时，父马名锦病逝于太原省邸。② 马国翰之前平稳的学业与生活被打破。自嘉庆十五年始，马国翰的人生进入了另一个阶段——科举求仕阶段。

二、科举求仕时期（15岁—39岁）

马国翰自嘉庆十五年十七岁起，便开始了辗转奔波的生活。父亲去世，自己顿失依靠，生活的艰辛开始在他的作品中显现出来。

嘉庆十五年，父亲去世后，马国翰就离开了山西，开始了奔走求学的道路。是年春，马国翰首次赴京，在途中有不少诗作，皆语露漂泊思乡之感。《北行抵德州僦舟途次偶吟》一诗云："解缆去迢迢，乡关逐渐遥。含情问前渡，回首失浮桥。作伴鸿千里，撩愁水一条。未知何处宿，北界计来朝。"又如《津门题壁》一诗："又是津桥宿，深宵计客程。乡关才入梦，不奈晓鸡声。"再如《过卢沟桥》："浑河无定迹，似我一身飘。阅历客中境，行过天上桥。九重春色近，千里故乡遥。常被饥驱去，天风吹寂寥。"这一时段其诗作的关键词便是"思乡"，带有浓重的孤独、悲凉之情。

马国翰抵京后借宿在其父好友郭心斋宅。马国翰《忆昔八首》之四即是忆郭心斋。其诗小注云："郭心斋员外，汾阳人，

---

① 《玉函山房诗集》卷一，第二页。
② 《忆昔八首》之三小注云："己巳冬，晓林寅伯以事罢官，先君亦以疾卒于太原省邸。"《玉函山房诗集》卷二，第十页。

与先君为挚友。翰在京师依之,濒行,赆馈颇厚。"① 马国翰宿郭心斋宅时有《京师寓农部郭心斋先生宅》,诗中有云:"长安居不易,日日起乡愁。"② 可见父亲这位好友虽十分优待马国翰,但也难以平复年少失怙飘零无依的凄凉心情和思乡之情。同年,马国翰离京,抵永定河南堤,宿其堂叔处。

嘉庆十六年,十八岁,马国翰再次赴京。同年,马国翰与家人宿于河北东安,并在东安居住了不短的时间。其《忆昔八首》之五云:"忆昔东安久住时,全家骨肉聚河司。闲曹无事荒庭草,近浦同人理钓丝。月夜常倾阮氏酒,花朝每斗谢家诗。只今南北成暌隔,又向桑干系远思。"③ 是年秋,马国翰归乡居住,并开始参与乡里事务。嘉庆十六年秋,港沟庄重修观音寺,首事者便属马国翰作记。④ 此后马国翰曾多次为乡里的建设工程作记,如《天王殿记》、《和济桥记》、《竹实桥记》、《东关桥记》等。可见马国翰对家乡事物的关切。

马国翰十八岁归乡,生活逐渐平稳,其至道光十二年殿试前,多居于乡里,但其间游历亦广,曾先后游历泰山、高密、昌邑、邹平、青州等地。马国翰回乡居住后,即开始馆课生涯,先后馆于齐河、冶山、鲍山等地。开馆授课的同时,也参加科举考试。嘉庆二十三年,马国翰乡试落榜。其《忆昔八首》之七有小注云:"戊寅房荐,时公铭赏余文,理正法醇,志和音雅,而主司亦一批宏整,一批清贵,卷仅堂备而已,岂非命哉?"⑤ 对于乡试失利,马国翰还是颇感落寞的。此次落榜后,马国翰即问学于时铭。其《玉函山房文集》卷三有《香雪先生遗诗序》记此事:"戊寅秋闱,翰谬叨房荐,时以得卷晚,未获中选。先生以为可

---

① 《玉函山房诗集》卷二,第九页。
② 《玉函山房诗集》卷一,第六页。
③ 《玉函山房诗集》卷二,第十页。
④ 《玉函山房文集》卷二,光绪十年章丘李氏补刻本,第九页。
⑤ 《玉函山房诗集》卷二,第十页。

惜，闱后柬召，询以文艺，自是受业焉。"①

在这一时期内，马国翰交友增多，与之关系最密的几位挚友都是在这一时期结识并建立起稳固关系的。嘉庆二十年，马国翰已结识齐河郝答；② 嘉庆二十四年，已结识李邺与李廷荣。③ 此三人是马国翰交友圈中的核心人物，马国翰与此三人诗文赠酬、来往书信最为频繁。

马国翰在一边开馆授课一边参加科举的过程中，也十分留意经义、考据之学。这一时期，他的学术素养渐渐积累起来，为日后著书立说奠定了扎实的基础。其嘉庆二十年所作《春日宴孙耿贾氏南园即景有感用江字五十韵》诗中有"训纂遗搜鄂，埤苍字订娓"之句。道光四年又有《读毛诗四十五章》之诗，其小序云："李子戟门有《读毛诗》作十七章，根据注疏及齐、鲁、韩三家说，而以骚选之笔出之。余爱其古雅，抄存箧笥中，暇日漫兴，复续成四十五首。"④ 吴鸣捷在《玉函山房诗集序》中云："读毛诗四十五章则根据注疏，穿穴传序，以韵解经也。"⑤ 而其文集中亦多有考辨之文，⑥ 可见马国翰治学之心。

道光十一年秋闱，马国翰中举人，次年中进士，至此正式走上仕途，开始了人生的另一个阶段。

---

① 《玉函山房文集》卷三，第十五页。
② 《玉函山房诗集》卷一，第二十页，乙亥（嘉庆二十年）有《和郝餐霞元韵》诗。
③ 《玉函山房诗集》卷二，第六页，己卯（嘉庆二十四年）有《题李东溟诗卷后》诗。又卷二，第十二页，庚辰（嘉庆二十五年）有《仲秋八日泛舟明湖待月与李三戟门扣舷联句》诗。又卷三，第二十三页，己丑（道光九年）有《送戟门之保阳》诗云："新县花迎千里外，故人交笃十年前。"
④ 《玉函山房诗集》卷二，第二十二页。
⑤ 〔清〕吴鸣捷：《玉函山房诗集序》，《玉函山房诗集》卷首。
⑥ 《玉函山房文集》有论辨、说等文体，皆为考辨之文章，如《孔门三世出妻辨》、《孟子出妻辨》、《矩说》、《八索说》、《大衍说》等。参见《玉函山房文集》卷二二，第十三页至三十一页。

三、仕宦时期（39 岁—59 岁）

道光十二年四月二十日，保和殿廷试，马国翰以三甲第六十七名的成绩中进士。是年五月二十五日，吏部掣签分职，马国翰分省陕西，① 正式开始了仕宦之路。马国翰在忙碌的公事之余，也更加勤奋地致力于学，学术底蕴日渐丰厚，著述也渐成规模。

道光十二年吏部分职后，马国翰乞假，归家修墓，随后便作别历下诸亲友，赴陕任职。道光十三年，马国翰改任敷城知县（今陕西富县），② 十四年改任洛川，十六年改任石泉，十七年调任泾阳。道光十九年，马国翰入京述职，同年告病归家养疾，直至道光二十三年，复任泾阳知县，二十四年又擢陇州知州。马国翰在陇州任上几经卸任、回任，最终于咸丰二年五月致仕还乡。

马国翰在为官期间十分注意观察民俗、民情，关心农事，体察百姓疾苦，重视教育。其为官十分尽责，亦颇有政声。在敷城任上，马国翰作有《我爱山城好诗十章》，涉及敷城的地理、民风、农业、教育、税收、贸易、驿馆、古迹等诸多方面的情况，其对于当地的调查了解十分细致。③ 又有《土基道中作》一诗云："山里不知数，层层翻陡坡。人从斜径转，轿似半空过。日炙原头麦，风铺墒上禾。西南云气好，驻待雨滂沱。"后有小注云："时方亢旱，祈祷雨泽。"④ 《七月二十一日赴凤皇沟时田禾郁茂感而有作》一诗云："路入岩峦别有天，凸高凹下半新田。莜花匀洒臙脂雪，菽叶深含翡翠烟。幸可秋成珠作颗，岂无野室磬同

---

① 〔清〕马国翰：《五月二十五日吏部掣签余分省陕西驭符七侄分省安徽同日乞假修墓》，《玉函山房诗集》卷四，第九页。

② 〔清〕金鼎年：《伦理百箴序》："癸巳春将之任敷城。"《玉函山房文集》卷四，第一页。

③ 〔清〕马国翰：《我爱山城好十章》，《玉函山房诗集》卷四，第十六页。

④ 《玉函山房诗集》卷四，第二十页。

悬。停舆小憩斜阳外,一片心期问白泉。"① 其对农事的关心亦可想见。又《雪中过白家河》一诗云:"碥路滑于笏,雪花飘未休。乱峰连树合,寒水带冰流。有岁邀天幸,无才拙野谋。吾民多冻者,安燠愧重裘。"② 亦可见马国翰对于民生疾苦的关注。

其在洛川任上,多次入乡里访问民情,查办案件,在公务上十分勤勉。道光十四年,作《因公下乡宿马蹄掌偶吟》诗③,道光十五年有《三月廿八日白城桥雨中作》诗,有小注云:"时设坛虔祈已三日。因公下乡,委少尹汤黼堂代祷。"④ 同年有《官道梁有妇投缳诣验归已入夜途中作》⑤ 一诗。另外,还作有《酌捐流民月粮约》、《禁私押约》、《劝洛民种桑谕》、《息讼安民谕》⑥ 等文,可见马国翰治洛有方。石泉及泾阳任内亦是如此。马国翰离任泾阳时,泾阳百姓自发送别,马国翰作《七月二十日自泾发程邑父老郊饯赋别》⑦ 以纪之。

马国翰在仕途的二十年间,勤勉治学,将之前积累的学术功底充分展现出来,著述丰富。尤其是道光十九年告病归乡的五年,马国翰居于济南劝夫庄故宅,过着轻松的田园生活,无案牍之劳形,故更加勤奋地读书治学,宏伟著作逐渐成形。其《闲居课儿经句漫然有咏》一诗记述了其勤勉读书的情况:"门前一桁碧巉巉,吾爱吾庐对玉函。习静墙东非避世,娱闲砚北拟栖岩。手抄不放奇编过,心悟常将旧稿芟。二六时中完自课,课儿经读代师严。"又一首云:"诂经不惮引征烦,架上图书取次翻。乡语讹刊鸡上树,诗人句辨虎夔藩。抽思岂定依花样,识字才能咬菜

---

① 《玉函山房诗集》卷四,第二十页。
② 《玉函山房诗集》卷四,第二十一页。
③ 《玉函山房诗集》卷四,第二十三页。
④ 《玉函山房诗集》卷五,第二页。
⑤ 《玉函山房诗集》卷五,第三页。
⑥ 《玉函山房文集》卷五,第三十一页至三十五页。
⑦ 《玉函山房诗集》卷六,第十二页。

根。阿买八分如写得,也堪鸣乐我家园。"① 乡居时期,马国翰研读皇侃《论语义疏》,② 同时《玉函山房辑佚书》也日臻完整。道光二十二年,马国翰辑农家佚书成,作《辑农家佚书成,诗纪其事》③。道光二十三年复职后,马国翰继续创作,并整理自己的著作。道光二十五年,马国翰辑《史籀》、《苍颉》等字书成,作《辑录史籀苍颉诸篇成偶赋》④ 诗纪之。道光二十六年,马国翰撰成《治家格言诗》,周乐为作《治家格言诗弁言》⑤。道光二十七年,成《文选拟题诗》,自作《文选拟题诗小引》⑥。道光二十九年三月,成《玉函山房藏书簿录》二十五卷,作序以纪之。⑦ 咸丰元年冬,《五峰山馆诗课》付梓,马国翰作自识。⑧ 马国翰多年积累的丰厚学识在这一时期有了丰硕的成果,已经卓然是一位大家了。

四、暮年乡居时期(59岁—64岁)

咸丰二年,马国翰致仕归乡。这一时期马国翰已没有大规模的学术活动和创作活动,交游范围也逐渐缩小,处于乡居养老的状态,直至咸丰七年去世。

---

① 《玉函山房诗集》卷七,第二页。
② 马国翰道光二十一年有《读皇侃论语义疏》一诗,《玉函山房诗集》卷七,第一页。
③ 《玉函山房诗集》卷七,第十二页。
④ 《玉函山房诗集》卷九,第九页。
⑤ 〔清〕周乐:《治家格言诗弁言》,云:"癸卯春,词溪将赴关西……阅三年,词溪札寄新梓诗一箧来,启视,即余属咏之家训也。"《二南文集续刻》卷上,道光二十二年枕湖书屋刻本,第三页。
⑥ 〔清〕马国翰:《文选拟题诗》卷首,光绪十年章丘李氏补刻本。
⑦ 〔清〕马国翰:《玉函山房藏书簿录序》云:"道光二十九年三月历城马国翰竹吾甫。"《玉函山房藏书簿录》卷首,道光二十九年历城马氏刻本。
⑧ 〔清〕马国翰:《五峰山馆诗课》卷首自识云:"时咸丰元年孟冬二十二日也。历城马国翰竹吾甫自识。"光绪十五年章丘李氏补刻本。

第三节　行年录

甲寅（乾隆五十九年）　　一岁
五月十三日，生。

庚申（嘉庆五年）　　七岁
始学鲁《论语》。马国翰道光十二年有《扫墓》诗，云"七年就传习鲁《论》"。

壬戌（嘉庆七年）　　九岁
夏，马国翰随父在山西，作对受父赞许。嘉庆二十五年马国翰有《忆昔》诗八首，其一云："忆昔中庭凛侍趋，冰怀堂上课之无。公余试对犹前日，塾退承欢尚故吾。十载伶仃悲遇命，百年痛恨念劳劬。唯余几点思亲泪，洒向襟前欲染朱。""冰怀堂"句有小注，云："余九岁时，先君夏夜纳凉汾郡之冰怀堂。时翰侍侧，先君以'五大为天地君亲师'命对。翰即对曰'一生守仁义礼智信'。先君甚喜，顾谓舅氏戴宝斋先生曰：'是儿将来有望。'"

丁卯（嘉庆十二年）　　十四岁
跟从金拣（金宝川）读书学诗。《忆昔》诗其一有小注，云："余师金宝川夫子名拣，浙江山阴人，甲子乡魁。先君宦武乡时，聘先生教翰读。翰年十四从先生，始学制艺及诗律。"

戊辰（嘉庆十三年）　　十五岁
随父在山西读书。

己巳（嘉庆十四年） 十六岁

八月十五日，与李两之别驾中秋赏月。

冬，父马名锦于太原去世。马国翰《忆昔》诗有小注，云："己巳冬，晓林寅伯以事罢官，先君亦以疾卒于太原省邸。"

庚午（嘉庆十五年） 十七岁

春，北行求学，途径德州、天津等地，有《北行抵德州儗舟途次偶吟》、《独流夜泊》、《津门题壁》、《过卢沟桥》等诗。

秋，抵京，宿其父友人郭心斋宅，有《京师寓农部郭心斋先生宅》一诗。

秋，抵永定河南堤堂叔马静涵家，有《自京抵永定河南堤七工堂叔陶庵少尉署》诗纪之。

十一月末，其兄马荣怀赴河南，马国翰有诗相赠。

辛未（嘉庆十六年） 十八岁

再次赴京，途径德州、沧州等地，有《北行再过德州》、《沧州道中》等诗。

是年居于河北东安，有《东安有自来石佛寺今已废矣过而感赋》一诗。

秋，济南港沟庄重修观音寺，马国翰为作《观音寺记》，中有云："港沟庄旧有观音古寺，重修于辛未之秋，首事者属记于余。"

壬申（嘉庆十七年） 十九岁

九月初九，与李东臣、胡介眉登千佛山。

是年补郡考，未中。马国翰有《补郡考》诗，云："连年奔走误征轮，小试归来步后尘。案上莫嗤貂尾续，不知谁是縠中人。"

癸酉（嘉庆十八年） 二十岁

多做古体诗。

甲戌（嘉庆十九年）　　二十一岁

居济南，作《环碧亭用曾南丰韵》、《趵突泉用赵松雪韵》、《龙洞四律用李沧溟韵》等诗。

乙亥（嘉庆二十年）　　二十二岁

居济南。

春，与长清张天池、历城贾琅等宴饮于孙耿贾氏南园。

秋，卧病家中。

是年馆于齐河。马国翰嘉庆二十二年有《留别刘蒸云》诗，云："两载燕台住，三载古祝游。"又有《留别及门张宗泗》诗，云："古祝留三载，及门尔最迟。"又马国翰《爱吾庐诗集序》称齐河郝答"古祝诗人"，故知马国翰嘉庆十二年馆于"古祝"，即齐河。

丙子（嘉庆二十一年）　　二十三岁

游历四方，有《岳云楼》、《超然台》、《弦歌台》、《漆园城》、《郑公乡》、《四知台》、《盖公堂》、《伏生祠》、《富相亭》、《岁寒亭》等诗。

丁丑（嘉庆二十二年）　　二十四岁

春，齐河郝答著《南游小草》，赠马国翰。马国翰有《题郝餐霞南游小草卷后》一诗。

戊寅（嘉庆二十三年）　　二十五岁

春末，与杨会庵、杨松亭游东龙洞，归，于塘头寺宴饮。

夏，游西泉。

秋闱，马国翰未中选，却得时铭赏识，遂从之学。嘉庆二十五年马国翰《忆昔八首》之七云"两遇知音邀异赏，几销壮士识前因"，后有小注，云："丙子房荐，邵公自璘赏余文，'细意熨贴，择言尤雅'。戊寅房荐，时公铭赏余文，'理正法醇，志和音雅'。而主司亦一批宏整，一批清贵，卷仅堂备而已，岂非命哉？"又《玉函山房文集》卷三有《香雪先生遗诗序》，云："戊寅秋闱，翰谬叨房荐，时以得卷晚，未获中选。先生以为可惜，闱后柬召，询以文艺，自是受业焉。"

冬，观东省大阅。

己卯（嘉庆二十四年）　　二十六岁

马国翰于是年前后结识李廷棨。道光七年，马国翰有《夏夜戟门斋中小酌联句》诗，中有"我辈十年交，深情托张范"一句，由此推之，马、李相交于嘉庆二十三年。又马国翰道光九年有《送戟门之保阳》诗，云："新县花迎千里外，故人交笃十年前。"以此推之，马国翰与李廷棨相交应在嘉庆二十五年。故笔者折中之，姑记马、李结交时间在嘉庆二十四年左右。

正月初一，在齐东旅馆度过新年，有"频年不奈月明何，元夜还教客里过"（《齐东旅邸元夜》）之句。

三月，寒食前二日，登塔山。

四月七日，贾琅春闱报捷，自赋诗，马国翰有诗唱和。

五月十三日，马国翰作《生日》诗。

五月二十三日，章丘李邺示己所作《柿园诗稿》，马国翰为之作《柿园诗稿序》，记李邺云："吾友李子东溟，阳邱老宿，巨水畸人，抱苏兰蕙茝之姿，适泉石烟霞之趣。家无担石，不因五斗折腰，兴寄樽瓢，时有百钱挂杖。白蘋洲上，把钓心闲，黄叶村边，著书身老。"

是年馆于冶山。马国翰嘉庆二十四年有《驴驹嘴谣》诗，小序云"余馆冶山"。

庚辰（嘉庆二十五年）　　二十七岁

八月八日，与李廷棨泛舟大明湖，叩舷联句。

是年，历城贾璇卒，马国翰有《哭贾讷叔夫子三十韵》，小注云："先生著有《尊经堂四书笔记》、《周易笔记》、《春秋宗孟》诸书。"《四书笔记》有道光二十四年马国翰刻本，《春秋宗孟》有尊经阁刻本，《玉函山房藏书簿录》均有著录。

辛巳（道光元年）　　二十八岁
春，友人李东臣去世，马国翰有《哭李东臣》诗。

壬午（道光二年）　　二十九岁
多作古体诗。

癸未（道光三年）　　三十岁
居济南。

甲申（道光四年）　　三十一岁
作《读毛诗四十五章》，序云："李子戟门有读毛诗作十七章，根据注疏及齐、鲁、韩三家说，而以骚选之笔出之。余爱其古雅，抄存箧笥中。暇日漫兴，复续成四十五首。萃荟群说，折衷同异，意在说经，工拙弗计。凡戟门已具之篇，不复更咏，明其无懈，且见吾两人同志云尔。"

乙酉（道光五年）　　三十二岁
五月初五，马国翰在济南家中，与家人团聚。

丙戌（道光六年）　　三十三岁
是年馆于鲍山。
夏，为吴连周《昭阳杂咏》作序。
秋，李邺《柿园诗稿》付梓，有马国翰所作序及《顿丘子小传》。

冬，吴慈鹤莅任观风，命马国翰、范宣亭等十人以瑞菁书屋为题赋诗。

丁亥（道光七年）　　　三十四岁

夏夜，与李廷棨于济南客邸仿韩愈《城南联句》，用上声全韵作《夏夜戟门斋中小酌联句》。后又作《藤带用卦字韵同戟门赋》，亦终全韵。此次联句，与后所作《满城风雨近重阳》联句，编为《百八唱和集》。

戊子（道光八年）　　　三十五岁

三月二十七日，商致中将程斑华所作《游玉函山记》示于马国翰，马国翰作《程斑华游玉函山记跋》。文曰："戊子立夏后五日，程君斑华以所著《游玉函山记》，令其弟子商生致中携以示余。登临山水之时，寓循核名实之义，正言笃论，本至性而为高文，以视世之浮骛为学者浅深高下，奥翅循麓、陟巅之别。三复读之，欷歔叹绝。夫山水之癖，斑华同余；名实之思，余亦有同于斑华。他日载酒共登，悦情话于青嶂翠微之间，当有视而笑，莫逆于心者，而吾两人之意翛然远矣。"

六月十九日，马国翰为其外叔祖作《湖湘小集序》，记其外叔祖行迹，曰："先生讳元坊，历之神坞人，博学工文，早补弟子员，每试辄冠军，济南名士推为第一。乾隆戊子贡成均，见邑乘选举表。性癖山水，常往来潇湘云梦间，揽汉江之胜，摘骚客之辞。凭吊古今，抒发怀抱，此小集之所由作也。先生壮岁角逐文场，制艺得古大家神髓。试卷社稿，塾中率诵习之，罕有见其诗者。道光丙戌岁，表兄汝泰以其高祖母藕兰阁诗及此卷付余校订，藕兰阁诗已为校旧本习刊，此卷抄录仅三十余首，字多雨虎，时以省试，未暇点勘，暂置书箧中。戊子夏，兄复过索，乃敬为校字而序之如此。六月既望三日书。"

七月，馆于鲍山黄石兴龙寺。马国翰《玉函山房文集》卷二有《奇梦记》，云："戊子七月，余馆黄石北刹。"

秋，李廷棨中举，马国翰有《贺戟门秋捷》诗，小注云："先是，东溟梦见天榜，戟门在第二。戟门《纪梦诗》有'他时记取黄花节，看榜先看第二名'之句，今果验矣。"

秋，章丘修天王殿，李邺嘱马国翰为作《天王殿记》，文曰："是役兴于道光八年之秋，旬月而工毕，费金若干缗。倡议者刘君鹏举也，嘱余为记者，李君沧瀛也。时余方读书黄石庄兴龙古寺，得睹佛典，故据其言以为言，然耶否耶。"

八月二十一日，马国翰为李邺作《李东溟春雨楼诗跋》。文曰："丙戌秋，东溟刊所著《柿园诗稿》，有余序及《顿邱子小传》（《清人著述总目》云"道光、咸丰间春草堂刻本"）。其生平为人与其癖嗜吟咏述既悉，兹复订辑近作梓行问世，以所居有小楼数间，楼下植红杏两三株，每春日凭栏静观，生香可掬，而古壁深灯之夜，念往古，感来今，悠悠天地，俯仰兴怀，时即无作而诗情常活泼于胸次之间，爰取放翁'小楼一夜听春雨'之句以颜其诗，卷成质余，余复何言哉。第询其名集之意而跋之如此。戊子中秋后六日。"

十一月十五日，李廷棨为马国翰《玉函山房诗集》作序，赞马国翰云："若吾马君词溪者，三辅名门，二东佳士，松竹况以清姿，蕙兰写其雅抱。记宦游于花县，训秉趋庭；标众望于艺林，经夸夺席。久擅雕龙之技，群推吐凤之才。加以读书号淫，嗜古成癖，游万花之谷，撷以菁华；登群玉之峰，收其圭璧。轶曹刘之步武，兼庾鲍之情文，故能味剖今腴，藻流古艳，得心应手，抽秘骋妍。"

己丑（道光九年）　　　　三十六岁
馆于鲍山黄石。

庚寅（道光十年）　　　　三十七岁
馆于鲍山黄石。

辛卯（道光十一年）　　　　三十八岁

二月二十二日，作《寒食》诗。

五月十二日，李廷荣《夏小正诗》成，马国翰为之作《夏小正诗后序》，序云："戊子夏日，取《夏小正》次第命题，日作一律，意在考订经疑，借以消夏，且以诗法授生徒也。诗始四月昴，则见迄七月，斗柄悬在下，则旦大比期近，遂辍业。是秋，萼村以第二人举于乡，其明年捷南宫，以明府之保阳需次倥偬之际，未及终帙。北上前数月，余过萼村，睹其初稿，爱其援据详明，征引宏富，再四吟玩，慨然以笺注为任。萼村甚喜，出稿相授。余时馆黄石寺，携归，考订注竟，四五两月并各诗为和作一章。寻以生徒郡试，未得闲暇，后又假得友人汉晋《易》注，日夜抄录，遂将此事停阁。庚寅春，复抵黄石，因时触景，爱仿萼村故事，自正月启蛰，至三月鸣鸠，为诗四十九首，条注句下，并前和作已得全诗之半。时寺有修筑，遂为中道之止。萼村自保阳来书云，《夏小正诗》已乘闲续成全帙，将付剞劂氏，而余注及和章未能遽竟，容俟他日勉竭驽钝，效皮陆倡和以践前约也。昨致书并寄新刊之本，属作序言，谨述颠末而详志之。至其体物浏亮，寓意缠绵，考核之精，格律之细，则千人所共见，固无烦于辞赘也。"李廷荣道光八年始作《夏小正诗》，道光十一年付梓，马国翰亦自道光九年始为李廷荣诗作注，并逐一题和诗，但因别事耽搁，至作序时尚未完稿。马国翰所作《夏小正诗》道光二十二年方问世。

秋闱前八日，马国翰与彭蕉山、陈田夜酌，相互唱和。

是年秋，中举人。

壬辰（道光十二年）　　　　三十九岁

春，入京之前，与谢焜同宿济南会馆，谢焜将马国翰师时铭之遗诗交与马国翰。

春，入京考试，路过齐河、高唐、武城、河间、任丘等地。

四月二十日，保和殿廷试，马国翰成进士。

五月三日，圆明园引见。

五月二十五日，吏部掣签，马国翰分职陕西。同日，乞假归乡修父墓。

五月，归乡途中遇李廷荣，李廷荣示其所作《绿西楼稿》。

扫墓完毕，马国翰赴陕西上任，途径堂邑、秤钩湾、安阳、夹马营、函关、潼关、太华山、新丰驿等地。在潼关遇李肇庆，作《潼关即事》诗，云："得遇贤司马，情深斗酒间。"又有小注，云："乔云先生守潼关，喜与款洽竟日。"

十一月十二日，与金鼎年、仇直卿、王雨亭等登慈恩寺塔。

癸巳（道光十三年）　　四十岁

正月，金鼎年为马国翰作《伦理百箴序》。

春，改任敷城，与金鼎年等人作别。

夏，改任洛川，有《土基道中作》、《雪中过白家河》等诗。

七月，吴鸣捷为马国翰《玉函山房诗集》作序。序云："其诗分年编次，兼古近诸体，风调高雅，格力遒壮，于《春柳》、《秋篱》诸作见体物之工焉，于《劭农》、《催织》各吟见经世之志焉，于《咏史》、《怀古》见其寄托之远而酝酿之深焉。"

七月二十一日，赴凤凰沟观风。

甲午（道光十四年）　　四十一岁

二月二十日，马国翰弟宪甫入泮，寄书与马国翰。

七月六日，送洛川诸生乡试，宴饮时马国翰作诗赠诸生。

秋，马国翰将时铭遗诗付梓，定名《香雪先生遗诗》。

冬，李廷荣寄书与马国翰，云己用豪韵全韵作《满城风雨近重阳》诗十三首，望马国翰依韵和之。李廷荣先列押韵之字，并不将诗作示于马国翰，待马国翰依韵和完全诗，又将己作出示。马、李二人和诗及联句共一百零八首，辑为《百八唱和集》一卷。

乙未（道光十五年）　　　四十二岁

三月二十五日，设坛祈雨，三月二十八日雨，马国翰作《三月廿八日白城桥雨中作》纪之。

秋，分校陕甘秋闱，有《乙未分校陕甘秋闱偶成》一诗。

丙申（道光十六年）　　　四十三岁

五月初五日，卸任洛川知县，调任石泉县。

八月十五日，中秋，马国翰正式赴任石泉。

九月四日，马国翰赴兴安郡。

九月九日，重阳，往汉阴。

丁酉（道光十七年）　　　四十四岁

夏，调任泾阳县。

八月十五日，中秋，与任上同人赏月作诗，有《中秋偕同人玩月三十韵》。

戊戌（道光十八年）　　　四十五岁

年初，马国翰子笃坊夭折，马作《哭子笃坊》诗纪之。其子道光二年生，道光十八年卒，年十六岁。

三月三日，上巳，马国翰与何芸樵有汉堤洞禊饮之约，但未成。四日，马国翰作《补上巳会寄芸樵》二律以纪之。

十月八日，马国翰纳妾以延子嗣。

己亥（道光十九年）　　　四十六岁

五月十八日，马国翰接到赴京旨意，有《五月十八日由府行知吏部奏准调取引见钦奉俞旨恭赋》一诗。

七月二十日，马国翰离任泾阳县，泾阳百姓为其饯行。

八月十三日，马国翰抵历城家中。

九月二日，抵京城。

九月十日，于圆明园面圣。

庚子（道光二十年）　　　四十七岁

马国翰归家养病，居于济南劝夫庄故宅，有《徙居劝夫庄故宅喜赋》一诗。

辛丑（道光二十一年）　　　四十八岁

七月十五日，为王德容《秋桥诗选》作《思竹斋存稿序》，记王德容行迹，云："结庐鹊华桥畔，生徒从游者岁常数十人。列座彬彬，多济南知名士。哲嗣长公举孝廉，次公补博士弟子员，俱以家学显世。而凡及门弟子，率皆工于诗律。"

壬寅（道光二十二年）　　　四十九岁

春，马国翰辑《玉函山房辑佚书》农家类成，作《辑农家佚书成诗纪其事》。

花朝日（二月十二日），与周乐、王德容、谢焜、朱诵泗、李纬、彭蕉山游大明湖，有《花朝日偕周二南王秋桥谢问山朱退旈李秋屏彭蕉山泛舟明湖即事》诗，此次集结标志着鸥社的复兴。王德容《秋桥诗续选》有李纬跋，曰："壬寅岁，余从闽中归，适陇州刺史马词溪里居。花朝日，简招王秋桥、周二南、谢问山、朱退旈、何岱麓及余七人谦饮历下亭。词溪首唱七律四章，皆属和焉。是后提酒榼，递相宾主。每饮必有互相磨砺，忘机如鸥，遂名鸥社。"

四月十九日，马国翰与鸥社同人于北极台祭杜甫，宴饮作诗。

五月十三日，马国翰四十九岁生日，鸥社同人赋诗祝贺。马国翰"竹吾"一号，从其生日来。五月十三日为"竹醉日"，马因自号"竹吾"。

九月十六日，鸥社于千佛山雅集。

十一月四日，李纬招鸥社友人为周乐、何邻泉二人祝寿于湖西客舍。

冬，马国翰之妾亡，马作《悼亡妾》。

冬末，李廷棨升任荆宜施观察。

是年，马国翰为周乐《二南文集》作序，赞周乐云："先生夙负玮异之才，劬嗜典籍，自经逮史，以迄庄骚，博览群书，无物不刊。尤肆力于汉唐以来诸大家之文，枕藉茹涵，沉潜醲郁。时有会心，用以自抒其机杼，且不为浮虚无物之谈。"

癸卯（道光二十三年）　　　五十岁

三月七日，马国翰赴京城听任，作别历下诸友。

四月七日，勤政殿面圣。

五月五日，端午，马国翰抵孟县，与彭蕉山、杨仁圃等宴饮。

五月，马国翰再赴泾阳任。

甲辰（道光二十四年）　　　五十一岁

春，与鸥社诸友寄诗。

十一月二十日，马国翰调任陇州，抵陇州上任。

乙巳（道光二十五年）　　　五十二岁

秋，马国翰辑《史籀》、《苍颉》等字书成，作《辑录史籀苍颉诸篇成偶赋》诗以纪之。

丙午（道光二十六年）　　　五十三岁

正月二十六日，福泽轩总戎致祭吴山，马国翰陪祀，有四十韵诗纪之。

二月五日，马国翰赴司川，作《二月五日赴司川舆中作》诗，云："旋城未十日，复寻故途来。羊肠路逼仄，山径何崔嵬。笋舆牵挽上，众力资扶抬。汗流气喘急，石磴盘纡回。我自甘形役,仆痛良可怀。"

冬,周乐为马国翰作《治家格言诗弁言》,云:"癸卯春,词溪将赴关西,余与饯别。时属之曰:'崑山朱柏庐先生《家训》视袁氏《家范》、张黄岳《家训》、石天基《传家宝》为更简该,实举家宝篆也。若得君手笔,分句赋诗,如《夏小正》之例,应更流传无替。'阅三年,词溪札寄新梓诗一箧来,启视,即余属咏之家训也。"则马国翰道光二十三年始作《治家格言诗》,道光二十六年成全帙。

丁未(道光二十七年)　　　五十四岁

孟夏,成《文选拟题诗》,自作小引,曰:"少尝从事斯业,间为拟咏,随手散失,不复记忆,稿存十余首而已。客冬,学使王啸龄先生下车观风,以百题行各学。题出《文选》者十之六七。州人士每以所作见质,心辄技痒,按题拟之,复取从前拟作追改,续成其半,合得百三十九首,依次编录。"

戊申(道光二十八年)　　　五十五岁

在陇州任。

己酉(道光二十九年)　　　五十六岁

三月,成《玉函山房藏书簿录》二十五卷,自作序记之。

闰四月十九日,校彭蕉山《星宿海》完毕,有《己酉闰月十九日校彭子蕉山星宿海毕题赠二律以当跋尾》诗二首以纪之。

庚戌(道光三十年)　　　五十七岁

在陇州任上,暇日则于陇州五峰山馆讲授经义与诗文。

是年,马国翰为王德容《秋桥诗续选》作书,云:"忆水月寺东矶寻钓址,旷如亭外洞访黔娄,历历目前,弥增感喟尔。岱云秦树,千里相思,伸纸泚笔,以简当晤。冀先生颐养康强,诗与年而俱永也。"

辛亥（咸丰元年）　　　五十八岁

七月，卸任陇州知州。

闰八月，复任陇州。

十月二十二日，整理刊刻《五峰山馆诗课》，作自序，云："陇州南七十里有吴山，《周礼》职方之岳镇也。其峰一十有七，著名者五，曰镇西，曰大贤，曰灵应，曰会仙，曰望辇。秀拔云中，为一州之形势。署西有五峰书院，署内有五峰山馆，皆以得名焉。五峰山馆者，旧与来青书屋分东西廨，同为会宾之所。别有学塾在东北隅。后学塾改移后院，乃以山馆为学塾，使子笃简读书其中。庚戌、辛亥两岁，未延外师，公余暇日辄为讲授经义及诗文。每课期点易制艺，外遇试帖，必逐细批改，或别作一篇相示，指说解题及作法并诗中所用事，申重反覆，语不厌详。笃简录而存之，积得一百二十首，厘为上下两卷，再为勘定一过，欲以质诸生肄业书院者。抄本不能遍阅，因付梓人。时咸丰元年孟冬二十二日也。历城马国翰竹吾甫自识。"

壬子（咸丰二年）　　　五十九岁

四月，致仕还乡，作《壬子夏四月以疾去官留别州人士》诗。

癸丑（咸丰三年）　　　六十岁

避兵祸，举家迁展村。

乙卯（咸丰五年）　　　六十二岁

是年自展村还家，修家庙，有《家庙落成》诗以纪之。诗云："岁行居癸丑，解组关辅旋。殷勤议经始，营谋敢少延。寇乱忽纷扰，东国警烽烟。徙家展村去，避地年复年。高唐逆氛熄，近邑绥戈鋋。言返故庐里，扫除草葱芊。"自咸丰三年癸丑迁展村，逾两年归。

六月十五日，为张永和《脉象辨真》作序，多谈医理。

丙辰（咸丰六年）　　六十三岁
丁母忧。

丁巳（咸丰七年）　　六十四岁
终于济南。

第二章　马国翰著述考

马国翰一生勤勉,著述颇丰。他以《玉函山房辑佚书》闻名于世,是公认的清代辑佚大家。但除辑佚之外,马国翰还有很多其他方面的著述,内容涵盖经、史、子、集四部,其价值并不比《玉函山房辑佚书》逊色。本章详列马国翰著作目录,以明马国翰治学之广,用功之深。

第一节　著作目录

一、经部

(一)诗类

《买春轩国风说》无卷数,见于蒋式瑆《手稿存目》及王重民《清代两个大辑佚书家评传》。

《手稿存目》木字函第九册云:"端题《买春轩国风说》,自《关雎》至《二子乘舟》,每篇略有论断。"① 此为马国翰读《诗》

---

① 〔清〕蒋式瑆校录:《手稿存目》,《山东文献集成》第一辑第五十册,山东大学出版社,2010年版,第十六页。

心得。

（二）论语类

《论语捃说》无卷数，见于蒋式瑆《手稿存目》① 及王重民《清代两个大辑佚书家评传》。

《手稿存目》星字函第三册云："红格草书《论语两注捃说》，自《学而》至《君子务本》。"

又第四册云："红格草书《论语捃说》，《学而》、《其为人也》两章。"

又第五册云："红格草书《论语捃说》，《学而》一章。"

又第六册云："红格草书《论语捃说》，自《父在观其志》至《贫而无谄》。"

又第七册云："红格正书《论语捃说》，自《学而》至《君子不重》章。按，捃说之体，条列古人成说，间用一二语断制，以合汉宋两家之言。《目耕帖》则或独抒己见也。"

星字函第一裹云："红格正书《论语捃说》，《学而》、《为政》二篇。"

第二裹云："红格草书《论语捃说》《慎终》章。"

第六、七裹云："红格草书《论语捃说》及《诗经目耕帖》。"

第八裹云："红格草书《论语捃说》《学而》章。"

《论语捃说》多为零篇，其论《学而》章尤多。可见此书为马氏未竟之稿本。

（三）群经总义类

《目耕帖》三十一卷，有道光、咸丰间历城马氏刻，同治十年

---

① 《论语捃说》之著录见于〔清〕蒋式瑆《手稿存目》，第十七页至第十八页。

济南皇华馆书局补刻《玉函山房辑佚书》本,现藏于山东省图书馆,《山东文献集成》第一辑收入。又有光绪九年长沙娜嬛馆刻《玉函山房辑佚书》本和光绪十年楚南书局刻《玉函山房辑佚书》本。

《目耕帖》是马国翰的经学读书笔记,分《易》《书》《诗》《周礼》四类,逐条记录。卷一至卷六为《易》类,卷七至卷十二为《书》类,卷十三至卷二十二为《诗》类,卷二十三至卷三十一为《周礼》类。马国翰《目耕帖引》曰:"不佞性嗜古籍,见未见之书,不惜重值购之。友人家藏秘本,必以一瓻借得,手自抄录。凡积书七千余卷。暇日观览,颇堪自娱。遇有奇古可玩及异同足资考订者,摘取条记,间附臆解。历久成编,因用王韶之语,名之曰《目耕帖》。"① 蒋式瑆《书后三篇》云:"《辑佚书》后附《目耕帖》三十一卷,皆考订经义者也。凡《易》六卷,《书》六卷,《诗》十卷,《周礼》九卷。其序《䌽香草堂遗集》谓《仪礼》、《礼记》、《春秋》三传、《孝经》、《语》、《孟》、《尔雅》并创有初稿,今皆未刊。《辑佚》一书风行海内,《目耕帖》附尾而显,故海内知有《辑佚》,亦靡不知《目耕帖》。实则其书多采昔人成说,略加断制,特随手札记,以备遗忘。视惠征士《九经古义》、王文简《经义述闻》,殆不若矣。"② 《目耕帖》中不止解经、训诂,更有大量的经文校勘记及对前代经学著作的评论与摘抄,内容博赡,考订严谨。

(四) 四书类

《目耕帖续刻》二卷,光绪十五年章丘李氏刻本,现藏山东省图书馆。《山东文献集成》据光绪十五年章丘李氏刻本影印,

---

① 《玉函山房文集》卷五,第二十九页。
② 〔清〕蒋式瑆:《书后三篇》,《玉函山房辑佚书·书后》,第十一页至第十二页。

收入第一辑。

此书附于《玉函山房辑佚书》后,为马国翰外孙李元琏补辑,有《大学》、《中庸》各一卷。

以上经部目录,共 4 部 33 卷。

二、史部

(一) 传记类

《宫闱艳史》一卷。此编为上古三代之后妃列传,书已不得见,唯蒋式瑆《手稿存目》及《山东通志·艺文志》载此书梗概。

《山东通志·艺文志》云:"《宫闱艳史》一册,马国翰撰。国翰有《玉函山房辑佚书》经编,见经部五经总义类。据《手稿存目》,此编为《玉函山房手稿》革字函之第二册。《手稿存目》云:'首皇古,次夏商,次周,凡后妃各为小传,间有野史氏论断,涂抹增改颇多,未竟稿也。'又革字函七册《存目》云:'面署经腋二字,实只前两纸为说《论语》,以下则西汉宫闱艳史也。'"①《手稿存目》革字函第二册后还有小注一条曰:"面书'西园未定草',西园殆马君号耳。"②

---

① 〔清〕杨士骧等修:《山东通志》卷百三十二,艺文志第十,民国四年至七年山东通志刊印局铅印本,第 3657 页。
② 《手稿存目》,第十三页。

（二）目录类

1.《玉函山房藏书簿录》二十五卷，有道光二十九年历城马氏刻本，山东大学图书馆、山东省博物馆均有藏。2001年北京图书馆出版社据山东大学图书馆藏道光二十九年刻本影印，《山东文献集成》第二辑亦据山东大学图书馆藏道光二十九年刻本影印。

《玉函山房藏书簿录》是马国翰的私人藏书目，马国翰在《玉函山房藏书簿录序》中云："余性嗜书，闻友人家有奇编秘籍，每以一瓻乞假，手自抄录。遇诸市肆，不惜重直购之。为诸生日，砚田所获，半供书价，或有时典质衣裘。室人以书痴谯余，弗顾也。比筮仕西秦，前后十四年，中间家居者五年，广搜博访，细大不捐，乃积书五万七千五百余卷。"① 这部书目各项著录基本完备，并带有解题，只个别书籍缺作者、卷数或版本、解题。《玉函山房藏书簿录》共著录图书4377部，57517卷。可见马国翰的藏书规模之大。关于《玉函山房藏书簿录》的具体问题，将在本书第四章详细论述。

2.《玉函山房藏书簿录续编》一卷，此书见于蒋式瑆《手稿存目》所载。《手稿存目》石字函第一册著录，曰："红格，中线有'红藕花轩'四字。草书《玉函山房藏书簿录续编》，只经、史二类，然已三千余卷矣。"②

又《手稿存目》匏字函第二册云："白纸草书《玉函山房藏书簿录续编》，随见随录，漫无体例。面钤'玉函山房藏书'图章。"③

---

① 〔清〕马国翰：《玉函山房藏书簿录序》，《玉函山房藏书簿录》卷首。
② 《手稿存目》，第二页。
③ 《手稿存目》，第十页。

又第三册云："白纸草书,杂抄书目,间有考证,备编藏书簿录也。"

马国翰《玉函山房藏书簿录序》云："其有所遗漏及后更新得者,再为续编以补之焉。"《手稿存目》所载之《续编》,经、史二类已三千多卷,数量已然可观,惜随见随录,未及整理,今其书不得见。

(三) 金石类

《红藕花轩泉品》八卷,同治马氏刻本,山东省图书馆、山东大学图书馆、山东省博物馆皆有藏。另有抄本,不分卷,藏于复旦大学图书馆。

目前能见到的《红藕花轩泉品》刻本,自卷二开始,至卷九结束,并没有卷一和卷十。抄本所录泉品,上自三代,下迄明代,而刻本缺三代钱和明代钱。孙殿起《贩书偶记》著录《红藕花轩泉品》八卷,云:"自卷二起至卷九止,其余各卷疑原阙。"[①] 王欣夫《蛾术轩箧存善本书录》亦著录《红藕花轩泉品》,存八卷,四册,云:"今存自卷二至卷九,凡八卷。……相传刊未成而板毁,故虽此残本亦不易得。光绪《山东通志》艺文志亦以残本著录。复旦大学图书馆有抄本,不分卷。此所阙卷一之上古品,卷十之辽、金、元、明品皆在焉。则全书当为十卷,此阙首末两卷耳。"[②] 孙殿起认为卷一和卷十原本就缺失,王欣夫认为是书版损毁导致缺失。笔者以为孙殿起所言为是。卷一、卷十为整体缺失,而其他部分并不残缺,若书版损毁,岂能损毁得如此整齐。将抄本和刻本对校,明显可见刻本比抄本编排有序,考证更精,乃详细修订后刊刻。故笔者大胆推测,刻本原本十

[①] 孙殿起:《贩书偶记》谱录类器物之属,中华书局,1959年版,第262页。
[②] 王欣夫:《蛾术轩箧存善本书录》甲辰稿卷三,上海古籍出版社,2002年版,第1294页。

卷，但卷一和卷十未刻。观其抄本，首列周列国货币，与刻本起始时代相同，而上古三代钱币皆在明代之后，似为补录。其所列颛顼、帝喾所铸之钱币，真实性不可保证。盖作者治学谨慎，未敢冒然将其刻入。明代钱币，盖因时代未久，亦未刻入。

马国翰藏泉实物，今存于山东省博物馆。

以上史部目录，共4部35卷。

三、子部

（一）农家类

《农谚》一卷，光绪十五年章丘李氏刻《玉函山房全集》本。上海图书馆、济南市图书馆有藏。

其自序云："岁戊戌，乞假家居，亲督仆佣种莳桑麻，得与邻父纵言，备闻田间耕作之务。因辑《汉志》农家诸佚篇，自《神农》、《野老》以逮《范子计然》，凡十余种。又据古今农谚，编为一帙，藏诸箧中。今复出，又几五年矣。取阅旧稿，颇触田园之兴，用付剞劂氏。恐吾师丈人见之，輙然而以小草目余也。"①

（二）杂家类

《订屑编》无卷数，见于《续历城县志》及王重民《清代两个大辑佚书家评传》所载。

---

① 毛承霖：《续历城县志·艺文》卷二十三，民国十五年铅印本，第二十二页。

(三) 小说类

1.《竹如意》二卷,有道光、咸丰间历城马氏自刻,光绪十五年章丘李氏印本,藏于中国国家图书馆。《山东文献集成》第三辑据国图藏本影印。

《竹如意》是一部笔记小说,分为上下两卷,共载志怪小说百余篇。《山东通志·艺文志》论此书云:"书中多传闻之说,不尽可稽。然如《黑虎神》一条、《孟姜女》一条,驳俗说之谬,皆有引据。其《赵羊》一条,记历城赵廷召善画羊;《张虎》一条,记高唐张际泰善作墨虎:颇有关于山左文献。又《凌波仙珮》一条,叙述有唐人风笔。《茅苟苟》一条,记一时谐谑之词,亦堪资□噱也。"①

《竹如意》详况,详见第六章第二节。

2.《神萃》一卷,见载于王重民《清代两个大辑佚书家评传》,今不见其书。

《玉函山房文集》有《神萃序》一篇,云:"造化难名,圣人不语。顾圣德未尝遗物,斯至诚足以感神。情状可知,显微无间。是故《易》取睽孤之象,载或盈车;《诗》箴星漏之诫,相焉在室。……有心之士,矫激为谈,《搜神》疑干宝之诬,无鬼助阮瞻之论。……神无不在,目贵常存。用是肆力搜罗,覃精博考,萃荟百家之载籍,灿陈二气之良能。上索日星,下稽岳渎,大则列朝之典,小及百物之精。虽未能尽出儒书,究不敢妄为杜撰。披图生畏,初非袭刀山剑树之辞;随处加惺,莫视为笑朦言鲭之录。"②

---

① 《山东通志》卷百四十四,艺文志第十,第3932页。
② 《玉函山房文集》卷三,第二十页。

从此序可见，马国翰广搜百家之籍，力求明神鬼之事皆事出有据。惜书不得见，《手稿存目》亦无著录。

（四）类书类

1.《得修绠编》无卷数，此书为分条编排的类书，见于蒋式瑆校录《手稿存目》革字函第三册，其著录云："白纸草书，端题'得修绠编'，首天号，次搜神，次原始，当是杂采诸书，惜未注明出典。体例大类《格致镜原》。"①

又第四册云："白纸正书，有草书增添，端题'得修绠斋二十四编'（下注：疑此书卷帙甚多）。《集古编》专辑上古文辞，自上古至《采薇歌》，序谓'迄于祖龙'，以下殆散佚矣。"②

又第五册云："白纸草书，端题'得修绠编经传逸文'。"下有注文曰："《逸诗》、《史记》、《战国策》、《周书》、《周易》、《子夏易传》、《尚书》、《诗》、《春秋》、《春秋续经》、《周礼》、《仪礼》、《礼记》、《论语》、《孝经》各逸文，以下则上古杂箴、铭文辞也。"③

王重民云："《得修绠斋二十四编》当是总名，简称则为《得修绠编》，盖共分为二十四编，每编立一子目，革字号第四册之《集古编》，第五册之经传逸文，即其子目之名。"④

2.《分韵编典稿》一卷，载《手稿存目》金字函第五册，云："白纸，草书'辑分韵编典稿'。"下有蒋式瑆注云："马君殆尝仿《御定分类字锦》之体，而变分类为分韵，辑成一书，此

---

① 《手稿存目》，第十三页。
② 《手稿存目》，第十四页。
③ 《手稿存目》，第十四页。
④ 王重民：《清代两个大辑佚书家评传》，载于《中国目录学史论丛》，中华书局，1984年版，第314页。

其创稿也。后凡言'杂录典故'者，并同。"①

《手稿存目》星字函第四、第五裏亦著录《分韵编典稿》。又竹字函第二、三、四、九册，土字函第十一册，革字函第十三册，木字函第四册则多著录题为"杂录典故"者。此亦为马氏未竟之手稿。

3.《买春轩俪字》无卷数，见载于《续历城县志·艺文考》。

以上子部目录，共7部5卷。

四、集部

（一）别集类

1.《玉函山房文集》五卷，有道光间马氏陕西自刻本，又有光绪十五年章丘李氏重校印《玉函山房全集》本。

此集无序跋，共分赋、颂、表、疏、对问、书、启、传、记、论、赞、辨、说、序、跋、箴、铭、碑、墓表、墓志、诔、考、解、引、祝、约、谕二十七种文体。其最末为在洛川做知县时所作《劝洛民种桑谕》和《息讼安民谕》。马国翰道光十四年任洛川知县，道光十六年离开洛川，赴任石泉，则此集为道光十六年之前撰成。《玉函山房文集》中，辨、说、考、解等文，如《孟子出妻辨》、《八索说》、《大衍说》、《孔子弟子考》、《孟子弟子考》、《用九用六解》、《克明俊德以亲九族解》等，多考订经史，颇资参考。

---

① 《手稿存目》，第一页。

2.《玉函山房文集》一卷，抄本，藏于中国国家图书馆。

此《玉函山房文集》抄本，与前书全异。全书无序跋，共四十一页，文体只有辨、说、识、考、解五种，文章皆为考辨之文。内容涉及古代称谓、古代名物、古代地理、中古音韵及《周易》、《尚书》、《周礼》、《诗经》等篇章的考辨、注解，是学术性很强的考证文章。

3.《玉函山房文续集》五卷，见于王重民《清代两个大辑佚书家评传》，云"《续集》收先生卒前一年所作之二篇，不知是否手定。"① 但此《续集》不见诸书目著录。王重民尝引《续集》之文，为《文集》中所无，盖其确见过《续集》。

4.《夏小正诗》十二卷，有道光二十二年历城马氏刻本，藏于中国国家图书馆。又有光绪十五年章丘李氏补刻《玉函山房全集》本。

此集为马国翰和李廷棨《夏小正诗》而作。李廷棨道光八年"夏日取《夏小正》次第命题，日作一律，意在考订经疑，借以消夏，且以诗法授生徒也。"② 马国翰于道光九年见李廷棨之诗稿，"爱其援据详明，征引宏富，再四吟玩，慨然以笺注为任"③。时马国翰馆于黄石，遂"爰仿荨村故事，自正月启蛰，至三月鸣鸠，为诗四十九首，条注句下，并前和作，已得全诗之半"④。但随后中止，直至道光二十一年才完成。⑤ 马国翰此集为农事诗，有大量自注，引经据典，数量超过诗文数倍，足见其考据功夫。

---

① 《清代两个大辑佚书家评传》，载于《中国目录学史论丛》，第315页。
② 〔清〕马国翰：《夏小正诗序》，《玉函山房文集》卷三，第八页。
③ 《夏小正诗序》，《玉函山房文集》卷三，第九页。
④ 《夏小正诗序》，《玉函山房文集》卷三，第九页。
⑤ 〔清〕李廷棨：《夏小正诗序》称"迄辛丑冬日脱稿"。《夏小正诗》，道光十一年刻本。

5.《玉函山房诗集》九卷，有道光十三年刻四卷本，中国国家图书馆、山东省图书馆有藏。九卷本为光绪十年章丘李氏补刻本，上海图书馆、山东省博物馆有藏。

此集编年排序，始于嘉庆十二年，终于道光二十六年，是马国翰经年积累之诗作。是集收古近体诗一千余首。吴鸣捷《玉函山房诗集序》对马国翰诗作有如下评价："风调高雅，格力遒壮，于《春柳》、《秋篱》诸作见体物之工焉；于《劭农》、《催织》各吟见经世之志焉；于《咏史》、《怀古》见其寄托之远而酝酿之深焉。《廷试》、《忆昔》诸什，则忠孝之性、师友之情，蔼乎可挹也。《读毛诗四十五章》则根据注疏，穿穴传序，以韵解经也。其他即景抒怀，纤秾简古，各擅胜场。"①

其诗内容多样，是马国翰生平的真实写照，对于研究马国翰的生平、著作和学术思想有重要作用。

6.《玉函山房诗钞》八卷，道光、咸丰间历城马氏自刻本。山东省博物馆藏。又有光绪十年章丘李氏补刻本、光绪十五年章丘李氏重校印《玉函山房全集》本，中国国家图书馆、上海图书馆、中科院图书馆等均有藏。

此集分诗体排序，先乐府，后长短句，后三言诗，后四言诗，后五言古诗，后七言古诗，后五言律诗，后七言律诗，后五言绝句，后七言绝句，后五言长律，后七言长律。《玉函山房诗集》止于道光二十六年，这部《玉函山房诗钞》虽与《玉函山房诗集》多有重复，但保存了不少马国翰道光二十六年以后的诗作。如《己酉闰月十九日校彭子蕉山星宿海毕题赠二律以当跋尾》作于道光二十九年，②《家庙落成》作于咸丰五年，③《悼女

---

① 〔清〕吴鸣捷：《玉函山房诗集序》，《玉函山房诗集》卷首，第一页。
② 《玉函山房诗钞》卷四，第三十七页。
③ 《玉函山房诗钞》卷二，第三十八页。诗中云"岁行居癸丑，解组关辅旋"，癸丑为咸丰三年，马国翰举家避难，两载方归，归修家庙，故推诗作于咸丰五年。

阿平》作于咸丰三年后。① 此集每种诗体内大体按时间为序，但无明确时间标识，需参考与《玉函山房诗集》重复之诗作来判断其他诗作的创作时间，惜只能判断大概创作时间，而难以确定年份。

7.《文选拟题诗》一卷，有道光、咸丰间马氏自刻光绪十年章丘李氏补刻本，又有光绪十五年章丘李氏补刻《玉函山房全集》本。

此集为摘《文选》之句，拟为题目而作诗。马国翰《文选拟题诗小引》云："场屋取士，多摘句命题……少尝从事斯业，间为拟咏，随手散失，不复记忆。稿存十余首而已。客冬，学使王啸舲先生下车观风，以百题行各学，题出《文选》者十之六七。州人士每以所作见质，心辄技痒，按题拟之，复取从前拟作追改，续成其半，合得百三十九首，依次编录。"② 可见《文选拟题诗》是马国翰科举求仕之时的课业之作。

8.《玉函山房试帖》一卷《续》一卷，有道光、咸丰间自刻本，见载于《马竹吾先生全集目》及《马国翰评传》。又有光绪十五年章丘李氏刻《玉函山房全集》本，上海图书馆、青岛市图书馆（存《续》一卷）有藏。

此亦是马国翰在科举求仕之时的课业之作，较注重诗律的工整与严谨。

9.《月令七十二候诗自注》四卷，有道光、咸丰间自刻本，见于《马竹吾先生全集目》及《马国翰评传》。又有光绪十五年

---

① 《玉函山房诗钞》卷二，第三十九页。诗中云"我年逾花甲，乃多子女悲"，咸丰三年马国翰六十岁，故此诗做于咸丰三年后。
② 〔清〕马国翰：《文选拟题诗小引》，《文选拟题诗》卷首，光绪十年章丘李氏补刻本。

章丘李氏补刻本,中国国家图书馆、上海图书馆、青岛市图书馆均有藏。《四库未收书辑刊》据光绪十五年李氏补刻本影印。

此集与《夏小正诗》相似,皆是摘句题诗,并作自注,基本上为农事诗。其注引经据典,颇有考证之功。

10.《红藕花轩试帖》一卷,此集见于《马竹吾先生全集总目》。

11.《玉函山房制义》二卷,有道光刻本,又有光绪十五年章丘李氏补刻《玉函山房全集》本。

此集取经书语句为题,是典型的应试诗,也是马国翰在科举道路上的课业之作。

12.《红藕花轩课草》四卷,见载于《马竹吾先生全集总目》。

13.《红藕花轩赋草》一卷,见载于《马竹吾先生全集总目》。

14.《海棠百咏》一卷,见载于《马竹吾先生全集总目》。

15.《治家格言诗》一卷,有道光、咸丰间自刻本,又有光绪十五年章丘李氏补刻《玉函山房全集》本。

此集乃马国翰仿《夏小正诗》之例,用朱用纯《治家格言》之句为题赋诗,亦关科举应试。周乐有《治家格言诗弁言》,云:"其用意,实字观义理,虚字审精神,直以制义之法行之。其敷词委折明丽,婉而多风,如匡鼎说诗,令人解颐,如生公说法,石可点头,此真兼晋人清谈、宋人名理而有之者。为父兄者家置一编,示以科第之学,即进以修齐之道,保身家而奋功名,其有神于燕谋者,岂浅鲜哉?颜之曰《治家格言诗》,可与《夏小正诗》并垂不朽矣。"① 其对《治家格言诗》评价极高。

16.《五峰山馆诗课》二卷，有咸丰间马氏自刻本，又有光绪十五年章丘李氏补刻《玉函山房全集》本。

此集乃马国翰在陇州任上为五峰山馆生徒讲授诗文时所作之范文，由其子马笃简录而成集。马国翰《五峰山馆诗课序》对此集由来有详细叙述："……署西有五峰书院，署内有五峰山馆，皆以得名焉。五峰山馆者，旧与来青书屋分东西廊，同为会宾之所。别有学塾在东北隅。后学塾改移后院，乃以山馆为学塾，使子笃简读书其中。庚戌、辛亥两岁，未延外师，公余暇日辄为讲授经义及诗文。每课期点易制艺，外遇试帖，必逐细批改，或别作一篇相示，指说解题及作法，并诗中所用事，申重反覆，语不厌详。笃简录而存之，积得一百二十首，厘为上下两卷，再为勘定一过，欲以质诸生肄业书院者。抄本不能遍阅，因付梓人。"②

（二）总集类

《百八唱和集》一卷，马国翰、李廷棨合撰，光绪十五年章丘李氏刻《玉函山房全集》本。

《百八唱和集》是马国翰与李廷棨相互唱酬之作。道光十四年，李廷棨寄书与马国翰，云："秋窗偶暇，闻搅林风雨声，忆潘大临寄谢无逸句，因以为题，用豪韵作试帖一章。因此韵较难，选字更作，竟亦成篇，又迭进之，遂终全韵。如登山者，层岚翳荟，怪石屃颜，几谓无径可寻。逮身历其间，则细路侵云，曲蟠线引，遂以通屦群峰而振衣绝顶。虽雕虫小技，颇亦快意

---

① 〔清〕周乐：《二南文集续刻》卷上，第三页。
② 〔清〕马国翰：《五峰山馆诗课》卷首，光绪十五年章丘李氏补刻本。

耳。"① 李廷榮作《赋得满城风雨近重阳》诗十三首，马国翰亦做和诗十三首。后马国翰又取道光七年两人所作《夜酌联句》、《藤带联句》，及李廷榮所作咸字韵全韵诗、马国翰所作咸字韵、江字韵全韵诗附于后。因《赋得满城风雨近重阳》十三首共用韵一百零八字，故名《百八唱和集》。

（三）诗话类

《买春诗话》一卷，道光、咸丰间历城马氏刻本，藏于青岛市图书馆。《山东文献集成》第三辑据此本影印。

《买春诗话》前后无序跋，共三十八页，七十九条，共评述七十八人之诗句。其所评述的内容十分丰富，所评诗人、诗歌大多非名人名作。其中有大量对清代山东籍文人诗作的评述，保存了大量的人物传记资料，在保存山东地方历史资料方面有不小的贡献，可供史参，其中有不少内容直接被《山东通志·艺文志》引用。这部诗话亦不全从文学角度评价作品，而是有大量的考据内容，体现了马国翰作为文献学家的考据功底。详见第六章第二节。

以上集部目录，共 18 部 61 卷。

五、丛书

1.《玉函山房辑佚书》五百七十六种，六百六十一卷，有道光、咸丰间历城马氏刻，同治十年济南皇华馆书局补刻本，光绪

---

① 〔清〕马国翰：《百八唱和集序》，《百八唱和集》卷首，光绪十五年章丘李氏补刻本。

九年长沙郋嬛馆刻本及光绪十年楚南书局刻本等。《山东文献集成》据道光、咸丰间历城马氏刻，同治十年济南皇华馆书局补刻本影印出版。

马国翰最大之成就便是这部《玉函山房辑佚书》，共辑录经、史、子部书籍 604 种 722 卷。关于《玉函山房辑佚书》的各项问题，详见第五章。

2. 《玉函山房辑佚书续补》十一种，十四卷，玉田蒋式瑆校录，光绪十五年章丘李氏刻本。

《玉函山房辑佚书续补》共分经编尚书类、诗类、论语类、孟子类、尔雅类、小学类，史编地理类，子编五行类八类，包括《尚书逸篇》二卷、《尚书百两篇》一卷、《孟仲子诗论》一卷、《论语燕传说》一卷、《夏侯论语说》一卷、《王氏论语说》一卷、《逸孟子》一卷、《逸尔雅》一卷、《小学篇》一卷、《荆州记》一卷、《五行传记》一卷。《续补》与《玉函山房辑佚书》体例相同，先叙录，后佚文。

3. 《玉函山房全集》十三种，四十一卷，光绪十五年章丘李氏刻本。

《玉函山房全集》包括马国翰的《玉函山房诗钞》八卷、《玉函山房文集》五卷、《玉函山房试帖》一卷续一卷、《月令七十二候诗》四卷、《夏小正诗》十二卷、《治家格言诗》一卷、《文选拟题诗》一卷、《玉函山房制艺》二卷、《农谚》一卷、《竹如意》二卷、《买春诗话》一卷，以及马国翰、李廷棨合撰的《百八唱和集》一卷、李廷棨《种玉山房诗草》一卷。

以上丛书目录，共 3 部 716 卷。

马国翰所著诸书，凡见记载者，比列于此。

第二节　散见他处之论述

考一人之著述,不单考其所著书籍,其所说只言片语见载于他人集中者,亦应列为其著述。马国翰即有不少论文之语,散见于周乐《二南文集》中,亦有见于县志收录,而不见于马国翰诗文集中者。

一、见于周乐《二南文集》者

《二南文集》卷上：
《始立家谱序》,马评："发人孝敬之心。"
《枕湖楼记》,马评："依文作画,可续《辋川》。"
《纪梦》,马评："蔡少霞梦题苍龙溪,新宫铭文辞极高古矣。而此以理至胜之。"
《青翠岛记》,马评："必如此岛之人,而后古法可复。朱子惓惓井田,惜不得觏斯乐土,以慰素心也。"
《记军营杨四山事》,马评："事奇文奇,可令传奇者舞蹈诵之。"
《立庭兄殉节传》,马评："文能激发人意气,有功伦纪,那得不长留天地间。"
《徐宝贝传》,马评："徐宝贝得此传,可与佽飞蔷、邱诉称鼎足矣。"
《纪闫督在军营事》,马评："项羽钜鹿之战,作如是观。"
《记阳谷邓生事》,马评："如颜黄门记杜伯事,令人惊心动魄。"

《周范墅传》，马评："雅似杜紫微撰《李长吉小传》。"

《书匪刑冥罚事》，马评："此篇可当林和靖《省心录》读。"

《崔倬人先生传》，马评："从自己一面极力透写处，而倬人先生教思之广，诱掖之善，曲曲传出。太史公《伯夷列传》用此法。"

《清涧鸿爪集序》，马评："图南曾摄宜君篆，得与邻封，其事近一载，其吏治多可法。赵都挑河之役，宪檄查勘，图南陈不便者数事，力争于方伯前，不听。后治河竟无成功。关内人咸服张君之卓识也。附志于此。"

《四孝女合传》，马评："两事皆性情之至，庄叟所谓'全其天'者也。文亦以真性情出之，愈浅近愈深远，而中间钩连处得史迁合传笔意。"

《书雷击不孝妇事》，马评："数篇短章纪事，俱得龙门之遗矩。"

《邹鸿放大令诗序》，马评："论议明通，能正沧浪谬误，为诗家启笃实之门。文笔之清超，不待言。"

《与家敬修廉访书》，马评："清净姑息，激为刑名，申韩所以与老庄同传也。唐太宗纵囚，前儒亦议其失得。此书以破救生之流弊，必如是而后政平，必如是而后刑谧。"

《二南文集》卷下：

《六十自寿序》，马评："写劬劳之哀，正是写天伦之乐。后幅可作《东篱送酒图》为渊明写照。"

《送许沛之返里序》，马评："文亦从昌黎《送董生序》来。彼以古洁胜，此以奥衍胜，遂于文坛各树一帜。"

《上万村义学记》，马评："二南此记，清秋圃先生属作。秋圃为令时，所至以先兴学校，除强梗为治。上万村义学，既醵金助理，又以经费不足，将自任之，其留意学校可知。今以卓荐，特旨擢任济宁州事，亦吾东之福也。"

《与家敬修中丞书》，马评："正言笃语，侃侃而谈。此与上二书均可拟《文中子》。文说视太白《上韩荆州书》、昌黎《上宰相书》犹未免当时习气矣。"

《幼海王公墓志铭》，马评："先生于交友一道性情独挚，故古谊热肠，时溢笔墨之外。"

《威远席珍邹公墓志铭》，马评："叙次详尽，然读去不觉其繁，以镕炼有法故也。铭词亦简括，有音节。"

《纪磁州地震》，马评："文亦能作霹雳声，足令山岳摇而神鬼惊。"

《李时斋先生文序》，马评："篇中'人人所欲言，而实不能言'二语，先生文品正自恰如斯言。"

《李时斋先生关中两朝诗文钞序》，马评："心香一瓣拜南丰。"

《费海樵先生诗序》，马评："前人论诗云，诗中要有我在。此即先生现身说法也。"

《黍民传》，马评："袁淑《排偕集》有《大兰王九锡》、《庐山公九锡》等文，后乃有毛胜《水族加恩簿》、胡锜《耕禄稿》，皆才人游戏之笔也。此传新颖不让前贤。"

《李余堂传》，马评："磊落瑰玮，确肖余堂之为人。裴晋公一段笔意，纯从左氏得来。"

《记赵城县事》，马评："读此文，知愚民不可不教。"

《华州西溪杜畿庙碑记》，马评："阐幽表微，史笔华衮，古人有知地下，应为俯首。"

马国翰散于周乐《二南文集》中诸评语，论文兼论人，既是文评，亦可作史料，且数量不少，故不可不书。

二、见于《续修历城县志》者

马国翰另有《脉象辨真序》一篇,乃咸丰五年为同邑张永和《脉象辨真》一书而作,见录于《续修历城县志》,不见于其文集中,今录于此:"《潜夫论》曰:'凡治病者,必先知脉之虚实、气之所结,然后为之方,故疾可愈而寿可长也。'之关键,端在脉矣。《周礼·天官》疾医'两之以九窍之变,参之以九藏之动',郑康成注:'藏之动,谓脉至与不至。正藏五,又有胃、膀胱、大肠、小肠。脉之大候,要在阳明、寸口,能专是者,其唯秦和乎?岐伯、俞跗则兼彼数术者。'夫秦和术亡,世存《灵枢》、《素问》、《难经》等,或浑括其义,或散著其法,脉无专书也。晋太医令王叔和始撰《脉经》,亦佚不传。五代时有高阳生者,假叔和名而作《脉诀》,词既粗浅,理复纰缪。宋庞安常、蔡西山、戴同甫皆力辨之。乃世以歌诀为初学入门,易于诵习,往往沿谬承讹,有积重难返之势。明季李东壁《濒湖脉学》就而厘订,为世所宗,犹有所未尽。康熙中,瀛津沈垣甫著有《删注脉诀规正》三卷。其《辨妄篇》据《内经》'心配膻中,肺配胸中,以肝配胆,以脾配胃,两尺外以候肾,内以候腹中,大小肠膀胱三府',谓寸关尺三部之配,各因其藏府之地位,以纠《脉诀》'小肠配于左寸,大肠配于右寸'之误。又据《灵枢·经络篇》三焦起自关冲而终丝竹空,凡二十三穴,左右四十六穴,以纠《脉诀》'三焦无状空有名'之误。具有卓识。然所列脉歌,一仍《濒湖》之旧,尟有发明。同邑张君惠风,承其尊甫阶平先生传业,深于此道,穷诸经之名言,括群贤之奥旨,于诸家论中,择其是者取之,非者裁之,庐山四纲外,又以短长实三脉为三才,余二十四脉为二十四气,配合二十七种脉数,每脉下注明阴阳,极为谛当,额其书曰《脉象辨真》。如说微与细云:'浮而极细,若有若无,为微;沉而极细,如欲绝,为细。'片言扼要,皎若列眉,洵能发前人未发之覆,而足为医家之指南也。余素爱方书,粗知药性,独于脉无所窥见,今览斯编,亦怦怦然有会于心目之间;况专操是业者,其裨益岂浅鲜哉!咸丰五年六月朔日。"

以上乃笔者所见之马国翰散见于别处之论述,罗列于此,以备稽考。

纵观马国翰的诸多著作可以得见,除目录和辑佚方面的成果外,其他各项成就也不可忽视。因此,马国翰在学界的身份定位需要进行更进一步的界定。

首先,马国翰在经学方面的成就不可小觑。马国翰的《玉函山房辑佚书》不仅是使马国翰成为"清代辑佚第一大家"的辑佚成果,亦是马国翰经学成就的体现。《玉函山房辑佚书》中所辑的经部佚书占全部佚书的七成以上,马国翰把大量的精力投入到辑录经部佚书的工作上,可见其对于经学的重视。《玉函山房辑佚书》经编诸书的解题,对于经学源流、经学历史、经学家的师承关系等内容多有详尽考证,其经学功底于《玉函山房辑佚书》中多有体现。《目耕帖》三十一卷,亦是一部考订经义之作,虽然蒋式瑆认为《目耕帖》"多采昔人成说,略加断制,特随手札记以备遗忘,视惠征士《九经古义》、王文简《经义述闻》,殆不若矣"①。但其保存了大量的校勘内容和辑佚内容,价值不容小觑。《目耕帖》是《玉函山房辑佚书》的副产品,与《玉函山房辑佚书》相辅相成,皆是马国翰在经学方面的成果。所以,马国翰被称作经学家应是不为过的。

其次,马国翰是一位古钱币收藏家。其所著《红藕花轩泉品》,录其收藏之上古三代至明代古币,图文并茂,参考诸多金

---

① 〔清〕蒋式瑆:《书后三篇》,《玉函山房辑佚书·书后》,第十二页。

石学家之著作，力求做到考订严谨。从此书可见马国翰具有一定的金石学功力，但是马国翰的主要精力并不在金石考订上，其所收上古钱币亦稍欠真实，所以，可以称其为钱币收藏家，却不可称其为金石学家。

再次，马国翰的诗歌创作有较大的规模，也曾是鸥社后期重要的参与者，与济南文士多有交情，因此也可称得上是一位诗人。除诗文创作外，其还有文学评论著作《买春诗话》一卷，于文学评论方面亦有自己的见解，论诗颇具功力。

综上，通过梳理马国翰生平的著作，可重新界定马国翰的学术身份。他不仅是一位辑佚家、藏书家、目录学家，也是一位经学家、诗人，且在金石学及文学评论等诸多方面颇有建树，是一位全面发展的学术人物。

第三章　马国翰交游考

马国翰少年时代随父在山西生活，父亲去世后辗转各地求学。青年时期基本在家乡及邻近地方开馆授课，同时继续举业。中进士后在陕西任职，后回乡养疴，又加入鸥社。其在求学和仕途中结交了众多好友，现按时间顺序一一考订。

第一节　早期师友

马国翰生于山西，少年时代随父在山西度过。马国翰在山西开蒙，早年结识了不少师友，嘉庆十六年回乡居住后，亦结交不少好友。

1. 金拣。金拣是马国翰在其著作中提到的第一位老师，也是他的诗学启蒙老师。马国翰十四岁跟随金拣学习诗律，其《忆昔》诗第二首便是回忆金拣："忆昔传新挹瓣香，南天翘首断人肠。三江旧雨推文海，一载春风坐武乡。意切簦囊思跋涉，眼穿云树隔苍茫。寒窗曾试闻钟句，犹怯平明看晓霜。"① "一载春风坐武乡"句后有小注，云："余师金宝川夫子名拣，浙江山阴人，

---

① 《玉函山房诗集》卷二，第九页。

甲子乡魁。先君宦武乡时，聘先生教翰读。翰年十四从先生，始学制艺及诗律。"① 金拣教授马国翰时间不足一年便入京，马国翰嘉庆十二年作有《送金宝川夫子北上》一诗："海样师恩大，洪炉具化工。一庭悬霁月，列坐沐春风。驿路公车促，都门远信通。伫看金帖报，飞马杏花红。"② 可见马国翰跟随金拣的时间虽然不长，但感情却十分深厚。

2. 吕心源。名不详。嘉庆十二年金拣入京，其后马国翰即跟随吕心源继续学习。马国翰《忆昔》诗之三小注中提到吕心源："金峰随叔晓林先生任汾令，余得与同受业于吕心源夫子。"③ 吕心源亦是马国翰的启蒙老师之一。

3. 李金峰。李金峰与马国翰是少年同学，一同在山西跟随吕心源读书。马国翰嘉庆十三年有《李金峰课社赋得竹深留客处得留字》诗，云："共约竹林游，丛篁深处留。此中无热客，我辈本清流。伫月琴三弄，临风酒一瓯。逍遥堪永夕，信宿狎眠鸥。"④ 嘉庆十四年有《偕金峰游红寺吕氏天乐园》诗："四围山色作环墙，匝地藤阴散古香。拼向花前同一醉，不知归路满斜阳。"⑤ 嘉庆二十四年又有《杂兴》诗七首，其六忆少年时期的同窗好友，其中提到李金峰，云："金峰翘楚材，三载交情厚。"⑥ 马国翰与李金峰少年同窗，交情深厚。

4. 管学涑。字重光，管世铭犹子，也是马国翰少年时期的同窗好友。《玉函山房藏书簿录》著录管世铭《韫山堂集》二十四

---

① 《玉函山房诗集》卷二，第九页。
② 《玉函山房诗集》卷一，第二页。
③ 《玉函山房诗集》卷二，第十页。
④ 《玉函山房诗集》卷一，第二页。
⑤ 《玉函山房诗集》卷一，第四页。
⑥ 《玉函山房诗集》卷二，第八页。

卷，其解题云："余与先生犹子学涑善。"① 马国翰嘉庆十七年在《赠别管重光》诗中云："夏侯经法许遥攀，家学渊源续韫山。"② 后有小注云："重光，韫山太史犹子也。受其学。"③ 嘉庆二十四年《杂兴》诗七首之六亦忆及管重光，云："重光亦隽才，车马天涯走。"④ 嘉庆二十五年《忆昔八首》之六亦忆管重光，云："忆昔南堤识管君，芸窗灯火细论文。高悬真镜窥无翳，坐对名香耐久薰。梦绕梁间吟落月，魂销河畔念停云。可怜一样同沦落，蟾窟虚看桂子芬。"⑤ 道光十三年又有《怀旧绝句十五首》，其二纪管重光："去去南舟望渺然，桑干风雨忆经年。名香一炷消闲昼，日诵骚歌廿五篇。"⑥

李金峰与管重光都是马国翰早年的同窗，但各自为前途奔波，时日长久，便疏于联络。马国翰在《杂兴七首》之六有这样的感叹："功名近何如，鲤雁竟希有。感旧泪浪浪，相思曾知否。"⑦ 即便是少有书信，少年同学的情谊依旧深厚。

5. 郭心斋。名不详，汾阳人，是马国翰父亲马名锦的生前好友，在京做官。马名锦去世后，马国翰入京求学，一度宿于郭心斋宅。嘉庆十五年马国翰有《京师寓农部郭心斋先生宅》诗，云："广厦宽能庇，绨袍赠自羞。可怜鸿鹄志，竟作稻粱谋。凉月三更梦，寒虫四壁秋。长安居不易，日日起乡愁。"⑧ 彼时正是马国翰刚刚失怙，心情最为低落之时，幸在京师郭心斋处得到了诚挚的帮助。马国翰《忆昔八首》之四忆及郭心斋，云："忆昔

---

① 〔清〕马国翰：《玉函山房藏书簿录》卷二十三，道光二十九年历城马氏刻本，第十八页。
② 《玉函山房诗集》卷一，第九页。
③ 《玉函山房诗集》卷一，第九页。
④ 《玉函山房诗集》卷二，第八页。
⑤ 《玉函山房诗集》卷二，第十页。
⑥ 《玉函山房诗集》卷四，第十八页。
⑦ 《玉函山房诗集》卷二，第八页。
⑧ 《玉函山房诗集》卷一，第六页。

燕台匹马过，飘零千里苦奔波。穷途谁订芝兰契，异地频赓野菖歌。已使黄金悲季子，空教白璧泣荆和。深情惟有林宗裔，犹自缔袍恋恋多。"① 其诗有小注，云："郭心斋员外，汾阳人，与先君为挚友。翰在京师依之，濒行，赆馈颇厚。"② 正是得到了父亲好友的帮助，马国翰才得以继续求学求仕。

第二节 同乡师友及门生

嘉庆十六年至道光十二年间，马国翰回乡居住，生活趋于稳定。其间马国翰曾于齐河、鲍山等地设帐，边授徒边参加科考。在回乡居住的这段时间里，马国翰的交友范围迅速扩大。

1. 邵自璘。嘉庆二十一年房荐，马国翰文章受邵自璘赏识。其《忆昔》八首之七云："两遇知音邀异赏，几销壮士识前因。"③ 小注云："丙子房荐，邵公自璘赏余文，'细意熨贴，择言尤雅'。"④

2. 时铭。嘉定人，嘉庆十年进士，曾官齐东知县。嘉庆二十三年房荐，马国翰文章受时铭赏识，其《忆昔八首》之七小注云："戊寅房荐，时公铭赏余文，'理正法醇，志和音雅'。"马国翰曾为时铭《香雪先生遗诗》作序，对时铭有较为详细的介绍："余师时香雪先生讳铭，嘉定人，乙丑进士，官齐东，有政声。

---

① 《玉函山房诗集》卷二，第十页。
② 《玉函山房诗集》卷二，第十页。
③ 《玉函山房诗集》卷二，第十页。
④ 《玉函山房诗集》卷二，第十页。

待士子尤厚，岁分鹤俸以资膏火。诗文亲为讲说。"① 其中亦对自己受业于时铭有详细叙述："戊寅秋闱，翰谬叨房荐，时以得卷晚，未获中选。先生以为可惜，闱后柬召，询以文艺，自是受业焉。"② 嘉庆二十四年，时铭因公罢职，马国翰曾拜见之，得见时铭留别齐东诸生数篇诗作。《香雪先生遗诗序》云："先生曰：'漫兴命笔，楮片零星。近辑一帙，为友人将去，容再捡订，统付抄胥，当奇览也。'"③ 故此次未见全稿。数月后，时铭宅失火，图书诗稿尽被焚毁。《香雪先生遗诗序》云："先生囊箧服御及藏书数千卷尽归烈炬，孑身徙蒋园。翰往问唁，先生零涕曰：'一生心血都成焦土矣。'未几，先生以疾卒，而全稿竟不得见，不重可叹哉。"④ 时铭全稿不得见，马国翰深为扼腕。道光十二年，马国翰入京应试前从谢焜处得到时铭之遗诗一编，后又从陈永修处得到时铭遗诗数首。道光十四年秋，马国翰在陕西洛川任上将时铭遗诗付梓。马国翰不遗余力为受业恩师刊刻诗集，其重情重义之情，保存文献之心可见。

3. 贾琅。字小缃，号青圃，历城人，嘉庆二十三年举人，嘉庆二十四年进士。嘉庆二十年，马国翰已回乡居住。春，马国翰与友人宴饮于孙耿贾氏南园，贾琅亦在座。⑤ 嘉庆二十四年，贾琅中进士，马国翰有《四月七日刘荆玉丈召赏牡丹以事未往孙涵堂丈赋牡丹诗见寄是日贾青圃先生春闱报捷感赋因和元韵》诗纪之。

4. 贾璇。字联枢，号讷叔，历城人，嘉庆十四年岁贡。嘉庆

---

① 《玉函山房文集》卷三，第十五页。
② 《玉函山房文集》卷三，第十五页。
③ 《玉函山房文集》卷三，第十五页。
④ 《玉函山房文集》卷三，第十五页。
⑤ 〔清〕马国翰《春日宴孙耿贾氏南园即景有感用江字五十韵》诗有小注，云："时长清张天池茂才、同里贾青圃先生皆在坐。"《玉函山房诗集》卷一，第十八页。

二十五年，贾璇去世，马国翰有《哭贾讷叔夫子》三十韵。

5. 郝笤。字君实，号餐霞，齐河诸生。郝允哲子。马国翰《买春诗话》略记郝笤行事，云："郝餐霞笤，齐河诸生，倜傥不羁，任侠有奇气。博学工诗，以《四面荷花赋》受知于阮芸台先生，名大振。"① 马国翰与郝笤定交在嘉庆十六年回乡之后。马国翰《爱吾庐诗集序》称郝笤云："吾友郝君餐霞，古祝诗人，济南名士。"② 又叙己与郝笤之相识，云："仆十年汾曲，嬉戏鬌龄，数载桑干，消磨客路。叹修名而未立，期免俗以何能。惟是嗜古常勤，耽吟成癖，有新诗之许读，乐以忘忧。或好句之偶成，喜而不寐。然而未经郢匠，空恃材良，不遇周郎，焉知曲误。幸识判于历下，旋御李于祝阿。蒙菲葑之不遗，结芝兰之久好。"③ 马国翰与郝笤乃是以诗会友，渐成至交。嘉庆二十年，马国翰馆于齐河，郝笤有《赠马大国翰十六韵》诗，云："寂寞名家子，飘零大雅孙。即今开绛帐，忆昔是朱门。诗得三唐派，文从两汉论。词华志银管，学问陋金根。曾卜南邨宅，能邀北海樽。云山还发兴，风雨几销魂。知有飞腾志，无愁岁月奔。身心究闽洛，俯仰信乾坤。岂作穷途哭，而忘古道敦。名轻吾鼎贵，交重布衣尊。胶漆情应固，云泥象不存。盟坛我惭长，词社尔为昆。智许仿榆笑，胸宜云梦吞。诗书休发冢，丹桨自批恨。富贵原由命，功名莫受恩。卮言敬相赠，何必共晨昏。"④ 足见对马国翰的赞赏之意。马国翰亦有《和郝餐霞元韵》诗答之。嘉庆二十一年，郝笤作《拟古采莲曲有赠》，马国翰作《采莲曲十解和餐霞作》以和之，并又作《和餐霞采莲曲后再题七绝》诗二首以足兴。嘉庆

---

① 〔清〕马国翰：《买春诗话》，道光、咸丰间历城马氏刻本，第十二页。
② 《玉函山房文集》卷三，第一页。
③ 《玉函山房文集》卷三，第二页。
④ 〔清〕郝笤：《爱吾庐续集》，载于《郝氏四子诗钞》卷六，道光十三年刻本，第四页。

二十二年，郝答将己所作《南游小草》赠与马国翰，马国翰有《题郝餐霞南游小草卷后》诗以纪之。《买春诗话》亦提及《南游小草》，云："所著《爱吾庐稿》、《南游小草》并属余序之"。①嘉庆二十二年，郝答自作《生日感怀》诗四律，马国翰依韵和之。嘉庆二十四年后，马国翰离开齐河，馆于冶山，与郝答只能书信往来。道光十三年，马国翰作《怀旧绝句十五首》，中有怀郝答之诗，云："时将艳体仿冬郎，草出南游句也香。记否明湖秋雨夜，诗人风味寄莲塘。"② 犹见怀念故人之思。道光二十一年，马国翰有《读郝餐霞遗稿怅然有感》诗，知郝答道光二十一年前已去世。

6. 李东臣。名不详。李东臣是马国翰嘉庆十六年回乡后结交的朋友，亦是与马国翰一同读书求仕的同学。嘉庆十七年九月初九曾与马国翰同登千佛山，马国翰有《九日偕李东臣胡介眉登千佛山》诗纪之。道光元年，李东臣去世，马国翰有《哭李东臣》诗，云："芝兰不同根，相去无尺咫。石泐金犹寒，人生安可恃。霜风凋绿穗，杀气肃芳芷。此子不永年，吾属真已矣。忆在壬申秋，缔交胡与李。胡子掇巍科，我尚烟霞里。嗟君命益艰，一病不能起。皇天本无亲，痛哉竟若此。忧伤白发亲，孤怜八岁子。睹此怆我神，不忍过君里。地下有修文，茫茫究谁拟。短歌一奠君，泪洒蜀川纸。"③ 悲痛之心尽见于诗中。

7. 胡介眉。名不详，与李东臣同于嘉庆十七年结交马国翰。嘉庆十七年九月初九，同马国翰、李东臣同登千佛山。《哭李东臣》诗亦提到胡介眉："忆在壬申秋，缔交胡与李。胡子掇巍科，

---

① 《买春诗话》，第二十页。
② 《玉函山房诗集》卷四，第十八页。
③ 《玉函山房诗集》卷二，第十三页至十四页。

我尚烟霞里。"① 马国翰《忆昔》诗之七有"忆昔同门二十人，泮宫芹藻探芳春。著鞭祖逖夸新贵，宰肉陈平食旧贫"之句，后有小注，云："胡子梦龄已于戊寅恩科中乡魁矣。"② 由此疑胡介眉与胡梦龄为同一人。

8. 李绍闻。字字山，海阳人。《山东通志·艺文》云："绍闻字字山，海阳人，道光壬午副贡，咸丰辛酉殉难，赠国子监助教。"③ 马国翰《买春诗话》述及李绍闻，云："海阳李字山绍闻，戊寅馆历下，每旬日出齐川门东望。人问之，曰'聊慰乡思耳'。尝为菊影八律，中有云'立定脚根风静后，传将心事月明中'，殆赵文敏论书所谓'绵里针'耶？又有赠余句云：'幸逢青眼士，况是白眉人。'亦极工切。"④ 马国翰《玉函山房诗集》前有李绍闻题辞，云："栽花经岁想成林，遥听弦歌洛水浔。剩有冬心敦友谊，愧无好语作官箴。青云阶级凭飞舃，白雪才华试鼓琴。为祝廉能称第一，那能远索辟寒金。"⑤ 马国翰与李绍闻于嘉庆二十三年定交，但聚首之时却很有限。道光五年，马国翰有《秋夜捡抄鹤林玉露感陶杜诸公事因忆字山成一律寄之》诗："闲抄玉露夜灯寒，陶杜芳规感浩叹。近榻清风宜独梦，倚楼明月可同看。琴尊每忆三秋别，侨寓才成十日欢。安得素心人聚首，南邻卜筑久盘桓。"⑥ 道光十一年秋闱前，马国翰与李绍闻小酌，作《秋闱前八日与字山小酌次日赋呈一律》："谈晤逢非易，音书寄亦难。何期五载别，快此一朝欢。须髯惊全改，劬劳话共酸。蟾宫消息近，花撷桂林丹。"⑦ 同年，李绍闻寄诗予马国翰，马国翰

---

① 《玉函山房诗集》卷二，第十三页至十四页。
② 《玉函山房诗集》卷二，第十页。
③ 《山东通志》卷百四十六，艺文志第十，第 4255 页。
④ 《买春诗话》，第二十九页。
⑤ 《玉函山房诗集·题辞》，第一页。
⑥ 《玉函山房诗集》卷三，第一页。
⑦ 《玉函山房诗集》卷四，第二页。

后又作《和宇山见赠元韵》四首酬之。彼时李绍闻已离开济南回乡，故马国翰诗中有"驰思千里梦魂忙，远道无缘寄鹤觞。东海传来新什稿，北湖念到旧游乡"①之语。道光十三年《怀旧绝句》十五首亦有怀李绍闻之诗，云："鹊华桥畔乐衔杯，潍水卢山惹溯洄。近日不知安砚处，月明海上照离怀。"②

9. 彭元音。名不详，商河人。马国翰道光九年馆于鲍山时有《送彭元音归商河》诗，云："浊酒三更话，深灯十载心。文章征近诣，风雨写离襟。浮世谁知己，天涯有赏音。那堪春树远，归路指烟浔。"③道光十三年《怀旧绝句十五首》又有怀彭元音诗一首，云："把臂唐山恨见迟，霏霏玉屑属清辞。年来时有连床梦，犹似深灯夜话时。"④所忆为同一事。

10. 路汉章。名不详。马国翰道光十二年进京前，有《留别路汉章》诗，道光十三年《怀旧绝句》又忆及路汉章，云："揭来相送水东西，笑说河桥是虎溪。迢递关津成久别，何时絮语手频携。"⑤

11. 李轶凡。名不详。道光二年，马国翰有《李轶凡先生瓦卮歌》诗，纪李轶凡所藏古陶器。道光十三年《怀旧绝句》亦有忆李轶凡诗："纷披古籍拟瑯嬛，汉碣秦碑枕藉间。念到陆巢心耿耿，奇书犹记一瓶还。"⑥由此可见李轶凡亦是好古之人。

12. 程伯侃。名不详。道光九年，马国翰有《程伯侃以馆竹

① 《玉函山房诗集》卷四，第三页。
② 《玉函山房诗集》卷四，第十九页。
③ 《玉函山房诗集》卷三，第二十页。
④ 《玉函山房诗集》卷四，第十八页至十九页。
⑤ 《玉函山房诗集》卷四，第十九页。
⑥ 《玉函山房诗集》卷四，第十八页。

屈曲有感诗见寄因和》，道光十三年《怀旧绝句十五首》之六怀程伯侃，云："矩矱关濂取法精，刚肠傲骨独铮铮。自从不见班华面，令我心怀鄙吝生。"① 程伯侃亦博学之士。

彭元音、路汉章、李轶凡、程伯侃等人，皆是马国翰馆鲍山时的友人。

13. 韦逢甲。字毓春，一字森园，号端夫，齐河人，道光八年举人，道光十六年进士。韦逢甲亦是马国翰在乡设馆、读书期间结识的友人。马国翰道光十二年进京廷试，有《渡永定河》诗，云"沙嘴逢乡友，堤头待渡船"。"乡友"后有小注，云："时与韦毓春、王益之、金惠泉相遇。"② 道光二十二年，韦逢甲于鸦片战争中抗敌阵亡，马国翰有《哭韦毓春司马》诗："能作邱山死，无惭社稷臣。孤城千计尽，大义百年伸。忆昔同樽酒，抗怀论古人。忠贞端不负，扼惋致君身。"③

14. 陈超。字元圃，历城人，道光十二年举人。马国翰《买春诗话》中述及陈超，云："同邑陈孝廉元圃超少有异才，尤善考订之学。辛卯岁，余与同请业于程东村夫子，相得益彰。是秋，余忝乡荐北上，时元圃有赠句，云：'科名吾辈事，竖立故人心。'志骨嶙岸，决将破壁去矣。壬辰秋，果抡魁，选石渠事业，跂予望之。"④ 道光十二年，马国翰进士及第，分派陕西，同年乞假归家修墓。归家后曾拜访陈超。陈超保留有时铭之遗诗数章，后寄与马国翰，马国翰搜罗遗篇，后将之付梓。其《香雪先生遗诗序》详记此事："比归晤陈元圃孝廉，云向见先生秋花诗数章，录存一草，当徐检寄。后元圃移家东昌，抵陕年余，始知

---

① 《玉函山房诗集》卷四，第十九页。
② 《玉函山房诗集》卷四，第六页。
③ 《玉函山房诗集》卷七，第二十页。
④ 《买春诗话》，第二十九页至三十页。

之修札促取。甲午秋始从清平邮递，合订一编，校付梓人。"① 道光十九年，陈超去世，马国翰有《哭陈元圃孝廉》诗："亡到斯人命矣夫，一闻恶耗为长吁。奇才素有神童号，穷路谁知鬼伯呼。无复筒鱼供老母，可堪嫠纬泣诸孤。遗编寄我今犹在，寿子声名可力图。"② 马国翰曾为陈超刻书。道光十三年马国翰有《怀旧绝句十五首》，其九忆陈超，云："心血呕成《就正篇》，经疑史考笔如椽。偶翻枕秘添惆怅，红豆心情寄舜泉。"③《续历城县志》卷二十三艺文考载此书有"马国翰刊本"④。《玉函山房藏书簿录》著录陈超《元圃诗钞》一卷，云："泾阳刊本。清道光壬辰举人历城陈超元圃撰。受诗法于李仲恂。每试时，辄与师相颉颃。才大学富，众方以玉堂相期。乃甫掇乙科，遽为地下修文。谢问山哀其遗诗，予在泾阳任时梓之。"⑤ 此《元圃诗钞》为马国翰道光二十三年复任泾阳知县后为陈超所刻。

15. 陈田。字书圃，历城人，马国翰门生陈永修之族叔，擅医术。马国翰馆于鲍山时与之结交。道光九年，马国翰与陈田同游龙洞，并有诗歌唱和。⑥ 道光十一年，马国翰与彭蕉山、陈田雪夜小酌，有《雪后与彭蕉山陈书圃夜酌陈氏别墅蕉山以诗见寄因用元韵和之》诗，云及陈田，曰："书圃多材艺，博淹匪耳食。岐黄术最精，宜典从容职。吐属具针砭，无能报厚德。"⑦ 陈田擅长医术，著有《医书》。《续修历城县志·艺文考》引陈永修《鲍西楼文钞》云："书圃族叔，家传著有《医书》数卷，可传

---

① 《玉函山房文集》卷三，第十六页。
② 《玉函山房诗集》卷六，第九页。
③ 《玉函山房诗集》卷四，第十九页。
④ 《续修历城县志·艺文考》卷二十三，第二十一页。
⑤ 《玉函山房藏书簿录》卷二十三，第四十六页至四十七页。
⑥ 见马国翰：《和陈书圃游龙洞即景原韵》，《玉函山房诗集》卷三，第二十二页。
⑦ 《玉函山房诗集》卷四，第四页。

于世。"①

16. 焦友麟。字铁珊，章丘人，道光十三年进士，历官山西学政。道光十二年马国翰入京廷试，曾于焦友麟会面，作《京邸别焦铁珊》诗。② 道光十三年马国翰《怀旧绝句十五首》亦忆及焦友麟，云："故人飞步上鳌坡，蓬岛仙班乐若何。愧我簿书成栗六，满身赢得俗尘多。"③

17. 陈永修。字敬斋。陈永修是马国翰馆鲍山时的门生。陈永修《平陵齐音》自序中云："道光丙戌、己丑之际，余师马词溪夫子设帐鲍山黄石古寺，余从学焉。"④ 陈永修著有《鲍西楼诗草》，道光十五年马国翰为之作序，云："敬斋陈子从余学数年，每有新题，辄喜拟作，而脱稿亦速，可谓来得矣。"⑤ 道光十五年，马国翰有《题及门陈敬斋诗后》二首，即题《鲍西楼诗草》后之诗。

18. 赵廷召。历城人，善画羊。马国翰有《题赵揽云处士画羊四首》纪之。又《竹如意》中有《赵羊》一篇记之："赵揽云处士廷召家邑之河兆圈，工绘事，尤以画羊著名。有新设食店者乞画于赵，赵为画重阳图。店主装褫悬壁间。画家以羊三头为三阳开泰图，羊九头为重阳图。一日，有北客过而赏之，以十金购去。自是，声誉愈震。凡所画羊，谓之赵羊。赵为人戆介，索画者不易，性嗜酒，酒酣，辄自觅纸笔。习知者不言乞画，惟具酒招之，而凤备绢素及笔墨于其侧。兴高采烈，画更超奇。今其年

---

① 《续修历城县志·艺文考》卷二十三，第十七页。
② 《玉函山房诗集》卷四，第九页。
③ 《玉函山房诗集》卷四，第十九页。
④ 《续修历城县志·艺文考》卷三十，第二十七页。
⑤ 《玉函山房诗集》卷三，第十四页。

八十余,犹以颖楮为乐。余尝有题句四首,其一云:'得意画髯郎,河东说赵羊。'翁年过八十,应有履生方。记其实也。"①

19. 龚璁。字玉亭,遵义人,曾任汶上知县。《玉函山房藏书簿录》著录龚璁《留春山房集古诗钞》二卷《诗钞》二卷《去思编》一卷,云:"济南刊本。国朝汶上知县升知州遵义龚璁玉亭撰。"其解题云:"诗入义山之室,《集古》如自己出。《去思编》,宰武城去任时作。余辛卯乡试以先生房荐,幸中魁选北上。时谒师于武城。未入境,无人不道先生治绩者。后先生以母忧去官,邑人攀辕卧辙,泣声载路云。"② 马国翰道光十二年北上廷试,专程拜访龚玉亭,有《过武城谒龚玉亭师》诗纪此事:"为感真知遇,纡途过武城。棘围邀鉴赏,樗质愧科名。矢以姱修报,聊申拜谒诚。弦歌台下望,遥触古今情。"③

另有贾椿亭、刘蒸云、杨会庵、杨松亭等人,皆是马国翰在乡时结交之友人。张宗泗、刘廷立、王文源等人,皆是马国翰开馆授课时的学生。

第三节　科考同年及官场同僚

1. 王筠。字贯山,山东安丘人,道光元年举人,道光二十一年进士,是清代著名的小学家,著有《说文解字释例》二十卷、《说文解字句读》三十卷,与段玉裁、桂馥、朱骏声并称"说文四大家"。王筠与马国翰曾一同参加科考。马国翰道光十二年有

---

① 〔清〕马国翰:《竹如意》卷上,第九页。
② 《玉函山房藏书簿录》卷二十三,第三十九页。
③ 《玉函山房诗集》卷四,第五页。

《赠王绿(菉)友》诗,其小注云:"绿(菉)友与余春闱中两同号舍。第一场同霜字号,第二场同果字号。绿(菉)友戏谓余曰:'霜中之果圆,成兆也,落实取材定在此举。'"① 道光二十三年又有《赠王菉友》诗,全诗堪称一段简明的小学学术史。诗云:"昔人读书先识字,通九千文乃为吏。自从《苍颉》诸篇亡,袭谬沿讹乖音义。古籍存者甚寥落,《急就》而外《说文》备。《字林》《玉篇》师承之,其中增加非旧次。徐家兄弟互参校,锴传铉注显宋世。太息于今成绝学,谁论边旁正部位。段氏解注出金坛,博引详征众家萃。菉友淹贯精汉诂,复加研覃穷其至。昔与雪堂订《蒙求》,渊流区别意司契。能抉侯冈创造心,千秋一线持未坠。我得赠本等璠玙,每思家家案头置。近闻《广训》脱稿新,嘉惠士林功非细。争先快睹夐想劳,请亟付梓殷愿遂。故人历六走风尘,简毕久疏此事废。里居养疴四年余,得亲笔砚重习肄。考证小正为韵语,颇惭荒陋殊佳制。聊奉史席寄别思,亦附前贤晰疑意。"② 马国翰《玉函山房藏书簿录》著录:《字学蒙求》四卷,京都刊本,"国朝刑部直隶司员外郎益都陈山嵋雪堂、乡宁知县安丘王筠绿(菉)友同撰"③。马国翰所藏之《字学蒙求》,即道光十八年益都陈山嵋刻本。此书现天津图书馆、北京大学图书馆、济南市图书馆等均有收藏。从马国翰诗中可知,道光十二年,王筠《说文广训》脱稿,马国翰曾希望书稿赶快付梓,惜此书终未刊刻。道光十三年,马国翰有《怀旧绝句十五首》,第十二首忆王筠,云:"芳名万里播鸡林,异国人来乞好吟。闻说新编寿梨枣,天涯应可寄同心。"④

2. 陈山嵋。字雪堂,益都人,道光十二年进士,马国翰同

---

① 《玉函山房诗集》卷四,第七页。
② 《玉函山房诗集》卷八,第五页。
③ 《玉函山房藏书簿录》卷七,第十八页。
④ 《玉函山房诗集》卷四,第十九页。

年。道光二十三年马国翰有《赠陈雪堂比部同年》诗，小注云："己亥曾以所著《字学蒙求》见赠。"①《字学蒙求》，《玉函山房藏书簿录》著录："京都刊本。国朝刑部直隶司员外郎益都陈山嵋雪堂、乡宁知县安丘王筠绿（菉）友同撰。"②

3. 曹楸坚。字树蕃，号艮甫，吴县人，马国翰同年进士。道光二十三年，马国翰有《赠曹艮甫比部同年》诗怀之，云："昔访不相值，匆匆怅远离。我归黄叶径，君驻白云司。乌爱推寒士，鸿笺有惠诗。沉疴今已愈，把手话襟期。"③ 马国翰《买春诗话》中亦提及曹楸坚，云："同年吴县曹内翰艮甫楸坚尝以海陵讲斋酬赠同人之作见示。其第四首有'已开金谷花千树，谁送蒲台酒一车。长定客来如昨日，若为春去即天涯'之句。偶倜风流，雅人深致也。"④

4. 颜锡惠。号又村，曲阜人，道光十一年举人，道光十二年进士，马国翰同年。道光二十三年，马国翰有《赠颜又村农部同年》诗赠之。

5. 孙毓溎。字犀源，号蓉江，济宁人。道光十一年举人，道光二十四年状元。马国翰有《孙蓉江同年捷南宫第一人感赋》贺其荣居榜首，云："帖报泥金姓字香，路人争指状元坊。家声在昔萤东国，风气于今转北方。豪岩上林红杏宴，清高中秘紫薇（微）郎。木天无分惭同榜，车马应嗤俗吏忙。"⑤

---

① 《玉函山房诗集》卷八，第五页。
② 《玉函山房藏书簿录》卷七，第十八页。
③ 《玉函山房诗集》卷八，第六页。
④ 《买春诗话》，第三十八页。
⑤ 《玉函山房诗集》卷八，第十八页。

6. 金鼎年。字子长，贵州长顺人，与马国翰为同年进士，官陕西靖边知县。金鼎年与马国翰同在陕西做官，交情深厚。道光十二年十一月十二日，马国翰与金鼎年、仇直卿、王雨亭等同僚登慈恩寺塔，作《仲冬十二日陪金鸿轩仇直卿王雨亭诸同官登慈恩寺塔用少陵韵》一诗。道光十三年正月，马国翰作成《伦理百箴》，金鼎年为之作《伦理百箴序》。同年，马国翰赴敷城上任，临行前赠诗两首与金鼎年。① 后金鼎年卒于靖边任所。

7. 武访畴。字受之，号芝田，山西崞县人，道光十一年举人，道光十二年进士。历任陕西清涧、米脂、镇安、渭南、临潼、咸宁、长安等县知县，后擢陕西延榆绥兵道、加盐运使衔。后辞官，晚年在汾州西河书院讲学十年。武访畴与马国翰亦是同年、同僚。马国翰道光十九年有《贺武芝田同年廉吏行》诗，赞武访畴为官之廉洁。马国翰《玉函山房藏书簿录》著录武访畴《卧辙吟》一卷，云："宰清涧时自赋《廉吏行》及诸和作，并邑人士送别之诗，汇为一编。"②

8. 郭思仪、谢卿谋、张南庐、马晓林。皆是马国翰同年进士，亦一同在陕西作官。马国翰《贺武芝田同年廉吏行》诗提及诸同年，云："凡我七同年，筮仕秦川湄。或故或镌秩，或向他都移。只今三人在，寥落感长噫。"③"七同年"即马国翰、金鼎年、武访畴、郭思仪、谢卿谋、张南庐、马晓林。此诗小注中又提到："金鸿轩卒靖边任所，郭延川、谢定边均以公罢职。""张南庐以丁内艰去清涧任，今改分他省矣。""现惟家晓林、芝田及

---

① 马国翰道光十三年有《将之敷城留别金鸿轩同年》、《再寄鸿轩》两首诗赠金鼎年，见《玉函山房诗集》卷四，第十六页。
② 《玉函山房藏书簿录》卷二十三，第四十三页。
③ 《玉函山房诗集》卷六，第八页。

余三人耳。"① 自道光十二年分派治陕,至道光十九年,短短七年间,已是人事变化,足堪感慨了。

9. 何芸樵。名不详,为马国翰在泾阳任上所结之友。马国翰称其为"山长",盖为地方书院讲授之师。道光十八年,马国翰在泾阳任上,何芸樵有《咏鸦片鬼》诗,马国翰作《咏鸦片鬼和何芸樵山长元韵》以和之。又道光十八年三月初三,马国翰与何芸樵有汉堤洞禊饮之约,惜未成行;翌日,马国翰作《补上巳会寄芸樵》一诗以纪之。

10. 邓谦光。字旭亭,马国翰同年进士,亦一同在陕西为官。道光十六年,马国翰离洛川任,调石泉县,有《邓旭亭署任洛川临别赋赠》一诗,其间有小注,云:"壬辰会试,旭亭荐卷与余卷同在李滋园夫子房。""乙未,陕西旭亭分房第二,余分房第六。"② 道光十五年分校陕甘秋闱,马国翰亦与邓旭亭同分陕西。

11. 杨名飏。字崇峰,云龙人,乾隆三十八年生,咸丰元年卒,曾任陕西巡抚。马国翰道光十三年有《我爱山城好十章》,其三劝民植桑、棉,小注云:"方伯崇峰先生以所著《汉南草》及《豳风广义》、《蚕桑条陈》诸书见赐,并嘱劝民间种植衣帛之源,冀与我民豫之。"③ 马国翰《玉函山房藏书簿录》著录杨名飏著作3种:《经书字音辨要》九卷,云:"四书四卷,五经五卷";④《蚕桑简编》一卷,云:"自序谓辑叶中丞《桑蚕须知》及周明府《兰坡蚕桑宝要》,摘为此编";⑤《汉南拙草》一卷

---

① 同上。
② 《玉函山房诗集》卷五,第十页。
③ 《玉函山房诗集》卷四,第十七页。
④ 《玉函山房藏书簿录》卷七,第二十九页。
⑤ 《玉函山房藏书簿录》卷十三,第四十六页。

《存爱集》二卷,云"汉中刊本","国朝陕西巡抚杨名飚崇峰撰"。①

12. 方心如。名不详,桐城人,道光十三年为敷城朝阳书院山长。道光十三年,马国翰《我爱山城好十章》其四提及方心如,云:"山长桐城方心如明经为望溪先生侄孙,具有家学。"②同年又有《题长春富贵图为方心如山长作》诗二首。

13. 叶钟恒。马国翰在洛川任时所交之友。道光十四年,马国翰作《十老七律十首和叶两峰作》诗,分别吟咏老儒、老将、老农、老吏、老医、老僧、老渔、老妪、老奴、老妓。马国翰《玉函山房诗集》前有叶钟恒题辞,云:"政绩文章噪一时,况闻渊雅又工诗。语经洗炼标新格,源本风骚擅逸姿。比户弦歌言作宰,纱帷听讲马为师。鲰生艺圃惭荒落,乞借生花笔一枝。"③

14. 吴鸣捷。字蔗芗,歙县人,嘉庆六年进士,历官鄜州直隶州知州。道光十四年,马国翰有《吴蔗乡刺史七十寿诗百韵》诗,贺吴鸣捷七十寿诞,则吴鸣捷为乾隆二十九年生人。马国翰诗中小注对吴鸣捷身世、为人及政绩有详细叙述:"公祖冠山公翰林退居,以著述自娱。""公父雨亭公观察浙省。""雨亭公捐馆舍,公诸兄在籍。公年十七,当大事,左右支持完窀穸事,祭田让诸兄弟。""德配朱宜人,日以针黹佐公诵读。""公掇芹后每试优等,戊午领乡荐。""公辛酉成进士,引见以知县即用。""公旋五载始赴陕。""丙寅摄岐山。""丁卯题补高陵。""冠盖往来大半与公论莫逆交。遇文人墨客必款留厚助。""丙戌西域军需,承办一切裕如。""是冬调咸宁,以军功卓异。""荐升鄜州牧,循例

---

① 《玉函山房藏书簿录》卷二十三,第三十七页。
② 《玉函山房诗集》卷四,第十七页。
③ 《玉函山房诗集》题辞,第二页。

引见。""公在酈以农桑水利为念。""州人士素朴质,公抚以恩礼,文风大振。""公分校三次得士,如路德、张日章、张美如。受业如司徒照煦兄弟,俱入翰苑。汪殿撰鸣相亦出门下。""公修旧志,节孝尤详。""辛卯调摄同州府。""壬辰署延安府。"① 马国翰《玉函山房诗集》有吴鸣捷道光十三年序,自称"愚弟",谦逊可见一斑。马国翰《玉函山房藏书簿录》著录吴鸣捷《酈州志》五卷,题:"国朝酈州直隶州知州歙县吴鸣捷蔗芗撰,道光癸巳刊。"②

15. 许丽京。字绮汉,桐城人。马国翰与许丽京为道光十五年秋闱时一同阅卷的同僚。道光十五年,马国翰有《题许绮汉兰园诗集后》诗,中有句云:"秋闱分棱文千卷,午夜深谈酒一杯。开箧赠君竹吾草,临岐贻我兰园稿。古欢结契两心同,低首宣城欲倾倒。"③ 许丽京著有《兰园诗草》六卷,赠予马国翰。《玉函山房藏书簿录》著录此书,云:"西安刊本。国朝洛南知县桐城许丽京绮汉撰。稿中如《岁暮得家书》云:'可怜游子泪,又洒老亲书。'《戊子元旦》云:'子职循陔愧,臣心饮水存。'可想见其本原之厚。其他篇多慷慨磊落,才气太盛也。"④

16. 陈渔珊。名不详,为马国翰在洛川、石泉任上所交之友。道光十六年,马国翰有《陈渔珊大令题句见赠依元韵和之》诗,有句云:"我与先生有夙缘,瓣香来听志公法。贻我大宝光明珠,秘而藏之枕与匣。猥叨奖借岂堪当,窃愿从游学洛邺。"⑤ 道光二十六年,马国翰有《题陈渔珊诗卷后二十四韵》诗,云:"十年

---

① 《玉函山房诗集》卷四,第二十五页至二十八页。
② 《玉函山房藏书簿录》卷十,第四十八页。
③ 《玉函山房诗集》卷五,第五页。
④ 《玉函山房藏书簿录》卷二十三,第三十八页。
⑤ 《玉函山房诗集》卷五,第十五页。

分袂久，相见倍情亲。"① 又有小注云："渔珊治紫阳时，余适调任石泉，相距百里。"② 可见自道光十六年至道光二十六年，两人相见无多。

17. 杜宗岳。字镜泉，号愚谷，福山人，历官醴泉知县。道光十八年马国翰有《题杜愚谷修竹拜荷图》诗四首，其四云："福山愚谷，君子人也。愿缔同心，式陶式写。"③ 又《玉函山房藏书簿录》著录杜宗岳《周易用初》八卷，云："宝孺堂本。国朝醴泉知县福山杜宗岳愚谷撰。止六十四卦，与朱子《本义》多有异同，而说甚精切。"④

18. 蔡煆峰。名不详，为马国翰在泾阳任上所交之友。道光十九年，马国翰赴京述职，临行前有《留别蔡煆峰少尉》诗，云："志气挺昂昂，多才应剧长。快人真面目，古道热心肠。谊以年来挚，情难别后忘。韶华君努力，前路慎行藏。"⑤ 略记蔡煆峰之为人。道光二十一年，马国翰归家养病，蔡煆峰曾寄书予马国翰，马国翰作《春日得蔡煆峰少尉书赋寄二律》以答之。

19. 汪荆川。字松樵，乐陵人。道光二十四年，马国翰有《题汪松樵大令蕉窗呓语》诗，中有句云："松樵经济才，卓荦出流俗。丹篆吞韩胸，经笥满边腹。五斗非素心，百里托芳躅。琴鹤娱性情，影衾质幽独。淡泊心无营，知足身不辱。高卧追羲皇，和音发嶰谷。"⑥ 《玉函山房藏书簿录》著录其《蕉窗呓语》

---

① 《玉函山房诗集》卷九，第十七页。
② 《玉函山房诗集》卷九，第十七页。
③ 《玉函山房诗集》卷六，第四页。
④ 《玉函山房藏书簿录》卷二，第四十八页至四十九页。
⑤ 《玉函山房诗集》卷六，第十二页。
⑥ 《玉函山房诗集》卷八，第十九页。

二卷《正梦吟》一卷《呓语拾遗》一卷《蕉窗文钞》一卷《大梦纪年》一卷,云"汲古堂本"。提要称:"国朝西乡知县乐陵汪荆川松樵撰。诗文皆有豪气,不可羁靮。"①

20. 李文瀚。字云生,号莲舫,宣城人,清代剧作家,历官岐山知县。嘉庆十年生,咸丰六年卒。道光八年举人。道光二十五年,李文瀚将所作《紫荆花》、《胭脂舄》传奇示与马国翰,马国翰有《李云生大令以所作紫荆花胭脂舄传奇见示率题二绝句》。同年,李文瀚又出示《银汉槎》传奇,并向马国翰邀诗。马国翰作《李云生大令以新制银汉槎传奇索句拈江字韵题赠》一诗回应。《玉函山房藏书簿录》著录李文瀚《味尘轩诗集》十四卷,云"小罗浮本"。其解题云:"国朝岐山知县、候升知州宣城李文瀚云生撰。凡《我误集》二卷、《他山集》二卷、《笔耒集》三卷、《西笑集》四卷、《听凤集》三卷。云生才气盛大,诗出入唐宋,各体兼备。其乐府尤足擅场。"②

21. 周国华。号小霞,太湖人,是马国翰在陇州任上所交之友。道光二十五年,马国翰有《题释迦图小照为周小霞少尉作》诗,继而又为周国华作《题周心畊先生行乐图》,题下有小注,云:"先生名朝辅,字鼎臣,小霞大父。著《丹桂籍》、《敬信录》诸书。有大司马彭启丰传。"③ 又《东湖先生承先图》题下有小注,云:"先生名匡纯,字厚田,小霞尊甫。"④ 分别记周国华的祖父周朝辅和父亲周匡纯。同年,周国华邀马国翰等人赏牡丹,马国翰有《周小霞召赏牡丹》诗四首纪之。同年,又为周国华妻题《题周晓霞孺人采芝图照》诗。《玉函山房藏书簿录》著

---

① 《玉函山房藏书簿录》卷二十三,第四十四页。
② 同上。
③ 《玉函山房诗集》卷九,第三页。
④ 同上。

录有周国华妻张芝仙所著《竹窗遗稿》四卷，题"国朝陇州吏目太湖周国华小霞孺人宛平女士张芝仙和兰撰"，提要曰："语多从至性流出，《思亲》、《哭女》诸作，集中佳唱也。"①

22. 田秌。字艺陶，阳城人。道光二十六年，马国翰有《赠田艺陶大令》诗，小注云"艺陶有《伴柳亭文集》行世"②。后又有《题田艺陶大令伴柳亭稿》八章。《玉函山房藏书簿录》著录田秌《古伴柳亭初稿》四卷，京都文奎斋刊本。其解题云："国朝长武知县阳城田秌艺陶撰。一字漱六。清溪蔡赓飏序称其'郁勃之气，磊落之才，高出流辈，不屑屑于干时'。座师王广荫薆堂序称其'文词多见性语'。"③

23. 陈模。字式甫，山阴人。道光二十六年，马国翰有《题陈式甫同年藤花馆诗稿后》诗。《玉函山房藏书簿录》著录有陈模《藤华馆试帖》十卷《文兴书院课士诗》一卷，云："宜君刊本。国朝宜君知县山阴陈模式甫撰。以尊甫十峰先生有《藤阿吟稿》之刻，故题曰'藤华馆试帖'。'文兴'则宜君书院之名也。盩厔路德序称其'如游谦春园，繁花竞开，万蝶齐舞'。其才情富艳，出入于义山、飞卿之间。"④

另有许旬亭、郑纯玉、周雨蕉、许兮园、张临之、宋蕙圃、谢任臣、崔建三、林少穆、玉冰心、张昙村、赵漳川、王云亭、沈秌生、杨允升、娄凤竹等，均是马国翰在仕途上的同僚友人和门生。

---

① 《玉函山房藏书簿录》卷二十三，第四十七页。
② 《玉函山房诗集》卷九，第十七页。
③ 《玉函山房藏书簿录》卷二十三，第四十五页。
④ 同上。

第四节　鸥社友人

鸥社是清代中期济南的一个文学社团,由范垌、周奕鬘、周乐等人创立。马国翰有《周二南先生诗钞序》,云:"(周乐)曩尝与翟鳞江、李矞云、范品泉、周范墅、李仲恂、乔松石诸先达老宿迭盟鸥社,吟咏无闲日,盛事传播,比于有明七子云。"①《续修历城县志·列传三·文苑》有范垌传,云:"与邑人周乐、谢焜、何邻泉、李倜结鸥盟诗社于明湖之上。"②又有郑云龙传,云:"邑人范墅立鸥社,约周乐、徐子威、谢焜、何邻泉、李倜诸吟侣酬唱,云龙以翩翩少年亦与其间。"③故早期鸥社成员可考者十一人,曰翟凝(鳞江)、李肇庆(矞云)、范垌(品泉)、周奕鬘(范墅)、李倜(仲恂)、周乐(二南)、乔岳(松石)、谢焜、何邻泉、徐子威、郑云龙。道光二十年,马国翰归家养病,中间家居五年。道光二十二年花朝日,马国翰与周乐、王德容、谢焜、朱诵泗、李纬、彭蕉山同游大明湖,诗酒吟咏,遂续鸥社之名。马国翰《秋桥诗续选·书》云:"壬寅、癸卯间,秋桥先生与周君二南、谢君问山、何君岱麓、朱君退旃、李君秋屏、彭君蕉山及余八人续鸥社于明湖。春秋佳日,互为主宾,吟咏倡和,欢洽永日。"④李纬《秋桥诗续选·跋》云:"壬寅岁,余从闽中归,适陇州刺史马词溪里居。花朝日,简招王秋桥、周二南、谢问山、朱退旃、何岱麓及余七人谦饮历下亭。词溪首唱七律四章,皆属和焉。是后提酒榼,递相宾主。每饮必有互相磨

---

① 《玉函山房文集》卷三,第十页。
② 《续修历城县志·列传三·文苑》卷四十一,第二十页。
③ 《续修历城县志》卷四十一,第二十四页。
④ 〔清〕马国翰:《秋桥诗续选·书》,载于《秋桥诗续选》,道光三十年刻本。

砺，忘机如鸥，遂名鸥社。"① 道光二十三年，马国翰离济复任泾阳，二十四年又调任陇州，其间与鸥社诸友人诗歌寄赠，不曾间断。道光三十年后，鸥社活动逐渐消歇。李纬《秋桥诗续选·跋》中云："不数年，词溪仍宦秦中，问山、退旃相继物故，岱麓就馆他方。惟秋桥、二南及余老于牖下，而旧社冷落矣。"② 鸥社凡前后两结，周乐、谢焜、何邻泉两次均与其会。马国翰与前后鸥社的诗人均有交往，现罗列如下：

1. 李肇庆。字矞云，历城人，嘉庆九年举人。道光十二年，马国翰入陕任职途中，有《潼关即事》一诗，中有句云："得遇贤司马，情深斗酒间。"后有小注云："矞云先生守潼关，喜与款洽竟日。"③ 同年，马国翰又有《和周二南先生闰九月象山登眺元韵兼呈李矞云司马》，云："关门欢聚半同乡，话旧莎厅快举觞。"④ 可见马国翰与李肇庆道光十二年之前就已经相识。李肇庆曾主持刊刻多部诗集。马国翰《玉函山房藏书簿录》别集类著录《华泉集》十四卷，云："春雨楼本。明南京户部尚书历城边贡廷实撰。邑东三十里有古华泉，故以名集。华泉为弘治七子之一，诗在李梦阳、何景明、徐祯卿、高叔嗣之间，屹然自树一帜。旧板散泐，嘉庆中，邑人李肇庆余堂重梓。"又别集类著录周奕黉《范墅遗诗》，云："同里李肇庆余堂与周乐二南与《华不注山房诗》、《真研斋诗》同刊，称历下三君云。"⑤

2. 李僴。字仲恂，号闲人，道光八年举人。马国翰与李僴早有交往，道光十三年马国翰有《怀旧绝句十五首》，其八忆李僴，

---

① 〔清〕李纬：《秋桥诗续选·跋》，载于《秋桥诗续选》卷末。
② 同上。
③ 《玉函山房诗集》卷四，第十四页。
④ 同上。
⑤ 《玉函山房藏书簿录》卷二十三，第三十二页。

云:"语言坦易率天真,汉瓦工摹妙入神。笺上邀题十四字,一番展视一番亲。"① 又《玉函山房藏书簿录》著录陈超《元圃诗钞》一卷,云陈超"受诗法于李仲恂"②。盖马国翰馆于鲍山之时即与之交。

3. 周乐。字二南,历城人,前后鸥社的创始人之一。《二南文集》有花寿山道光二十六年所作《周二南先生小传》,对周乐有十分细致的叙述:"先生姓周氏,名乐,字二南。先世籍江宁,自其祖游幕东省,始家历城。二南少时缘胞兄礼、从兄官皆以武举起家,遂好武,喜与诸侠少习拳勇,遇不平辄寻斗,为业师所摈,乃长跪请罪,折节读书。县试遂冠军,补诸生,旋食饩。顾其文曲折奥衍,纯任性灵,不求合主司绳尺,故屡踬于场屋。家素丰,自两兄从征川陕,兄殁于王事,遂中落。从兄历官至都司,寻亦殁。两房俱不可支。时二南方馈屋授徒,百计归从兄丧。又葬其叔母,督从弟冕力学,获一衿而同怀。弟三,皆拙于谋生,事事惟兄是赖。今尚余一季,年且六旬,犹为购屋以居,时供给之。数日不晤,则招与同饮,怡怡如幼焉。尝见士君子读等身书,为世显者,兄弟析箸后辄视为路人,否则奴隶畜之,娣姒间尤不可言状。而二南则惟知为吾弟,无怨言,无愠色,矜悯体恤,数十年如一日。其友于抑何笃也。噫,异矣。初,二南与周范墅、翟鳞江、李乔云诸君子相友善。范墅蚤世,鳞江令浙江,旋亦亡。乔云宰咸宁,以书招之,二南既不得志于时,以知交零落,遂携眷往居关中十年,与其贤士大夫相切劘,学乃大进。归则以古文二巨册相质证,余读之,愕然怡然,促之付梓,并前所刻《二南诗钞》、《续钞》若干卷,制艺若干首行于世。方其自关中归也,侄全荣以难荫官守备,十余年一无蓄积。病殁,为经纪其丧,又为立嗣,多方营谋,始获袭职。侄

---

① 《玉函山房诗集》卷四,第十四页。
② 《玉函山房藏书簿录》卷二十三,第四十六页。

妇卒，亦一力任之。其他恤人之孤，拯人之厄，多类此。然而其贫则如故也。贡成均已廿年，求一学博不可得。同人乃共举为景贤书院主讲，馆谷所入，粗粝自甘。一子，甫八岁，亲教之读。暇则饮酒赋诗以自娱，乐意甚适也。二南以诗文鸣世，世率以其沦落不偶，为之咨嗟涕洟。而余所重于其人者，顾在彼而不在此。向使二南囊橐有余，而能分润戚属，犹将表章其事，为处骨肉者劝。而乃出于风尘奔走，左支右绌之余，脱手相遗，行所无事，此诚根本之地，至性至情所发，文章犹其绪余，又遑论遇不遇哉。至摭其少年时锋芒以相诟病，尤不足辨矣。世多操衡鉴者，其以余言为何如耶？论曰：二南老矣，须发皓然，两耳重听，小指病痹，时痛楚，数年不瘥。然见义勇为，文章千言立就，与少时无以异，壮哉。抑其为文喜友朋攻错谞陋，如余有所规，辄欣然听纳。呜呼，真今之古人矣！"从其小传，可见周乐之为人。马国翰《买春诗话》亦有对周乐之叙述："周二南明经乐，历下知名士，蹭于文场者垂四十年，而胸怀磊落，耽情诗酒间。丁亥（按，道光七年）春，李裔云司马时令咸宁，自关中相召。濒行，有《留别四律》，如'弟兄大被心仍恋，妻女同车累岂空。五十年来常作客，两千里外又依人。临别忍看鬓毛际，相思应在酒杯间。'性真语，耐人玩味。"①

马国翰结识周乐缘因李肇庆。道光十二年，马国翰赴陕任职，途径潼关。时李肇庆宰咸宁，周乐亦居关中，马国翰得与周乐相识。马国翰《周二南先生诗钞序》云："翰入关过谒裔云，得侍先生坐，杯酒欢洽，留连竟日。先生欣然出梓稿相赠。"② 马国翰在陕期间，与周乐诗文唱酬频繁。道光二十年，马国翰回乡养疴。道光二十二年，马国翰与周乐、王德容、谢焜、朱诵泗、李纬、彭蕉山游明湖，马国翰有《花朝日偕周二南王秋桥谢问山朱退旃李秋屏彭蕉山泛舟明湖即事》，标志着鸥社复兴。此后，

---

① 《买春诗话》，第三十四页。
② 《玉函山房文集》卷三，第十页。

鸥社时常雅集宴饮。同年,周乐属题杜甫遗像,马国翰有集杜诗一首应之。① 同年,周乐招同社诗友于会泉寺雅集,马国翰有《周二南先生招饮会泉寺遇雨》纪其事。同年,马国翰有《寿周二南先生》诗赠周乐。同年,马国翰为周乐《二南文集》作序。道光二十四年春,马国翰在泾阳任上作《春日寄周二南、谢问山、王秋桥》诗,怀念诸位友人。道光二十六年,周乐为马国翰作《治家格言诗弁言》。周乐亦为马国翰《玉函山房诗集》题辞二章。马国翰《玉函山房藏书簿录》别集类著录周乐《二南诗钞》二卷《续钞》二卷《文集》二卷《制义》二卷《试律拟》二卷,云"枕湖书屋本",其解题云:"号漫翁,少负异才,屡试不售,后乃游秦,主讲少华书院。归里后主讲景贤书院。诗出姚武功而秀逸过之,足自名家。文与壮悔堂相近。"② 又劝善书类著录《关圣帝君忠义经》一卷,云"历城周氏刊本。国朝贡生、候选训导、历城周乐二南从盛迹全图录出刊之,有明兵部尚书蒲州杨博原序"。③ 又别集类著录周奕黉《范墅遗诗》云:"咸宁官署刻本。国朝诸生、历城周奕黉范墅撰。负不羁之才,年未三十二没。同里李肇庆余堂与周乐二南与《华不注山房诗》、《真研斋诗》同刊。称历下三君云。"④ 马国翰《周二南先生诗钞序》云:"鳞江(翟凝)大令、范墅茂才皆后先捐馆舍。蔀云司马感怀旧雨,取其遗诗与尹畹阶(廷兰)孝廉诗同刻于灞陵官署,名之曰《历下三君集》。校订之任,先生实赞襄之。"⑤ 刊刻周奕黉、翟凝、尹廷兰之诗集,李肇庆与周乐功不可没。

4. 谢焜。字问山,历城诸生,善画工诗,亦是早期鸥社的成

---

① 道光二十二年,马国翰作《二南先生属题少陵遗像即集杜句应之》诗答周乐,见《玉函山房诗集》卷七,第十三页。
② 《玉函山房藏书簿录》卷二十三,第四十一页。
③ 《玉函山房藏书簿录》卷十二,第三十一页。
④ 《玉函山房藏书簿录》卷二十三,第三十二页。
⑤ 《玉函山房文集》卷三,第十页。

员之一。王德容《秋桥诗续选》有《寿问山七十》诗,作于道光二十五年,则谢焜为乾隆四十三年生人。又《秋桥诗续选》有《哭谢问山》诗,作于道光二十七年,则谢焜卒于是年。《续修历城县志》有传,称:"自浙江山阴占籍历城,与弟照皆名诸生。家贫,诗酒自娱。广交游,喜接纳,投缟赠纻,率知名士。诗宗少陵,揭少陵戴笠小像于座,举觞以祝。每四月十九日,仿浣花故事,集同邑周乐、范坰、何邻泉诸诗友为少陵寿。时相酬和,联湖干鸥社。租居近水,引泉绕屋,叠石杂花木作隐趣,名鹪园,赋以志之。"① 四月十九日祭祀杜甫是鸥社的重要活动,后期鸥社依旧保留此活动。

马国翰亦早在与诸友人续鸥社之前,即与谢焜定交。道光十二年,马国翰赴京廷试前,与谢焜寓济南会馆,谢焜将时铭之遗诗授予马国翰。道光十九年,马国翰有《题谢问山茂才秋窗著书图》诗二首,又有《再题问山解鞍鼓枻图》诗一首。道光二十年,为谢焜作《题问山小像》。道光二十二年鸥社复兴后,马国翰予谢焜等唱酬不断。道光二十三年,马国翰作《寿谢问山》为谢焜贺,云:"逍遥七十二泉间,名士风流属问山。"② 马国翰《香雪先生遗诗序》中亦云:"问山以诗名历下,刊有《绿云堂集》,尝以诗就正于先生。"③ 谢焜虽无功名,但诗名颇盛。道光二十三年,马国翰入京觐见,与谢焜在京相聚。道光二十四年,马国翰曾寄诗与谢焜。《玉函山房藏书簿录》亦著录谢焜著作,别集类有谢焜《绿雪堂集》二卷(按:《簿录》误,应为《绿云堂集》),云:"诗豪迈有真朴之气,肖其为人。晚年诗尤进,惜散佚,多未刻。记其五十自寿云:酒为知己长排闷,花当美人亦解愁。风流倜傥,可想其兴致也。"④ 又总集类著录《心仪集》

---

① 《续修历城县志·列传三·文苑》卷四十一,第二十页。
② 《玉函山房诗集》卷八,第一页。
③ 《玉函山房文集》卷三,第十页。
④ 《玉函山房藏书簿录》卷二十三,第三十六页。

七卷,《停雪集》(《山东通志》作《停云集》)二卷,皆谢焜所编。《山东通志·艺文》著录《海岱英华集》二十卷,谢焜编,云:"王钟霖《历下诗钞序》云:'问山舅父积学工诗。独轮戴笠数十年,购吾东诗,继卢雅雨先生《山左诗钞》,为《海岱英华集》二十卷。'"①

5. 何邻泉。字岱麓,号苹野,因家近趵突泉,故名邻泉。《续修历城县志》有传,云:"少通经史,小试不利,弃去。肆力诗古文辞,工唐隶,与曲阜桂馥齐名。同邑范坰、周乐、马国翰诸人先后结诗社于湖上,邻泉均与其会。周乐称其诗清超秀逸,往往有远韵。"② 马国翰与何邻泉于道光二十二年复结鸥社时定交;同年,马国翰有《题何岱麓悟因图小照》诗,有句云"鸿戏海涛墨,鸥寻湖社盟"③。此诗可看作马国翰与何邻泉定交之诗。同年十一月四日,李纬招鸥社诸友为周乐、何邻泉祝寿,马国翰亦有诗歌唱和。道光二十六年,马国翰在陇州任上,何邻泉寄其《无我相斋诗选》与马国翰,马国翰因题《何岱麓以无我斋诗见寄诗代谢柬》诗以答之。《玉函山房藏书簿录》别集类著录《无我相斋诗选》四卷,云:"济南刊本。国朝国子监生、历城何邻泉岱麓撰。诗皆近体。同里周乐序称其清超秀逸,往往有远韵。"④《山东通志·艺文》亦著录《无我相斋诗选》四卷,道光乙巳(二十五年)刊,引周乐序云:"山右刘樵坡庶常侨居泺滨,见岱麓诗而嗜之,拟为刊以问世,属余选定。余不辞,为节存若干首。其诗皆近体,而古作阙如。不能强为其不能,以精其所能也。岱麓又以其余力工隶书,世称之,或过于其诗,则亦非知岱

---

① 《山东通志》卷百四十六,艺文志第十,第4335页。
② 《续修历城县志·列传三·文苑》卷四十一,第二十一页。
③ 《玉函山房诗集》卷七,第十五页。
④ 《玉函山房藏书簿录》卷二十三,第四十五页。

麓者也。"①

    6. 李纬。字秋屏，历城人。马国翰称其"秋屏表兄"②。鸥社复兴后，马国翰始与李纬诗歌唱酬。道光二十二年至道光二十六年间，马国翰与鸥社诗友互相唱和，多有寄李纬之诗。《续修历城县志·艺文》著录李纬《湖上闲吟草》无卷数，云："秋屏官莆田丞。当英夷犯顺，因与邑令议堵御海口。事不合，告病归。与周二南、王秋桥、马词溪、谢问山、何岱麓诸君子结社于大明湖上，更唱迭和，极一时风雅之盛。诗亦清超隽永，不落俗格。"③

    7. 朱诵泗。字退旂，历城人，道光十一年岁贡，道光二十八年卒。道光二十二年花朝日，与周乐、王德容、马国翰等人于大明湖历下亭复兴鸥社，始与马国翰诗歌酬赠。朱诵泗与马国翰同月同日生。马国翰道光二十二年曾作《竹醉日为余初度鸥社诸君以诗见惠间日集饮湖上始知朱退旂先生与余生同日赋此代祝并酬诸君意》诗纪此事。道光二十二年九月初九，朱诵泗邀鸥社诸友会于千佛山，马国翰有《秋杪朱退旂约鸥社诸友佛山会集》纪其事。道光二十六年马国翰寄《答朱退旂》诗，云："每到竹生日，衔杯怀故人。岂无今雨好，不及古风淳。马足驰行倦，鸥眠入梦亲。清闲真是福，无意恋缁尘。"④ 朱诵泗有《遗诗》一册，《山东通志·艺文》据《国朝山左诗汇钞》著录。又《续修历城县志·艺文考》著录其《枕湖吟馆诗稿》无卷数，并引《来青馆诗钞》李庆翱《题退旂先生诗稿》云："芙蓉烟水外，旧宅枕湖

---

    ① 《山东通志》卷百四十六，艺文志第十，第4274页。
    ② 见马国翰《仲冬四日李秋屏表兄招鸥社友为二南岱麓两先生祝嘏于湖西客舍二南先生以诗见寄因和》、《答李秋屏表兄》诸诗。
    ③ 《续修历城县志·艺文考》卷三十，第九页。
    ④ 《玉函山房诗集》卷九，第十五页至十六页。

滨。鸥社推前辈，蟬编付后人。及今归里日，犹忆苦吟身。曾入春风座，濡毫记夙因。"①

8. 王德容。字体涵，号秋桥。其《秋桥诗续选》有《六十有八岁生日作》诗，作于道光二十八年，则王德容为乾隆四十八年生人。《续修历城县志》有传云："世居蓬莱，以从嗣家历城。补诸生，事所后以孝闻。然不忘本生，虽间关千里，逾岁辄一往省。结庐鹊华桥东，教授生徒，不事进取。游其门者，后皆为知名士。性耽山水，工吟咏，周乐极称之。晚受知于学使刘瞻岩，济南人皆重之，以为质而有文，介不绝俗，有陶靖节风。"② 马国翰与王德容定交在道光十九年马国翰回乡休养后。道光二十年，王德容将己所作《思竹斋存稿》示于马国翰，马国翰有《题王体涵茂才思竹斋存稿后》诗答之。《思竹斋存稿》后选为《秋桥诗选》，道光二十二年刻，中有马国翰道光二十一年所作《思竹斋存稿序》，称："先生长余在十年以上，逮余执经问字，而先生早以师法广其传。"马国翰《题王体涵茂才思竹斋存稿后》诗亦在卷首题词中。道光二十二年，马国翰作《题王秋桥谋奉图小照》诗，同年有《寿王秋桥二十四韵》贺其寿。道光二十二年，王德容有《祝马太夫人寿即简词溪》诗为马国翰母贺寿，诗云："乞养归来郭外居，萧闲补读古今书。官因封鲊成廉吏，学凛丸熊忆故庐。拜母升堂同祝骨，出山有志莫踌躇。明年花发关中日，还看安仁奉板舆。"③ 道光二十三年冬，与王德容互寄诗书，有《冬日得王秋桥寄诗依韵和之》诗，中有句云："鸥侣何时重聚晤，暖炉会上共销寒。"④ 道光二十四年春，马国翰曾与周乐、谢焜、王德容寄诗。道光二十六年，马国翰再寄《答王秋桥》与王德

---

① 《续修历城县志·艺文考》卷三十，第十二页。
② 《续修历城县志·艺文考》卷四十一，第二十页。
③ 〔清〕王德容：《秋桥诗续选》卷一，第七页。
④ 《玉函山房诗集》卷八，第十六页。

容。道光三十年，马国翰与周乐、花寿山同为王德容选《秋桥诗续选》四卷，前有马国翰《书》。《玉函山房藏书簿录》别集类著录王德容《秋桥诗选》四卷，云"思竹斋本。国朝诸生、历城王德容体涵撰。有真趣，《生日戏吟》云：'任家无长物，冀老有闲时。'《秋兴》云：'墙根扁豆娱，篱底韭花鲜。'《偶成》云：'贫先知米价，病久解医方。'皆佳句也。"①

9. 彭蕉山。名不详。鸥社复兴之时，马国翰《花朝日偕周二南王秋桥谢问山朱退旌李秋屏彭蕉山泛舟明湖即事》明书彭蕉山其人，马国翰《秋桥诗续选·书》亦明书："秋桥先生与周君二南、谢君问山、何君岱麓、朱君退旌、李君秋屏、彭君蕉山及余八人续鸥社于明湖。"② 但李纬《秋桥诗续选·跋》却称"花朝日简招王秋桥、周二南、谢问山、朱退旌、何岱麓及余七人谦饮历下亭"③，不见彭蕉山其人。而王德容、周乐等人亦无与彭蕉山酬唱之诗，故不得知其本名。

彭蕉山是马国翰乡居读书科考之时便结交的友人。道光四年时，马国翰已结识彭蕉山。其《彭蕉山因东溟以诗见质归卷因题》有句云："面未谋新友，诗能结古欢。"其与彭蕉山先是诗文会友，后才谋面。道光九年秋，马国翰馆于鲍山，居于黄石兴龙寺，彭蕉山曾赠予马国翰菊苗，马国翰有《谢彭蕉山惠菊苗》诗谢之。道光十一年冬，马国翰与彭蕉山、陈田夜酌，彭蕉山赠诗予马国翰，马国翰依韵和之，其诗有句云："蕉山英隽才，高标堪矜式。命数虽暂奇，运途讵终塞。伫待钟子期，风尘结真识。"④ 道光十三年，马国翰《怀旧绝句》十五章最后一章纪彭

---

① 《玉函山房藏书簿录》卷二十三，第四十一页。
② 〔清〕马国翰：《续秋桥诗续选·书》，《秋桥诗续选》卷首。
③ 〔清〕李纬：《秋桥诗续选·跋》，《秋桥诗续选》卷末。
④ 〔清〕马国翰：《雪后与彭蕉山陈书圃夜酌陈氏别墅蕉山以诗见寄因用元韵和之》诗，见于《玉函山房诗集》卷四，第四页。

蕉山，云："雪夜清寒味共谙，鲍山西麓想深谈。超超元箸同心赏，理向天根月窟探。"① 彭蕉山亦是鸥社成员。道光二十二年，马国翰与周乐等人复鸥社于大明湖历下亭，彭蕉山在座。道光二十三年，马国翰复任关中，途径孟县，正值端午，与彭蕉山、杨仁圃等宴饮。道光二十四年夏，马国翰尚在泾阳任，与彭蕉山纳凉于瀛洲亭，知彼时彭蕉山亦居于泾阳。道光二十五年，马国翰送彭蕉山归里。

附：续鸥社年表

1. 道光二十二年花朝日（二月十二日），马国翰作《花朝日偕周二南王秋桥谢问山朱退旃李秋屏彭蕉山泛舟明湖即事》诗，标志鸥社复兴；王德容亦有《花朝马词溪刺史招同社友集历下亭》诗二首纪之。②

2. 道光二十二年四月十九日，鸥社于济南北极台雅集，祭祀杜甫。马国翰有《四月十九日为唐拾遗杜少陵生辰诸同人循鸥社故事集北极台酹祭便就会饮诗纪其事》纪之。王德容有《四月十九日少陵生辰同社友集北极台酹祭》、《北极台祭少陵后与同人宴饮》两诗纪其事。

3. 道光二十二年五月十三日，马国翰生日，鸥社诸诗友赠诗贺之，马国翰有《竹醉日为余初度鸥社诸君以诗见惠间日集饮湖上始知朱退旃先生与余生同日赋此代祝并酬诸君意》诗答谢。

---

① 《玉函山房诗集》卷四，第二十页。
② 《秋桥诗续选》卷一，第五页。

4. 道光二十二年九月十六日，朱诵泗约鸥社诗友于千佛山雅集。马国翰有《秋杪朱退旃约鸥社诸友佛山会集》诗，王德容有《九月既望社集千佛山旷如亭》诗以纪之。

5. 道光二十二年十一月四日，李纬约鸥社诗友于湖西客舍为周乐、何邻泉贺寿。马国翰有《仲冬四日李秋屏表兄招鸥社友为二南岱麓两先生祝嘏于湖西客舍二南先生以诗见寄因和》诗纪之。

6. 道光二十三年春，谢焜寿辰，马国翰有《寿谢问山》诗。

7. 道光二十三年春末，王德容邀鸥社诸友游海右亭，有《暮春邀同社游海右亭》诗。

8. 道光二十三年四月十九日，谢焜招鸥社同人祭杜甫，王德容有《问山摹杜少陵南熏殿画像四月十九日招同社酹祝》诗。

9. 道光二十三年五月十三日，鸥社复于大明湖雅集。王德容有《五月十三日李秋屏招聚湖上竹吾时已赴秦赋以志感》诗纪之。

10. 道光二十四年正月十四日，王德容与朱诵泗、李纬相约观灯，有《上元前一日病瘥退旃秋屏约同观灯》诗。

11. 道光二十四年春末，马国翰自泾阳寄书与王德容，王德容有《马词溪自陕简寄步韵答之》诗以应。

12. 道光二十四年春末，周乐邀诗友饮于北极台。王德容有《二南邀吟侣北极台小酌值雨》诗纪之。

13. 道光二十四年九月十一日，周乐约王德容、李纬、李次云（李肇庆弟）泛舟明湖。王德容有《重阳后二日二南约同次云秋屏泛湖》诗。

14. 道光二十四年冬，王德容有《题张循之小像》诗，末句云："会当一尊酒，请君入鸥社。"① 张循之，不详何人，王德容曾邀其入鸥社。

15. 道光二十四年冬，周乐六十八岁寿诞，王德容作《二南六十八诞辰即席赋赠》诗。

16. 道光二十五年元日后，王德容邀鸥社诸友品其家酿，有《元旦后家酿初成邀社友尝之》诗。

17. 道光二十五年正月，李纬生辰，王德容为作《秋屏元辰初度望后同友补祝》诗。

18. 道光二十五年，马国翰有《送彭蕉山归里》诗云："才过重阳节，如何便欲归。目穿乡树远，心逐陇云飞。驿路鸿为伴，湖干蟹正肥。寄言鸥社侣，三载怅遥违。"②

19. 道光二十五年春，谢焜七十寿辰，王德容有《寿问山七十》诗。

20. 道光二十五年五月十三日，朱诵泗生辰，王德容有《五月十三日寿退旃》诗。

---

① 《秋桥诗续选》卷一，第十八页。
② 《玉函山房诗集》卷九，第九页至第十页。

21. 道光二十五年五月二十四日，周乐招鸥社宴饮，王德容有《五月廿四日二南招饮即事》诗纪之。

22. 道光二十五年九月二十三日，王德容与李纬游龙洞，作《九月廿三日偕秋屏重游龙洞佛峪》诗。

23. 道光二十六年初，王德容作《题退庼小照》。

24. 道光二十六年夏，周乐邀王德容、李纬游卧牛山，王德容有《二南邀同秋屏游卧牛山》诗纪之。

25. 道光二十六年，马国翰赋《满城风雨近重阳》诗三首，其三曰："明湖柳色也应苍，鸥社何人对举觞。犹记佛山高会日，满城风雨近重阳。"① 以叙对鸥社诸友的怀念之情。

26. 道光二十七年正月初四，鸥社集会。王德容有《正月四日同人小聚》诗纪之。

27. 道光二十七年，谢焜去世。王德容有《哭谢问山》诗悼之。

28. 道光二十八年春末，朱诵泗去世，王德容作《哭朱退庼》二首以悼之。

---

① 《玉函山房诗集》卷九，第二十页。

第五节　至交好友

马国翰交游十分广泛,但在众多师友中,李廷棨和李邺与马国翰交往最为深刻。三人相识于青年时期,交往最为长久。马国翰与李廷棨为儿女亲家,关系更为亲密;两人在诗歌创作方面互相影响,唱酬诗、同题诗甚多。章丘李氏在马国翰没后更是竭力保存马氏遗稿,为马国翰著作的流传做出了重大贡献。

1. 李廷棨。字星垣,号戟门,章丘人。乾隆五十四年生,道光二十九年卒。马国翰与李廷棨相识应在嘉庆二十四年左右。道光七年马国翰有《夏夜戟门斋中小酌联句》诗,中有"我辈十年交,深情托张范"一句,由此推测,二人应相交于嘉庆二十三年。道光九年《送戟门之保阳》诗又云"新县花迎千里外,故人交笃十年前",则二人应相识于嘉庆二十五年。故笔者姑且记其二人结识之时间为嘉庆二十四年左右。

马国翰与李廷棨所作诗歌,多有相似之处。嘉庆二十五年,马国翰作《仲秋八日泛舟明湖待月与李三戟门扣舷联句》,李廷棨有《晚棹同马词溪赋》诗二首和之。马国翰诗曰:"一径入芦苇,四围环芰荷。秋城暮烟起,别港晚凉多。酒热飞螺盏,诗成付棹歌。伊人不可见,风露淡微波。"①而李廷棨诗云:"一径出芦苇,四围环芰荷。秋城暮烟起,别港晚凉多。酒熟飞螺盏,诗成付棹歌。伊人不可见,风露淡微波。"②两诗几乎完全相同。

除这种文句相似的和诗外,两人亦常有同题之作。马国翰

---

① 《玉函山房诗集》卷二,第十二页。
② 〔清〕李廷棨:《纫香草堂诗集》卷一,第十九页。

道光二年有《五杂组》三首，李廷棨亦有同题诗四首。又马国翰道光五年作《新乐府》四首，题目依次为《劝种麦》（原注：劝农事也）、《催织茧》（原注：劝女红也）、《平雀鼠》（原注：清讼狱也）、《种松柏》（原注：储桢干也）。李廷棨亦有《乐府四章》，每诗题目与马国翰全同。道光四年，马国翰仿李廷棨《读毛诗》十七首，作《读毛诗四十五章》，有序云："李子戟门有《读毛诗作》十七章，根据注疏及齐、鲁、韩三家说而以骚选之笔出之。余爱其古雅，抄存箧笥中。暇日漫兴，复续成四十五首，萃荟群说，折衷同异，意在说经，工拙弗计。凡戟门已具之篇，不复更咏，明其无懈且见吾两人同志云尔。"①

又道光十年，马国翰有《黄金台》、《董子祠》、《麻姑城》、《楼桑村》、《张华宅》、《阆仙祠》等诗，李廷棨均有同题诗，且文词多有相近之处。

用全韵作长律，李廷棨为创始者。李廷棨道光十四年作《满城风雨近重阳》诗十三首，用全韵，马国翰遂作同题和诗十三首，亦终全韵，其韵共一百零八字，故马国翰将二人所作诗合为百八唱和诗，又录道光七年马国翰所作《夏夜戟门斋中小酌联句》及《藤带联句》等全韵之诗及李廷棨道光十年所作《寄词溪四十韵》，合为《百八唱和集》。

道光二十年，李廷棨集石鼓文字作诗寄与马国翰，马国翰仿作八章，后李廷棨又作七绝二首，马国翰依韵和之，仍觉未尽兴，遂再作两首，寄与李廷棨。

马国翰与其他友人不曾作此类同题诗歌，从马国翰与李廷棨众多的同名诗可见，其与李廷棨在诗歌创作方面的密切关系，两人不仅互相学习，互相影响，更是将诗歌作为传递情谊的载体。

道光八年七月，李廷棨中举人，马国翰作《贺戟门秋捷》诗，云"果应黄华记梦诗，榜看第二快群思"，后有小注云："先

---

① 《玉函山房诗集》卷二，第二十一页至二十二页。

是，东溟梦见天榜，戟门名在第二。戟门纪梦诗有'他时记取黄花节，看榜先看第二名'之句。今果验矣。"① 此诗纪李邺梦见李廷棨榜中第二名之事。李廷棨遂戏作《东溟梦至一第观榜其第二为余名明日越百里来述以贺其词色坚自（且）信也余因索手箓戏书四语以券其征时戊子七月四日也》一诗，云："我梦黄粱梦未成，怪君说梦大分明。他时记取黄花节，看榜先看第二名。"② 后李廷棨果中第二名，三人皆以为奇。此事马国翰不止一次进行描述，《玉函山房诗集》、《玉函山房文集》及《竹如意》等书中均有记载。

道光九年，李廷棨任职保阳，马国翰有《送戟门之保阳》诗，为之送别。道光十年，李廷棨作《寄词溪四十韵》，马国翰亦有《寄怀戟门》诗，二人寄诗唱和，以叙情谊。道光十一年，李廷棨作《寄词溪》诗二首，马国翰有《和戟门赠句》答之。道光十二年，马国翰入京，返乡路过新城，恰李廷棨同在新城，二人诗酒相聚，马国翰作有《过新城与戟门款洽竟日临别有赠》诗以纪之。道光十三年，马国翰为李廷棨作《纫香草堂集序》，评李廷棨诗云："意盖舒其葱郁，词条艳其醲醶。"③ 又论李廷棨之学识，曰："考三家以论毛诗，搜八体以通籀篆。学与年而俱进，时方屈以待伸。"④ 其对李廷棨评价颇高。

道光十八年上巳日，李廷棨寄诗与马国翰，马国翰作《戟门上巳日赋诗见寄用少陵小寒食舟中诗韵依韵和之》一诗纪之，时李廷棨仍在保阳。道光十九年，马国翰为李廷棨作《古墨斋歌为戟门作》，纪李廷棨新斋落成事。道光二十年，李廷棨离保阳，赴深州任，马国翰作《闻戟门抵深州任赋寄》诗二首以纪之。道光二十二年，李廷棨赴广东雷州任职，临行前访马国翰，赠其新

---

① 《玉函山房诗集》卷三，第十九页。
② 《纫香草堂集》卷二，第十六页。
③ 《玉函山房文集》卷三，第十一页。
④ 同上。

稿，马国翰作有《戟门将之粤过余信宿出纫香新稿见示题句卷尾》诗，云："喜得永朝夕，抒余三岁思。挑灯共悄话，开箧读新诗。"① 两人各在一地为官，相聚不易，马国翰自道光十九年至道光二十二年，中有三年不得与李廷棨相见。同年冬，李廷棨升任荆宜施观察，寄书与马国翰，马国翰作《戟门升任荆宜施观察冬抄得广州所发书复寄》诗纪之。后马国翰与李廷棨相互寄诗不断。

章丘李氏与历城马氏结为姻亲，李氏于保护马国翰遗稿功不可没。马国翰生前曾刻《玉函山房辑佚书》经编、子编，但未曾刷印。章丘李氏保存了《玉函山房辑佚书》的书版，并先后两次补刻。光绪十五年章丘李氏补刻《玉函山房辑佚书》，有李元瑞序，云："吾先叔父之外舅马词溪先生之著《辑佚书》等编也，剞劂甫就，遽捐馆舍。其时兵燹方炽，藏书家多被蹂躏。先生之夫人大惧是书之将失也，乃致先叔父而谓曰：'汝岳一生心血毕在是书，时值乱离，藏之非易事，我寡而年迈，收蓄之责，将于汝乎是赖。如可，则以车来迁；否，则畀之汝岳墓门，付之一炬，以完此债耳。吾不忍待后人之居之为奇货，至售之以贱值，俾他人或易名而刊之也。'先叔父商之先君子，乃急辇而致之，为复壁以庋藏之。此板归吾家之由来也。其他如《泉品》、《四书笔记》，并诗文杂集诸板，尚数十余种，亦毕致焉。"②

此序备载马国翰遗稿归章丘李氏之始末。同治十年济南皇华馆补刻《玉函山房辑佚书》，即用李氏所藏之书版。光绪十五年，李氏又补刻马国翰遗稿，成《玉函山房全集》。马国翰的著作得以流传并日渐彰显，章丘李氏功不可没。

---

① 《玉函山房诗集》卷七，第十四页。
② 〔清〕李元瑞：《玉函山房辑佚书序》，《玉函山房辑佚书》卷首，第一页至二页。

2. 李邺。字杜亭，号顿丘子，章丘人。马国翰有《顿邱子小传》，云："顿邱子姓李，初名邺，字杜亭，后更名沧瀛，字东溟。家于章邑之顿邱，因号焉。"① 马国翰与李邺定交在嘉庆二十四年左右，与李廷棨同时。嘉庆二十四年，马国翰馆于冶山，与李邺相识。李邺将己所著诗稿见示于马国翰，马国翰有《题李东溟诗卷后》诗，又作《柿园诗稿序》以纪之。道光六年，《柿园诗稿》刊刻，② 马国翰参与选诗工作。《柿园诗稿》卷首题："齐河郝荅餐霞、历城马国翰词溪、同邑王应植嘉树、李廷棨戟门、吴连周鞠农选。"③ 同年冬，李邺访马国翰，留宿三日，日与之长谈。马国翰《李东溟见访雪而复雨留三日归别有赠》纪之云："对戈倾新酿，偎炉爇湿薪。深谈每竟夜，共见性情真。"④ 道光七年，李邺将己之《春雨楼诗稿》示于马国翰，马国翰作《题李东溟春雨楼诗稿后》诗纪之，又于道光八年作《李东溟春雨楼诗跋》。《玉函山房藏书簿录》别集类著录李邺《柿园诗稿》二卷、《春雨楼稿》一卷、《海樵诗钞》二卷、《菊岩诗钞》二卷，云"济南刊本"⑤。李邺诸多诗集并不是同时刊刻的。马国翰《菊岩诗钞序》云："先梓行者，有《饭颗山房集》、《柿园吟稿》、《春雨楼诗草》凡若干卷。岁己丑（按，道光九年），依李君星垣于保阳旅邸，又刻有《海樵诗钞》。壬辰（按，道光十二年）就幕新昌，二载之中，积稿盈箧，辑为《菊岩诗钞》一帙，拟付剞劂氏，促序于余。"⑥ 是《柿园诗钞》刻于道光六年，《春雨楼诗草》应刻于道光八年，《海樵诗钞》刻于道光九年，《菊岩诗钞》应刻于道光十二年。

---

① 《玉函山房文集》卷二，第七页。
② 马国翰《李东溟春雨楼诗跋》云："丙戌秋，东溟刊所著《柿园诗稿》，有余序及《顿邱子小传》。"知李邺《柿园诗稿》刻于道光六年。《玉函山房文集》卷三，第二十五页。
③ 〔清〕李邺：《柿园诗稿》卷首，卷上，道光中春雨楼刻本，第一页。
④ 《玉函山房诗集》卷二，第八页。
⑤ 《玉函山房藏书簿录》卷二十三，第四十一页。
⑥ 《玉函山房文集》卷三，第十七页。

道光九年，李邺在保阳，入李廷榮幕，马国翰于《菊岩诗抄序》中载其事。又曾客游登州，并寄诗与马国翰，曰："檐柳微黄雪半消，怀君不见又花朝。欲凭佳节宽离索，无那东风感寂寥。夜火闲披新卷轴，春醅懒续旧樽瓢。雁笺题罢频回首，何日相思话七桥。"①

其诗思念之情毕见。李邺自登州回乡，又将诸诗稿示于马国翰，马国翰有《东溟自登州归以客胶诸作见示因赠》诗。马国翰任职陕西之后，与李邺常有诗书往来。道光二十一年，马国翰回乡养病，时李邺自博陵归里，向马国翰出示近稿，马国翰作《李东溟自博陵归里出近稿见示题句卷后》二首纪之，诗赞李邺云："柿园秋声老，杏楼春雨香。高情争日月，健笔挟风霜。加细少陵韵，又盈昌谷囊。从今诗似海，浩淼问东洋。"②马国翰《买春诗话》评李邺之诗云："学唐律四十余年，无间冬夏。"③

李邺擅长律诗，其诗颇有田园诗风气，又略带几分市井人情味。其所作《秋晚过胡村》一诗云："萧疏林木外，寥落几人家。径曲埋幽藓，篱疏带晚花。蓼庵渔艇集，桥市酒帘斜。日暮堪停屐，炊烟起远沙。"④格律工整，用词考究，颇见功力。

道光十七年后，其与马国翰寄诗数量减少，钩稽二人交往细节稍显困难，但二人所留下的诗歌已足见其情谊深厚。

纵观马国翰一生所交之人，多是儒生、文人、学者。其友人如王德容、周乐等，虽无功名，但均闻名乡里，诗文多为人称道。其同僚如汪荆川、李文瀚、田秋、陈模等，既是官员，又是文人，均有著述流传。又如王筠、陈山嵋，治学颇有成就，皆是

---

① 《柿园诗稿》卷上，第十页。
② 《玉函山房诗集》卷七，第四页。
③ 《买春诗话》，第六页。
④ 《柿园诗稿》卷上，第四页。

著名学者。马国翰与他们的交往，体现出马国翰的文化志趣和文士情怀。这种君子之交，也是中国古代士大夫的经典交游模式，即结交志同道合之友，注重精神交流。

第四章　马国翰藏书考

清代是藏书家辈出的年代,藏书家人数远超前代。负盛名者,如清初之钱谦益、钱曾、季振宜,清中期之周永年、黄丕烈,晚清之陆心源、丁丙等。各家藏书偏重不同,各有特色。清代藏书事业的兴盛也带动并影响着清代目录学的发展。清代藏书家几乎都有自己的藏书目录,如钱谦益的《绛云楼书目》,钱曾的《读书敏求记》、《述古堂书目》、《也是园书目》,张金吾的《爱日精庐藏书志》等,皆各有所长。目录学的发展,与一个时代的整体学风是分不开的。清代初期,处于学风变革时期,清初学者意识到理学风气的弊端,开始寻求新的学术理念和治学方法,继而理学衰落,朴学大盛,学者治学多遵汉唐。目录学也顺应着学术发展的潮流,书目的学术研究作用逐渐被重视起来。

清初的目录学,还没有从明末的颓势中跳脱出来。后世编纂书籍目录,必定以前代为参考,而清代初期,明以前的群书目录多数散佚,《郡斋读书志》和《直斋书录解题》失传已久。清康熙末年,《郡斋读书志》得以重刊,被后人所见;乾隆三十八年四库馆开后,四库馆臣从《永乐大典》中辑出《直斋书录解题》,后人才得以观之。所以清初学者可资参考的书目十分有限,唯前代史志目录、专科目录和明人所作书目。[①] 明代书目多存在著录不详、考订不精等缺陷。清初目录承袭明代,也呈现出一些缺

---

① 吴杰、黄爱平:《论清代目录学》,《清史研究》1992年3期,第83页。

点,最突出的就是不重视书籍解题。清初的书目多数没有解题,只记书名、卷数等,有的连作者信息都不著录,只是列出书单。当然,只列书单的目录仍然是有价值和意义的,它仍然可以提供当时书籍的存佚情况、在各家书目中的著录状况等各种信息,但同解题目录比较起来,学术参考价值就比较小。

  随着清代学风的转变,目录也走上了一条学术化道路。到乾嘉时期,章学诚提出"辨章学术、考镜源流"的目录学理论,目录作为进行学术研究的重要参考,其学术作用日益被重视起来,目录学的地位也日益显著。藏书家也不单出于赏玩之心而收藏古籍,而是着手研究自己所藏之书,以求著录精确,考评严谨,出现了读书志、藏书志等书目体裁。专科目录也有较大的发展,清初朱彝尊《经义考》开清代专科目录之先河,后有章学诚《史籍考》、谢启昆《小学考》等。同时也出现了戏曲类的专科目录,如黄文旸《曲海总目》等。此外补史志目录也大量出现,如姚振宗《补三国艺文志》、《隋书经籍志考证》,钱大昕《元史艺文志》等。官修书目方面,成就最高者当属《四库全书总目提要》。《四库全书总目提要》对清代目录学产生了深远的影响,其后的目录学家多依《四库全书总目提要》之例编纂书目。尤其在分类设置上,清代中后期的目录学家都自觉遵从《四库全书总目提要》的分类方式。周中孚曾云:"自汉以后,簿录之书,无论官撰私著,凡卷第之繁富,门类之允当,考证之精审,议论之公平,莫有过于是编矣。"① 足见其对《四库全书总目提要》的推崇。

  乾嘉时期的目录学家所建立的注重考辨学术源流,发挥目录的学术研究作用的目录学理念,一直影响着后世的目录学家。

  马国翰正处在藏书事业与目录学都较为兴盛的清代中期,他的藏书与同时代其他藏书家相比,也具有自己的特色和风格。其

---

① 〔清〕周中孚:《郑堂读书记》卷三十二。

藏书目录《玉函山房藏书簿录》在著录方式、分类设置、解题内容等方面，无不反映出清代目录学注重考证的特征。

第一节　马国翰藏书来源考

《玉函山房藏书簿录序》云："余性嗜书，闻友人家有奇编密籍，每以一瓻乞假，手自抄录。遇诸市肆，不惜重直购之，为诸生日砚田所获，半供书价。或有时典质衣裘，室人以书痴谯余，弗顾也。比筮仕西秦，前后十四年，中间家居者五年，广搜博访，细大不捐，乃积书五万七千五百余卷。"① 匡源《玉函山房辑佚书序》亦云："竹吾先生家贫好学，自为秀才时，每见异书，手自抄录，及成进士，为县令，廉俸所入，悉以购书，所积至五万七千余卷。"② 他的藏书大致有四个来源：手自抄录、友人赠书、自行刊刻、购买所得。

一、手自抄录

马国翰《闲吟》诗云："好句吟当苦，奇书手自抄。"③《闲居课儿经句漫然有咏》云："手抄不放奇编过，心悟常将旧稿芟。"④ 马国翰乐于抄书，而抄书也是在资费不足的情况下聚书的最好方法。

---

① 〔清〕马国翰：《玉函山房藏书簿录序》，载于《玉函山房藏书簿录》卷首，第一页。
② 〔清〕匡源：《玉函山房辑佚书序》，《玉函山房辑佚书·书序》，第二页。
③ 《玉函山房诗集》卷一，第十六页。
④ 《玉函山房诗集》卷七，第二页。

《玉函山房藏书簿录》所著录的抄本数量很多，可以确定为马国翰所抄者，皆标明"红藕花轩抄本"。其所列红藕花轩抄本有 73 部：

（一）史编地理类

《天南行纪》一卷，元徐明善撰，红藕花轩抄本。

（二）子编儒家类

1. 《儒言》一卷，宋晁说之撰。

2. 《西畴老人常言》一卷，宋何垣撰。并红藕花轩抄本。

（三）子编杂家类

1. 《三教论衡》一卷，唐白居易撰，红藕花轩抄本。

2. 《槁简赘笔》一卷，宋章渊撰，红藕花轩抄本。

3. 《珩璜新论》一卷，宋孔平仲撰。

4. 《侍讲杂记》一卷，宋吕希哲撰。

5. 《发明义理》一卷，宋吕希哲撰。

6. 《继古藂编》一卷，宋施青臣撰。并红藕花轩抄本。

7.《见闻录》一卷，宋罗点撰，红藕花轩抄本。

8.《雁门野说》一卷，宋邵思撰。

9.《三柳轩杂识》一卷，宋程棨撰。

10.《皇朝类苑》一卷，宋江少虞撰。并红藕花轩抄本。

11.《研北杂志》二卷，元陆友撰，红藕花轩抄本。

（四）子编小说家类

1.《南唐近事》一卷，宋郑文宝撰，红藕花轩抄本。

2.《谑名录》一卷，宋吴淑撰，红藕花轩抄本。

3.《杂纂》二卷续一卷，宋苏轼撰。

4.《调谑编》一卷，宋苏轼撰，并红藕花轩抄本。

5.《该闻录》一卷，宋李畋撰，红藕花轩抄本。

6.《陶朱新录》一卷，宋马纯撰。

7.《延漏录》一卷，宋章望之撰，并红藕花轩抄本。

8.《輶轩杂录》一卷，宋王襄撰，红藕花轩抄本。

9.《蒋氏日录》一卷，宋蒋之奇撰，红藕花轩抄本。

10.《对雨编》一卷，宋洪迈撰，红藕花轩抄本。

11.《遯斋闲览》一卷，宋范正敏撰。

12.《野雪锻排杂说》一卷，宋许景迂撰。

13.《东皋杂录》一卷，宋孙宗鉴撰。

14.《抒情录》一卷，宋卢怀撰。

15.《唾玉集》一卷，宋喻文豹撰。

16.《白獭髓》一卷，宋张仲文撰。

17.《东谷所见》一卷，宋李之彦撰。

18.《楮记室》一卷，宋潘埙撰。

19.《宾朋燕语》一卷，宋邱昶撰。

20.《窗间纪闻》一卷，宋陈子兼撰。

21.《湖湘故事》一卷，宋陶旺撰。

22.《鞠堂野史》一卷，宋林子中撰。

23.《退斋笔录》一卷，宋侯延庆撰。

24. 《清尊录》一卷，宋廉宣仲布撰。

25. 《昨梦录》一卷，宋康誉之传。

26. 《漫笑录》一卷，宋徐慥撰。

27. 《轩渠录》一卷，宋东莱吕居仁撰。

28. 《拊掌录》一卷，宋元怀撰。

29. 《灯下闲谈》一卷，宋江洵撰。

30. 《闲燕常谈》一卷，宋董弅撰。

31. 《壶中赘录》一卷，撰人缺。

32. 《三余帖》一卷，撰人缺。

33. 《北山录》一卷，撰人缺。

34. 《潜居录》一卷，撰人缺。

35. 《墨娥漫录》一卷，撰人缺。

36. 《嘉莲燕语》一卷，撰人缺。

37. 《采兰杂志》一卷，撰人缺。

38. 《戊辰杂钞》一卷，撰人缺。

39.《真率笔记》一卷,撰人缺。

40.《芸窗私志》一卷,撰人缺。

41.《致虚阁杂俎》一卷,撰人缺。

42.《内观日疏》一卷,撰人缺。

43.《漂粟手牍》一卷,撰人缺。

44.《奚囊橘柚》一卷,撰人缺。

45.《元池说林》一卷,撰人缺。

46.《贾氏说林》一卷,撰人缺。

47.《燃藜余笔》一卷,撰人缺。

48.《荻楼杂钞》一卷,撰人缺。

49.《客退纪谈》一卷,撰人缺。

50.《下帷短牒》一卷,撰人缺。

51.《下黄私记》一卷,撰人缺。并红藕花轩抄本。

52.《负暄杂录》一卷,原题顾荐撰,红藕花轩抄本。

53.《艅艎日疏》一卷,元凌准撰。

54.《就日录》一卷,元耐得翁撰。并红藕花轩抄本。

55.《解醒语》一卷,明李材撰。

56.《己疟编》一卷,明刘玉咸撰。并红藕花轩抄本。

57.《应谐录》一卷,明刘允卿撰。

58.《艾子后语》一卷,明陆灼撰。

59.《委巷丛谈》一卷,明田汝成撰。并红藕花轩抄本。

马国翰自行抄录者多是笔记小说,可见他对笔记琐语颇有兴趣。除注明"红藕花轩抄本"者,其他抄本确定出自马国翰之手者有:

1. 经编易类《易筮通变》三卷,解题云:"(宋)雷思齐撰。卜筮之卦,九六衍义命著,凡五篇,其中述河图、洛书、参两、倚数、错综、会变等图,皆多出新意。此编与《易图通变》互相发明。通志堂刻彼而遗此。同里李氏家有《道藏》残帙数十种,中有此书,借抄之。"①

2. 史编地理类《石泉县志》一卷,抄本。其解题云"余知石泉时抄存此本"②。

---

① 《玉函山房藏书簿录》卷二,第二十五页。
② 《玉函山房藏书簿录》卷十,第四十八页。

《玉函山房藏书簿录》中其他著录为"抄本"者209部，应亦有不少为马国翰手抄，但因缺乏证据，暂时无法确定此209部中哪些为马国翰所抄。

二、友人相赠

马国翰交游广泛，友人众多，其中有不少友人将自己的著作赠予马国翰。《玉函山房藏书簿录》著录之书，可确定为友人相赠者有11部：

1.《字学蒙求》四卷，京都刊本。清益都陈山嵋、安丘王筠同撰。解题云："分象形、指事、会意、形声四类，总一千九百余字。象形中有纯形，有兼意之形、兼声之形、声意皆兼之形。指事中有纯事，有兼意之事、兼声之事、声意皆兼之事。会意、形声皆然。由此推衍，倒反省增皆成意义，以为他字之统率。"① 马国翰《赠陈雪堂比部同年》诗有小注云："已亥曾以所著《字学蒙求》见赠。"②

2.《蚕桑简编》一卷，清杨名飏撰。其解题云："自序谓辑叶中丞《桑蚕须知》及周明府《兰坡蚕桑宝要》，摘为此编。"③

3.《汉南拙草》一卷《存爱集》二卷，清杨名飏撰。其解题云："杨由汉中府经历司荐升汉中守，此其去汉中时所刊也。"④

---

① 《玉函山房藏书簿录》卷七，第十八页。
② 《玉函山房诗集》卷八，第五页。
③ 《玉函山房藏书簿录》卷十三，第四十六页。
④ 《玉函山房藏书簿录》卷二十三，第三十七页。

4.《豳风广义》三卷附《蚕桑条陈》一卷,陕西刊本,清兴平杨屾撰。其解题云:"有巡抚杨名飏序。"①

杨名飏所赠马国翰之书,马国翰在《我爱山城好》十章其三中有所记述,其小注云:"方伯崇峰先生以所著《汉南草》及《豳风广义》、《蚕桑条陈》诸书见赐,并嘱劝民间种植衣帛之源,冀与我民豫之。"②

5.《兰园诗草》六卷,西安刊本,清桐城许丽京撰。解题云:"稿中如《岁暮得家书》云:'可怜游子泪,又洒老亲书。'《戊子元旦》云:'子职循陔愧,臣心饮水存。'可想见其本原之厚。其他篇多慷慨磊落,才气太盛也。"③ 马国翰有《题许绮汉兰园诗集后》诗云:"开箧赠君竹吾草,临岐贻我兰园稿。"④

6.《蕉窗呓语》二卷《正梦吟》一卷《呓语拾遗》一卷《蕉窗文钞》一卷《大梦纪年》一卷,汲古堂本,清乐陵汪荆川撰。解题云:"诗文皆有豪气,不可羁靮。"⑤ 马国翰有《题汪松樵大令蕉窗呓语》诗,云:"松樵经济才,卓荦出流俗。丹篆吞韩胸,经笥满边腹。五斗非素心,百里托芳躅。琴鹤娱性情,影衾质幽独。淡泊心无营,知足身不辱。高卧追羲皇,和音发巘谷。"⑥

7.《古伴柳亭初稿》四卷,京都文奎斋刊本,清阳城田秌撰。其解题云:"清溪蔡赓飏序称其'郁勃之气,磊落之才,高

---

① 《玉函山房藏书簿录》卷十三,第四十六页。
② 《玉函山房诗集》卷四,第十七页。
③ 《玉函山房藏书簿录》卷二十三,第三十八页。
④ 《玉函山房诗集》卷五,第五页。
⑤ 《玉函山房藏书簿录》卷二十三,第四十四页。
⑥ 《玉函山房诗集》卷八,第十九页。

出流辈，不屑屑于干时'。座师王广荫薆堂序称其'文词多见性语'。①马国翰有《赠田艺陶大令》诗，其小注云："艺陶有《伴柳亭文集》行世。"又有《题田艺陶大令伴柳亭稿》八章，其第六章有句云："惠我瑶编，拜君嘉惠。"②

8.《藤华馆试帖》十卷《文兴书院课士诗》一卷，宜君刊本，清山阴陈模撰。《簿录》云："以尊甫十峰先生有《藤阿吟稿》之刻，故题曰'藤华馆试帖'。'文兴'则宜君书院之名也。鳌峰路德序称其'如游谦春园，繁花竞开，万蝶齐舞'。其才情富艳，出入于义山、飞卿之间。"③马国翰有《题陈式甫同年藤花馆诗稿后》诗，云："捧读梅花刻，天香发性真。"④

9.《无我相斋诗选》四卷，济南刊本，清历城何邻泉撰。《簿录》云："诗皆近体。同里周乐序称其清超秀逸，往往有远韵。"⑤马国翰有《何岱麓以无我斋诗见寄诗代谢柬》诗二首记何邻泉赠书一事。⑥

10.《二南诗钞》二卷《续钞》二卷《文集》二卷《制义》二卷《试律拟》二卷，枕湖书屋本，清历城周乐撰。《簿录》云："号漫翁，少负异才，屡试不售，后乃游秦，主讲少华书院。归里后主讲景贤书院。诗出姚武功而秀逸过之，足自名家。文与壮悔堂相近。"⑦马国翰有《二南先生诗钞序》云："翰入关，过谒乔云，得侍先生坐，杯酒欢洽，留连竟日。先生欣然出梓稿相

---

① 《玉函山房藏书簿录》卷二十三，第四十五页。
② 《玉函山房诗集》卷九，第二十一页。
③ 《玉函山房藏书簿录》卷二十三，第四十五页。
④ 《玉函山房诗集》卷九，第十七页。
⑤ 《玉函山房藏书簿录》卷二十三，第四十五页。
⑥ 《玉函山房诗集》卷九，第十五页。
⑦ 《玉函山房藏书簿录》卷二十三，第四十一页。

赠。抵省旬余，复邮寄近稿见示。洛诵一过，如引人入桃花源中，别有天地。"①

11.《夏小正诗》一卷，玉田刊本，清章丘李廷棨撰。《簿录》中《夏小正诗》与《纫香草堂诗》三卷《试帖》一卷合为一条，皆玉田刊本。马国翰《夏小正诗序》云："昨致书并寄新刊之本，属作序言，谨述颠末而详志之。"②

除却上述马国翰明确记录为友人所赠之书外，李邺、周乐、王德容等与马国翰关系密切之人的著作，皆有马国翰序言、跋语或题词。《玉函山房藏书簿录》所著录李邺之《柿园诗稿》、《春雨楼稿》、《海樵诗钞》、《菊岩诗钞》，周乐之《二南诗钞》、《二南诗续钞》、《二南文集》、《制义》、《试律拟》，王德容之《秋桥诗选》，李廷棨之《纫香草堂诗》、《试帖》等，很可能皆为赠予之书。

三、自行刊刻

马国翰不但亲自抄录稀见图书，还曾出资为师友刊刻著作。《玉函山房藏书簿录》著录历城贾璇《四书笔记》六卷，云"玉函山房校刊尊经堂元本"③。是为马国翰所刻之书无疑。又著录时铭《扫落叶斋诗稿》四卷，其解题云："常（尝）从谢问山处得其抄本，刊于洛川。今从清甫世兄处得其刊本，视余所得为多。"④ 此本为济南刊本，而马国翰洛川刊本为《香雪先生遗

---

① 《玉函山房文集》卷三，第十页。
② 《玉函山房文集》卷三，第九页。
③ 《玉函山房藏书簿录》卷六，第二十八页。
④ 《玉函山房藏书簿录》卷二十三，第三十九页。

诗》，并未著录于《玉函山房藏书簿录》。马国翰《香雪先生遗诗序》叙其刊刻此集，云："甲午秋始从清平邮递，合订一编，校付梓人。"① 又《簿录》著录《元圃诗钞》云："国朝道光壬辰举人历城陈超元圃撰。受诗法于李仲恂。每试时辄与师相颉颃。才大学富，众方以玉堂相期，乃甫掇乙科，遽为地下修文。谢问山哀其遗诗，予在泾阳任时梓之。"②《续修历城县志·艺文》云陈超有《就正编》二卷，小注曰："据《鲍西楼诗草·冬夜梦师》一百韵诗注，有马国翰刊本。"③ 马国翰《怀旧绝句》亦提及陈超之《就正编》云："心血呕成《就正篇》，经疑史考笔如椽。"④

马国翰生活并不宽裕，却不惜工本为师友刊刻著作，因此保存了颇有价值的文献资料。

四、购买所得

马国翰之藏书，来自抄录、馈赠、自行刊刻的固然不少，但其藏书的最重要来源仍是购买所得。马国翰所云："遇诸市肆，不惜重直购之，为诸生日砚田所获，半供书价。或有时典质衣裘，室人以书痴谯余，弗顾也。"⑤ 可谓其嗜书、购书的真实写照。马国翰所购之书，有少量明标宋、元、明本，亦有一部分为前辈藏书家之旧藏，其版本项皆标"××藏本"以表明藏书来源，其余则以普通本居多。马国翰在陕为官多年，购自陕中之书数量不少，其中标注西安刊本23部，陕西刊本15部，鄜州刊本1部，富平刊本1部，泾阳刊本2部，榆林刊本1部，其余陕西各县刊

---

① 《玉函山房文集》卷三，第十六页。
② 《玉函山房藏书簿录》卷二十三，第四十七页。
③ 《续修历城县志》卷二十三艺文，第二十一页。
④ 《玉函山房诗集》卷四，第十九页。
⑤ 〔清〕马国翰：《玉函山房藏书簿录序》，《玉函山房藏书簿录》卷首，第一页。

本亦复不少。道光十九年至二十三年居家休养期间，亦聚书有成，故其藏书中山东刻本数量亦多。其中济南刊本 30 部（包括历城刊本 1 部，历下刊本 1 部），章丘刊本 1 部，济阳刊本 2 部，曲阜刊本 2 部，单县刊本 1 部，益都刊本 1 部等。其所购书籍，各地刻本均有，亦可见当时书籍流通之盛。

第二节　马国翰藏书之版本分析

《玉函山房藏书簿录》所著录之书，其版本项的著录有一定的体例。凡所列若干部书为同一版本者，皆于最末一部标注"并××本"。一部书有多个版本者，皆注"××本，又××本"。最多者有四个版本，如卷六第一页著录《白虎通德论》四卷，其版本项云："《汉魏丛书》本，又汲古阁本，又明王道焜校本，又抱经堂本。"[1]《玉函山房藏书簿录》版本项的著录有 5 种形式：著录出版时间、著录书籍来源、著录出版者、著录出版地、著录出版方式。

一、著录出版时间

马国翰所藏之书，从刊刻年代上看，以明、清刻本居多，宋、元本数量较少，现将《玉函山房藏书簿录》中标注为宋、元版者列于下：

---

[1]　《玉函山房藏书簿录》卷六，第一页。

（一）宋版

1. 《程子易传》四卷，其解题云："宋董楷本，宋直秘阁判西京国子监河南程颐正叔撰。"①

2. 《周秦行记》一卷，云"长洲顾氏家藏宋本"②，唐陇西牛僧孺撰。

3. 《六臣注文选》六十卷，云："宋本，不知编辑者名氏。"③

4. 《才调集》十卷，云："垂云堂珍藏宋本，蜀监察御史韦毂编。"④

（二）元版

1. 《杜氏通典详节》四十二卷，云"元刊本"⑤。

2. 《道园学古录》五十卷，云"元本"⑥，元虞集撰。

《玉函山房藏书簿录》还有不标注版本者387部⑦，大多数为

---

① 《玉函山房藏书簿录》卷二，第十四页。
② 《玉函山房藏书簿录》卷九，第三十二页。
③ 《玉函山房藏书簿录》卷二十四，第一页。
④ 《玉函山房藏书簿录》卷二十四，第四页。
⑤ 《玉函山房藏书簿录》卷八，第四十一页。
⑥ 《玉函山房藏书簿录》卷二十，第二十一页。
⑦ 邱丽玫《马国翰及其〈玉函山房藏书簿录〉研究》云无版本者529部。《簿录》版本项多有版本合并著录的情况。若几部书为同一出版者所出，则于最末一部著录"并××本"，故之前若干部版本项不标注版本。经笔者重新计算，《簿录》中确为无版本者387部。

清人著作。

二、著录书籍来源

《玉函山房藏书簿录》版本项多有著录书籍来源者。马国翰所藏之书，来自前辈藏书家者数量不少，其版本项多著录"××藏本"；来自大型丛书者亦颇多，其版本项皆注明来源于何种丛书。

（一）来自前辈藏书家

马国翰所藏之书，有一部分来自前辈藏书家之处，有周永年之"林汲山房"、王士禛之"池北书库"、魏兆凤之"易堂"、张玉树之"恒训阁"等。其中来自周永年"林汲山房"者最多，有21部，分别为：《周易筮述》八卷、《周易观象》十二卷、《东坡书传》二十卷、《书经衷论》四卷、《颍滨诗集传》二十卷、《古乐经传》五卷、《春秋古文左氏传》十二卷、《孔子集语》三卷、《逸语》二卷、《字林考逸》八卷、《元和郡县志》四十卷、《困知记》二卷《续记》二卷《附录》一卷、《经世石画》三卷、《读书日记》六卷《补编》二卷、《纬略》十卷、《韦斋集》十二卷、《玉澜集》一卷、《归田类稿》二十卷、《静居集》四卷、《北郭集》十卷、《读书后》八卷。

来自王士禛池北书库者或注"新城王氏家藏板本"者9部：《仁恕堂笔记》一卷，池北书库藏本；《黄甫少元集》二十六卷，池北书库藏宝训堂本；《托素斋集》七卷、《仁恕堂笔记》一卷，池北书库藏本（按，与上《仁恕堂笔记》重复著录）；《湛园未定稿》十卷，池北书库藏本；《居易录》三十四卷、《池北偶谈》二十六卷、《香祖笔记》十二卷、《古夫于亭杂录》六卷、《分甘余谈》四卷，皆注"新城王氏家藏板本"。

此外，还有注"新城王氏刊本""新城王氏本"者13部，除一部《二如亭群芳谱》为王象晋著作外，余皆是王士禛自撰或编纂之书。

著录"易堂藏板本"者6部：《魏伯子文集》十卷《魏征君传录》一卷、《魏权子文集》二十二卷、《魏季子文集》十六卷、《梓室文稿》六卷、《耕庑文稿》十卷、《为谷文集》二卷。

著录"恒训阁藏本"者7部：《平叛记》二卷、《消闲录》十卷、《韩集点勘》四卷、《王心斋先生集》六卷《附传疏合编》一卷《别传类编》一卷、《西北文集》四卷、《过岭集》二卷、《柯村遗稿》八卷。

除上述藏书家藏本，《玉函山房藏书簿录》还录有50余家之旧藏。

（二）数量可观的丛书本

《玉函山房藏书簿录》著录有19种丛书本：《通志堂经解》、《皇清经解》、《武英殿聚珍版丛书》、《函海》、《续函海》、《二酉堂丛书》、《雅雨堂丛书》、《汉魏丛书》、《青照堂丛书》、《昭代丛书》、《檀几丛书》、《龙威秘书》、《经训堂丛书》、《平津馆丛书》、《抱经堂丛书》、《知不足斋丛书》、《微波榭丛书》、《凌氏丛书》及《顾氏丛书》。

马国翰所藏4382种书中，丛书本数量达1137种，占其总藏书量的四分之一。其中经编所录丛书本最多：《皇清经解》本达164种，《通志堂经解》本达158种，《函海》本34种，《青照堂丛书》本25种，《檀几丛书》本17种，《武英殿聚珍版丛书》本16种，《昭代丛书》本10种，其余如《知不足斋丛书》、《雅雨堂丛书》、《微波榭丛书》、《龙威秘书》、《平津馆丛书》、《抱经堂丛书》等本亦不少。子编亦有大量书籍为丛书本，尤其是杂家类与谱录类。杂家类 170 种书，有 55 种为丛书本；谱录类九属共 306 种，丛书本有 125 种；所占比例皆不算少。集编别集类一汉至隋共 113 种书，丛书本占 105 种；其中 100 种为《汉魏六朝百三名家集》本，5 种为《二酉堂丛书》本。

这些丛书多是清代的大型丛书，内容涵盖经、史、子、集四部，具有很高的实用性，而购买丛书也可以快速扩充藏书数量，丰富藏书种类。由马国翰所藏众多丛书本也可得知丛书在清代的发展与盛行。但这些丛书本并不是整套购买，而是分期、分批购买零种。马国翰身为一名基层官吏，以自身的俸禄来说，购买整套大型丛书是比较吃力的，故化整为零，减轻了购书的负担。正因为马国翰购买丛书零种，其所藏丛书大都不完整。从这一点可以看出，马国翰藏书并不是仅仅为了收藏，故不强求丛书的完整性。他购书的理念更多的是使所购之书为自己所用，实现其学术利用价值。

三、著录出版者

（一）私家刻书

《玉函山房藏书簿录》的版本项多有著录"×氏刊本"者，为私人刻书，今就马国翰所藏家刻本列表以明之：

出版者	数量
贵池吴氏	2
嘉善许氏	1
璜川吴氏	1
敷文阁龙氏（龙万育）	1

续表

出版者	数量
三衢王氏	1
宛平王氏（王崇俭）	1
绛州梁氏	1
济阳高氏	3
黎源俞氏	1
富平杨氏	1
齐河郝氏	1
齐东史氏（史崇宽）	1
新安吴氏	1
南沙麻氏	1
曹郡何氏	1
任氏忠敏家塾	2
北新城杨氏	1
阳湖孙氏（孙星衍）	1
缑阳乔氏	1
泾州查氏（查铎）	1
泽州段氏	5
旌德吕氏	1
历城周氏（周乐）	1
故城孙氏（孙绪）	1
歙县鲍氏	1
新都黄氏	1
水西刘氏	3
当涂葛氏	1
开封郑氏（郑兴裔）	2
仪封张氏	1

续表

出版者	数量
休宁陈氏	1
古燕张氏	1
武林卓氏	1
苎溪吴氏	1
福建郭氏（郭造卿）	1
崑山归氏家塾（归有光）	1
中州王氏	1
安邑曹氏（曹于汴）	1
宜兴陈氏（陈维崧）	1
东海苏氏	1
临清张氏	1
武进管氏（管抡）	1
文登于氏	1
上海曹氏（曹一士及妻子陆凤池）	2
歙县洪氏	1
长洲彭氏（彭起丰）	1
钱塘吴氏（吴锡麟）	1
吴兴董氏（董熜）	1
河间纪氏（纪昀）	2
长洲申氏（申时行）	2
庄氏刊本（庄学和）	1
曹氏刊本（嘉定曹仁虎）	1
韦氏刊本（芜湖韦谦恒）	1
储氏刊本（宜兴储秘书）	1
史氏刊本（华州史褒）	1
石氏刊本（阳周石攻玉）	1

续表

出版者	数量
钱氏刊本（长洲钱坛）	1
徐氏刊本（上海徐长发）	1
陆氏刊本（吴江陆燿）	1
单氏刊本（高密单作哲）	1
高氏刊本（铁岭高珠）	1
黄氏刊本（泸西黄错）	1

《簿录》所著家刻本，有的注明出版者籍贯，有的不注明，只云"某氏刊本"（见表中所列）。只注"某氏刊本"者，有的属于不同的出版者。如《簿录》著录"刘氏刊本"者，有清济南刘孔中所选《困学纪闻钞》二卷、明禹都刘敏宽撰《定园集》三十六卷、清宝应刘永澄撰《诗筒遗草》一卷、清山阳刘谦吉撰《訒庵真稿》十三卷。著录"张氏刊本"者，有明铜梁张佳允撰《居来山房集》三十五卷，清庐陵张贞生撰《庸书》二十卷、《唾居随录》二卷、《王山遗响》六卷、《崇祀录》一卷，清遂宁张问陶撰《船山诗草》二十卷，清娄县张若采撰《梅屋诗钞》四卷。此种情况在《玉函山房藏书簿录》较为普遍。

家刻本不同于书坊刻本，产量较少，故马国翰所藏家刻本名目众多，但是书籍数量并不大。

（二）书坊刻本

除版本项著录"×氏刊本"者，《玉函山房藏书簿录》亦著录大量书坊刻本，其版本项多标注"××堂本""××楼本""××轩本"等，其所保留的书坊信息也相当可观。就《玉函山房藏书簿录》来看，其所载清代书坊名称有：

序号	书坊名称	藏书数量
1	菁华楼	4
2	惜阴轩	29
3	郁郁堂	1
4	三畏堂	5
5	四宜轩	1
6	存城堂	1
7	葆璞堂	4
8	文发堂	4
9	学易堂	1
10	和序堂	1
11	淡德堂	1
12	修道堂	1
13	有吾堂	1
14	挹山堂	1
15	致盛堂	7
16	宝孺堂	1
17	自在窝	1
18	眷西堂	1
19	资敬堂	2
20	醉墨斋	1
21	西涧草堂	3
22	挺秀堂	1
23	登云堂	1
24	崇顺堂	3
25	研经堂	1
26	三多斋	11
27	三多堂	4

续表

序号	书坊名称	藏书数量
28	于于楼	1
29	抗希堂	10
30	益美堂	3
31	经余堂	2
32	络野堂	3
33	寅清楼	1
34	恩遇堂	1
35	笔花斋	1
36	崇一堂	8
37	漱芳轩	1
38	光浚堂	1
39	心斋	3
40	研香书屋	1
41	绳其居	155
42	城西草堂	6
43	师俭堂	2
44	大还阁	2
45	裛露轩	4
46	日锄斋	1
47	世恩堂	2
48	蛩露阁	5
49	红椆书屋	1
50	蓝桥露香园	3
51	口殖斋	1
52	己任堂	1
53	文成堂	2

续表

序号	书坊名称	藏书数量
54	墨蕉园	1
55	迎紫堂	1
56	天藜阁	1
57	三乐堂	2
58	三乐斋	2
59	慕道堂	1
60	敦厚堂	1
61	小石山房	1
62	尊德堂	1
63	宝旭斋	1
64	藜光楼	1
65	带月楼	1
66	文贵堂	1
67	贵文堂	2
68	宝仁堂	3
69	酉山堂	2
70	述善堂	1
71	忠信堂	2
72	如登楼	1
73	文贤堂	2
74	深柳堂	1
75	桂月楼	2
76	惇裕堂	1
77	雨化堂	1
78	与善堂	2
79	碍眉书屋	1

续表

序号	书坊名称	藏书数量
80	一隅草堂	1
81	基闻堂	1
82	多山堂	1
83	富春堂	1
84	文锦堂	3
85	符山堂	1
86	教忠堂	3
87	芸心堂	6
88	绾秀阁	1
89	栖华楼	1
90	元茂堂	2
91	清源堂	1
92	式好堂	1
93	学古堂	1
94	稽古堂	1
95	爱蘧堂	1
96	大观堂	4
97	三味斋	1
98	七业堂	2
99	悦道堂	1
100	九经堂	1
101	五峰阁	66
102	品石山房	11
103	京都留云居士	14
104	大中堂	1
105	心远堂	1

续表

序号	书坊名称	藏书数量
106	豹变斋	2
107	槐荫堂	1
108	师恕堂	1
109	冰清堂	1
110	树滋堂	1
111	仪吉堂	1
112	留余堂	1
113	敬业堂	1
114	荣锦堂	1
115	岁寒堂	4
116	双莲书屋	3
117	纯白斋	1
118	忠孝堂	1
119	辨志堂	1
120	广志堂	1
121	续业堂	1
122	奇字斋	2
123	目耕堂	2
124	正业堂	1
125	双节堂	1
126	白云斋	1
127	枣花书屋	2
128	文贤堂	1
129	奎文堂	1
130	甲秀园（甲秀堂）	5
131	诚正斋	1

续表

序号	书坊名称	藏书数量
132	杏雨山堂	2
133	雅鉴斋	1
134	有恒堂	1
135	顺德堂	1
136	体元堂	1
137	安怀堂	1
138	松林堂	1
139	鱼访亭	1
140	守朴堂	4
141	聚文堂	1
142	培远堂	1
143	冰香楼	2
144	仁让堂	1
145	积秀堂	2
146	学量斋	1
147	德造斋	2
148	海岳山房	1
149	强善堂	1
150	慧业堂	1
151	退思堂	2
152	俨思堂	1
153	下学堂	1
154	未孩堂	10
155	居易庐	1
156	世德堂	1
157	自新斋	1

续表

序号	书坊名称	藏书数量
158	宝颜堂	1
159	崇文堂（聊城崇文堂）	4
160	扶风慎存堂	18
161	静乐堂	1
162	问心堂	1
13	灵岩山馆	1
164	凝香阁	1
165	古讲堂	1
166	九思堂	1
167	高晖堂	1
168	耕烟草堂	1
169	杏香堂	1
170	拥万楼	1
171	经国堂	1
172	琴雅堂	1
173	湛贻堂	1
174	迷花堂	1
175	赐麟堂	1
176	盍簪堂	2
177	独树斋	1
178	寄鸥闲舫	1
179	碧梧斋	1
180	怀德堂	9
181	乐真堂	7
182	积德堂	1
183	敦化堂	4

续表

序号	书坊名称	藏书数量
184	三益轩	1
185	大新堂	1
186	聚学堂	1
187	致和堂	3
188	崇让堂	4
189	凤山书斋	1
190	经元堂	2
191	仁和堂	1
192	复兴堂	1
193	应世堂	1
194	奎璧堂	1
195	竹林堂	1
196	诰易斋	1
197	福德堂	1
198	盛经堂	1
199	会成堂	1
200	文德斋	2
201	养生堂	3
202	绿荫堂	2
203	保元堂	2
204	浩然楼	1
205	至善堂	1
206	步月楼	7
207	聚金堂	9
208	两仪堂	1
209	衣德堂	6

续表

序号	书坊名称	藏书数量
210	恩仁堂	1
211	淡淡斋	1
212	光远堂	1
213	蕴古堂	1
214	学余堂	1
215	卫生堂	1
216	听涛书屋	2
217	集贤堂	1
218	至德堂	1
219	霜红龛	1
220	致远堂	1
221	积庆堂	1
222	务本堂	3
223	至诚堂	2
224	岳生堂	1
225	古香斋	1
226	古香书屋	1
227	德寿堂	3
228	成趣堂	1
229	养正堂	1
230	鸣凤堂	1
231	天和堂	1
232	听竹轩	2
233	聚业堂	1
234	六经堂	1
235	樊桐山房	1

续表

序号	书坊名称	藏书数量
236	好古堂	1
237	果克山房	2
238	无尽意斋	1
239	碧云书屋	1
240	惠直堂	1
241	大小雅堂	1
242	汉上居	1
243	静逸斋	1
244	闇斋	1
245	聚锦堂（聊城聚锦堂）	1
246	赐闲堂	1
247	膺德堂	1
248	松鳞堂	1
249	宝俭堂	4
250	松桂读书堂	1
251	梦香阁	20
252	锡庆堂	1
253	白华书屋	1
254	古瓦山房	1
255	带经轩	1
256	拱极堂	1
257	五桂堂	1
258	仁议堂	1
259	燕翼堂	1
260	竹素园	1
261	墨华池馆	1

续表

序号	书坊名称	藏书数量
262	丽顺堂	1
263	思补堂	1
264	修永堂	1
265	养拙山房	1
266	孩浦邨庄	1
267	履谦堂	1
268	世经堂	1
269	个字亭	1
270	东皋堂	1
271	城书室	4
272	聚奎楼	1
273	阆风居	1
274	黎云馆	1
275	青峰斋	1
276	有奇堂	1
277	满听楼	1
278	祝古堂	1
279	天茁园	1
280	怀古楼	1
281	读书堂	1
282	冠山堂	1
283	雪松阁	1
284	拜石轩	1
285	三有堂	1
286	道荣堂	1
287	仪一堂	1

续表

序号	书坊名称	藏书数量
288	敦复堂	1
289	文中堂	1
290	菲香斋	1
291	学诗堂	1
292	清晖书屋	1
293	合盛堂	1
294	有美堂	1
295	素心堂	1
296	千古堂	1
297	西蒪堂	1
298	静远堂	1
299	金陵保宁堂	1
300	闻武堂	1
301	学耕堂	1
302	永魁斋	1
303	宏德堂	3
304	红树楼	1
305	屏山堂	1
306	映雪斋	1
307	连山堂	1
308	卧云书屋	1
309	小瀛山阁	1
310	听松阁	1
311	式谷堂	1
312	桐本堂	1

《玉函山房藏书簿录》中共著录312间书坊名称，其所刻书

亦种类繁多，可见清代刻书、售书之盛。

四、著录出版地

（一）各地刻本

《玉函山房藏书簿录》中所载马国翰之藏书的主要出版地有有几大区域：

1. 京师、直隶地区：京师刊本、京都刊本、直隶刊本、蠡吾刊本、柏乡刊本、玉田刊本、广平刊本、保定刊本、高邑刊本、蔚州刊本。

2. 山东地区：济南刊本、历城刊本、历下刊本、章丘刊本、济阳刊本、益都刊本、单县刊本、潍县刊本、齐东刊本、登州刊本、曲阜刊本、临邑刊本、胶州刊本、安丘刊本、平原刊本。

3. 河南地区：河南刊本、西华刊本、商丘刊本、黎阳刊本、孟津刊本、睢州刊本。

4. 陕西地区：陕西刊本、西安刊本、长安刊本、泾阳刊本、郿县刊本、榆林刊本、关中刊本、韩城刊本、城固刊本、商州刊本、汉中刊本、洋县刊本、清涧刊本、鄠县刊本、朝邑刊本、富平刊本、汉阴刊本、鄠城刊本、三原刊本、汧阳刊本、鄜州刊本。

5. 山西地区：山西刊本、河东刊本、河津刊本、解州刊本、夏县刊本。

6. 江浙地区：江南刊本、丹徒刊本、太仓刊本、江都刊本、无锡刊本、宜兴刊本、吴江刊本、吴中刊本、苏州坊本、苏州刊本、润州刊本、江宁刊本、长洲刊本、金陵刊本、淮安刊本、丹阳刊本、武进刊本、浙江刊本、杭州刊本、秀水刊本、海宁刊本、山阴刊本、嘉定刊本、会稽刊本、武林刊本、嘉兴刊本、乐清刊本、浦江刊本、淳安刊本、台州刊本、余姚刊本、慈溪刊本。

7. 安徽地区：皖江刊本、贵池刊本、歙县刊本、歙邑刊本、姑熟刊本、休宁刊本、高都刊本、宣城刊本、桐城刊本。

8. 湖北地区：湖北刊本、黄冈刊本、蕲水刊本、黄州刊本、嘉鱼刊本。

9. 湖南地区：湖南刊本、茶陵刊本。

10. 江西地区：南昌刊本、新建刊本、南丰刊本、抚州刊本、铅山刊本、广昌刊本、东乡刊本、乐安刊本、临川刊本。

11. 福建地区：闽刊本、建阳刊本、建宁刊本。

12. 广东地区：广东刊本、粤刊本、岭南刊本、惠州刊本、三水刊本、潮州刊本。

13. 广西地区：广西刊本、桂林刊本。

14. 四川地区：四川刊本、蜀刊本、成都刊本、仙井刊本。

15. 云南地区：滇中刊本。

16. 甘肃地区：兰州刊本。

马国翰藏书的出版地众多。其幼年在山西生活，后回乡居住，中进士后在陕西为官十余年。其在山东和陕西生活的时间均不短，故其购有大量山东、陕西所刻之书。中间往来任地与京师之间，亦收有不少直隶、京师地区所刻之书。马国翰之行迹并未至江浙、安徽、江西、湖广、四川等地，但其收藏之书刻自江浙、安徽等地者却不少，由此可见清代书籍流通之盛。马国翰所藏之地方刻本，作者多为当地之人或在当地做官、生活之人，如《玉函山房藏书簿录》卷二十二第十一页著录《翁山诗》八卷，云："广东刊本，国朝翰林院庶吉士番禺屈大均翁山撰。"卷二十二第二十九页著录《六莹堂集》八卷《二集》八卷，云："广东刊本，国朝翰林院庶吉士南海梁佩兰芝五撰。"又如卷二十四第二十七页著录《风骚补编》三卷，兰州刊本，云"甘州兵备道昆明周樽眉编"。

（二）官署、学校刻本

除地方刻本外，马国翰还藏有一批官署、府学、书院所刻之书，今将马国翰所藏官署、学校刻书罗列以明之：

1. 官署刻书：云中官署刊本《周易拟像》六卷（卷二第四十七页）；阳曲官署刊本清刘绍攽撰《春秋笔削微旨》二十六卷（卷五第二十三页）；泰安郡署刊本明萧协中撰《泰山小史》一卷（卷十第二十七页）；江宁藩署刊本清李光地撰《阴符经注》一卷（卷十二第二页）；澄城官署刊本清张缙撰《读书堂杜诗注解》十卷（卷十九第七页）；岭南节署刊本焦循《雕菰楼集》二十四卷、焦廷琥《蜜梅花馆集》二卷（卷二十三第二十六页）；咸宁官署刊本翟凝《真研斋诗集》一卷、周奕黉《范墅遗诗》一卷，皆李肇庆宰咸宁时所刻（卷二十三第三十二页）。

2. 地方官学、书院刻书：金华府儒学刊本《宋文宪公集》五十卷（卷二十一第一页）；苏州儒学校刊德造斋元本《丈景园集》二十卷（卷二十一第二十七页）；济阳儒学刊本张尔岐《老子说略》二卷（卷十二第五页）；南昌儒学刊本阮元校刊《重校十三经注疏》四百一十六卷附《校刊记》四百一十六卷（卷六第十四页）；邠州儒学刊本王吉相撰《四书心解》五卷（卷六第二十一页）；济南书院刊本王元启《弟子职补注》一卷（卷七第一页）、《正朝邑志》二卷（卷十第二十三页）；宏道书院本沈兆霖撰《辨韵附文》五卷（卷七第三十一页）、明王恕撰《王端毅奏议》十五卷（卷九第二十页）、《王端毅公文集》六卷《续集》二卷（卷二十一第七页）、明张原撰《黄花集》七卷（卷二十一第十二页）；大梁书院刊本宋周密撰《志雅堂杂钞》一卷（卷十三第二十五页）、金元好问撰《续夷坚志》四卷（卷十四第三十九页）；崇德书院刊本清孙伟撰《良朋汇集经验神方》五卷、清郭德祥、吴双璧同辑《急救仙方》三卷（俱卷十六第三十四页）；同川书院本清任兆麟撰《石鼓文集释》一卷（卷十七第六页）；龙江书院刊本清魏裔介撰《兼济堂集》二十卷（卷二十二第一页）；邢台国士书院本明傅振商编《古论元箸》八卷（卷二十四第十三页）；紫阳书院本旧题宋朱熹撰《家礼》十卷（卷四第三十五页）；衡湘书院本明蔡汝楠撰《说经札记》十卷（卷六第四页）；关中书院刊本明昌枏撰《四书因问》六卷（卷六第十七页）；绛山书院本清卫蒿撰《绛山髯夫四书答问》六十卷（卷六第二十三页）；陕西试院刊本清罗文俊撰《兼韵辨义略》五卷（卷七第三十页）。

五、著录书籍出版形式

《玉函山房藏书簿录》之著录书籍形式，有刻本和非刻本之分。关于刻本，上述四种版本著录方式已经概括。就非刻本而言，《玉函山房藏书簿录》所著录之书，有抄本、写本两种。

（一）抄本

《玉函山房藏书簿录》著录之抄本有209部，红藕花轩抄本73部，旧抄本4部，《道藏》抄本2部，得自周永年林汲山房处抄本1部（《周易筮述》八卷，清华州王宏撰撰），古吴徐氏卓荦精庐珍藏旧抄本1部（《玉堂荟记》二卷，明菏泽杨士聪撰）。其著录写本2部，旧写本3部，三原张氏写本1部（《齐民要术》十卷，后魏益都贾思勰撰），周永年林汲山房藏汲古阁写本2部（《韦斋集》十二卷，宋婺源朱松撰；《玉澜集》一卷，宋婺源朱槔撰）。

马国翰所藏抄本中，注明为"红藕花轩抄本"者，皆是马国翰手自抄录之书，前文已详细罗列。《道藏》抄本2部，其一为《易筮通变》三卷，解题云："同里李氏家有《道藏》残帙数十种，中有此书，借抄之。"① 其二为《龙角山记》一卷，唐玄宗御制，可能与《易筮通变》同为同里李氏所藏《道藏》残帙数十种之一，惜其无解题可证。

（二）校本

除抄本外，《玉函山房藏书簿录》著录为"校本"者67部，

---

① 《玉函山房藏书簿录》卷二，第二十五页。

"校刊本"者 45 部。《簿录》所录之"校本"究竟是批校本还是校刻本，已不能判断，故将"校本"与"校刊本"分别列之。

1. 校本。马国翰所著录之"校本"以明代校本为多。《玉函山房藏书簿录》所录明代校本有：明黄嘉会（惠）校本 6 部：《逸周书》十卷，云"明黄嘉会校本"；《忠经》一卷，云"明黄嘉会校本"；《华阳国志》十二卷，云"明武林黄嘉会校本"；《心书》一卷，云"明武林黄嘉会校刊"；《潜夫论》十卷，云"明武林黄嘉惠校本"；《阴符经解》一卷，云"明黄嘉惠校本"。明徐仁毓校本 7 部：《子贡诗传》一卷，云"明徐仁毓本"；《十六国春秋》十六卷，云"明武林徐仁毓校本"；《圣贤群辅录》一卷，云"明武林徐仁毓校本"；《南方草木状》三卷，云"明徐仁毓校本"；《洛阳伽蓝记》五卷《序例》一卷，云"明徐仁毓校本"；《盐铁论》十卷，云"明徐仁毓校本"；《诗品》三卷，云"武林徐仁毓校本"。其他明代学者如施维诚、王道焜、张遂辰、钱敬臣、金维垣、邵泰鸿、章斐然、陈斗垣、何士振、黄之尧、潘之淇、何上锡、钱震泷、翁立环、钟人杰、朱锡纶、严于鈇、孙允奇、张易简、陈烨然、孙士镰、胡潜、沈春涛、曾从志、于之英、余遂辰等人之校本，马国翰亦有所收藏。

2. 校刊本。著录为"校刊本"者有 45 部之多。其中《通志堂经解》所含之书多为校刻本，《簿录》于版本项皆有所体现。如《易数钩隐图》三卷，云"通志堂校刊道藏本"；《紫岩易传》十卷，云"通志堂校刊明书帕本"等。其版本项不著录为"校刊本"而实为校刻本者数量更多，《玉函山房藏书簿录》的解题中往往提到这些信息。如经编小学类韵书之属著录《音韵义要》一卷，其解题云："稽古堂本，国朝处士、历城杜鹏达鸣远撰，弟鹏展届远校刊。"① 史编职官类著录《三事忠告》四卷，其解题云："《牧民忠告》二卷，为县令时所作，凡十二子目。《风宪忠告》一卷，为御史时所作，凡十篇。《庙堂忠告》一卷，入中书时所作，亦十篇。实心实政，深切著明。书凡二本，一公裔孙居章丘者家藏原刊本，一道光中左庶子、莆田郭尚先兰石影写绛云楼本，湖北巡抚、同里尹济源竹农校刊。后本最善。"② 史编地理类著录《泰山小史》一卷，泰安郡署刊本，明泰安萧协中撰。其解题云："死甲申之难。雍正中入忠义祠。书纪泰山胜迹，文笔雅洁。郡守宋思仁校刊。"③ 子编医方类著录《痘科保赤类编释意》三卷，云："元茂堂本，国朝益都翟良撰。常州知府、饰江徐宗夔童溪校刊。"④ 集编别集类著录张尔岐《蒿庵集》三卷，解题云："乐安刘（"刘"字右有毛笔书一"李"字）焕章校刊。张精于易数，文章学问于宋邵子为近。"⑤ 如此之例，不胜枚举。

从马国翰注重收藏校本，可见其对于书籍校勘的重视。

第三节　玉函山房藏书之特色

藏书家收藏书籍，会带有自己的偏好和特色，马国翰藏书亦是如此。其所藏之书，以山东人著作为多，又好收藏小说、医书及地方志，显现出一定的独特性。

---

① 《玉函山房藏书簿录》卷七，第三十页。
② 《玉函山房藏书簿录》卷九，第五页。
③ 《玉函山房藏书簿录》卷十，第二十七页。
④ 《玉函山房藏书簿录》卷十六，第三十七页。
⑤ 《玉函山房藏书簿录》卷二十二，第三页。

一、收藏山东乡贤著作

　　齐鲁之地，历代名士辈出，其中不乏大家。马国翰注重收藏历代山东人之著作，其《玉函山房藏书簿录》著录了大量的山东人著作，其中不乏历代著名学者，如汉郑玄、唐颜师古、宋吕祖谦等，但是马国翰更加注重收集当代（清代）山东人之著作，尤其以清代诗文集的收藏最为突出。

　　《玉函山房藏书簿录》集编别集类分六段，其中"国朝"分上、下两段，共著录清代诗文集388部。清代诗文集中，山东人所撰达74部，占全部清代诗文集的近四分之一。这其中，又以清代历城、章丘人著作为多，如清历城王苹《二十四泉草堂诗集》十二卷、《蓼谷集》四卷，历城谢仟《春草轩诗》一卷，历城朱曾传《说饼庵诗集》一卷，历城钟廷瑛《退轩诗录》十二卷，历城尹廷兰《华不住山房诗集》一卷，历城谢焜《绿云堂集》二卷，历城周乐《二南诗钞》二卷，章丘马汝舟《诏谷堂遗稿岩诗钞》一卷，章丘李沧瀛（李邺）《柿园诗稿》二卷、《春雨楼稿》一卷、《海樵诗钞》二卷、《菊岩诗钞》二卷，章丘李廷棨《䋎香草堂诗》三卷、《试帖》一卷、《夏小正诗》一卷，章丘吴连周《高唐齐音》二卷等。这些作者多是与马国翰有交之人，如谢焜、周乐、李邺、李廷棨、吴连周等。马国翰注重收藏朋友的著作，为他们保留了大量可贵的传记资料和书籍信息，具有很高的文献价值。

　　在历代山东著名学者之中，马国翰所藏张尔岐、王士禛之著作最多。《玉函山房藏书簿录》著录张尔岐著作9部，其中经编易类《周易说略》一书，版本项云"徐氏真合斋定本"，此本为康熙五十八年泰山徐志定真合斋磁版印本，颇为罕见。王士禛之著作，《玉函山房藏书簿录》共著录34部，其中有不同版本的同一种书重复收藏者，如《陇蜀余闻》一卷，《簿录》著录"渔洋全集本，又石门吴氏本，又《昭代丛》书本"①。又有版本项著录"新城王氏家藏板本"者 5 部（《居易录》三十四卷、《池北偶谈》二十六卷、《香祖笔记》十二卷、《古夫于亭杂录》六卷、《分甘余谈》四卷），"新城王氏刊本"者 9 部（《渔洋诗集》二十二卷、《诗续集》十六卷、《蚕尾集》十卷、《蚕尾续集》二卷、《蚕尾后集》二卷、《南海集》二卷、《雍益集》一卷、《精华录》十二卷、《渔洋文略》十四卷），"新城王氏本"者 3 部（《唐贤三昧集》三卷、《二家诗选》二卷、《唐人万首绝句选》七卷）。《玉函山房藏书簿录》之著录对于了解王士禛的著作及新城王氏的刻书情况皆有所裨益。

除此之外，马国翰还收藏有若干部较为罕见和珍贵的山东人著作。如元张养浩《三事忠告》四卷，《簿录》云："章丘张氏家藏本，又碧鲜斋校本。元中书平章政事、历城张养浩希孟撰。《牧民忠告》二卷，为县令时所作，凡十二子目。《风宪忠告》一卷，为御史时所作，凡十篇。《庙堂忠告》一卷，入中书时所作，亦十篇。实心实政，深切著明。书凡二本，一公裔孙居章丘者家藏原刊本，一道光中左庶子、莆田郭尚先兰石影写绛云楼本，湖北巡抚、同里尹济源竹农校刊。后本最善。"② 又明莱州毛霦《平叛记》二卷，《簿录》云："崇祯四年冬闰十一月二十八日，登州援凌将士孔有德等叛，始于吴桥，继而破登围莱，凡八月而始平。此纪其事之始末，并附议于下。舅氏宿旦序谓文潜逊国以后仅见是书。"③ 皆是流传较少之珍本。

---

① 《玉函山房藏书簿录》卷十，第三十九页。
② 《玉函山房藏书簿录》卷九，第五页。
③ 《玉函山房藏书簿录》卷九，第五十一页。

二、收藏小说

马国翰收藏有大量的小说,其小说家类共著录 260 部 1487 卷,其中版本注明"红藕花轩抄本"者 59 部,见前文述马国翰藏书来源处所列小说家类。其所收藏小说类书籍,大致可分为 6 小类:

1. 杂录。如《世说新语》三卷、《隋唐嘉话》三卷、《刘宾客嘉话录》一卷、《因话录》六卷等。

2. 志人。如《燕丹子》三卷、《袁氏传》一卷等。

3. 异闻。如《神异经》一卷、《海内十洲记》一卷、《搜神记》八卷、《甄异记》一卷等。

4. 讽喻。如《北里记》一卷。

5. 谐谑。如《谐噱录》一卷、《调谑编》一卷、《艾子杂说》一卷等。

6. 灵怪。如《灵怪录》一卷、《人虎传》一卷、《灵鬼志》一卷等。

马国翰的小说收藏内容丰富、数量众多,其小说类的藏书数量在《玉函山房藏书簿录》的全部类别中最多。马国翰的小说收藏可谓是其藏书的一大特色。由此可见,其对于小说的兴趣是非常浓厚的。马国翰本人亦有笔记体小说的创作。其著有《竹如意》二卷，皆记奇闻异事。其自序云："余不能谈而喜听人谈。忆昔伏热炎蒸，群逭暑乎豆棚瓜架之间，此矜恢诡，彼斗新奇，酣兴蓬勃，娓娓然引人入胜也。或冬夜坐斗室中，深灯相对，下帘爇乌薪，围炉清话，每至宵分，不欲骤寝。又或春雨新晴，与二三知己踏青陌上，携酒榼，具野簌，茵花藉草，各畅天机。于时语语不必尽出习见，乃知东坡好人说鬼，个中大有佳趣也。"①可见马国翰有喜听奇谈异闻之好，其个人兴趣亦致使其藏书具有偏重性。

三、收藏医书

马国翰所藏之医书数量亦不少，有122部。按时代为序，内部无细分小类，故排列稍显繁乱。观其书之内容，大致可分为以下几类：

1. 医经。如《神农本草经》、《黄帝素问》、《灵枢经》等。

2. 总论。如《中藏经》、《脉诀辨真》等。

3. 伤寒金匮。如《金匮要略论注》、《伤寒论注》、《伤寒总论》等。

4. 医方。如《肘后备急方》、《千金翼方》、《医方集解》等。

5. 妇产科。如《产育保庆集》、《胎产心法》、《保生碎事》等。

---

① 〔清〕马国翰：《竹如意》卷首自序。

6. 外科。如《疮疡经验全书》、《外科精要》等。

7. 儿科。如《小儿药证真诀》、《婴童百问》、《幼幼集成》等。

8. 本草。如《本草纲目》、《本草原始》、《日食菜物》等。

9. 脉学。如《奇经八脉考》、《濒湖脉学》、《家传太素脉秘诀》等。

10. 医案。如《薛氏医案》、《临证指南医案》等。

11. 温病。如《温疫论》、《温病条辨》、《广温疫论》等。

12. 痘科。如《痘科保赤类编释意》、《种痘新书》、《痘科辨证》等。

13. 针灸。如《针灸大成》、《太乙神针方》、《同人堂针灸》等。

14. 医话医论。如《医学三字经》、《医学心悟》等。

15. 五官科。如《银海精微》、《痧喉论》等。

16. 兽医。如《元亨疗马集》、《牛经大全》、《驼经》等。

马国翰喜收医书，且对所收医书皆有较详细的解题，于每书的内容俱有大致概括，可见其应该对医学有所了解。马国翰之友人中，济南陈田擅医术。道光十一年，马国翰有《雪后与彭蕉山陈书圃夜酌陈氏别墅蕉山以诗见寄因用元韵和之》诗，云及陈田曰："书圃多材艺，博淹匪耳食。岐黄术最精，宜典从容职。吐属具针砭，无能报厚德。"① 陈田著有《医书》，《续修历城县志·艺文考》引陈永修《鲍西楼文钞》云："书圃族叔，家传著有《医书》数卷，可传于世。"② 咸丰五年，马国翰曾为张永和《脉象辨真》作序，多言及医理，又将脉学书籍之传承脉络梳理得十分精细，可见马国翰对于医学史也是有一定了解的。

四、收藏地方志

明清以来，各朝皆注重地方志的修纂。地方志内容涉及一地之地理、人文、经济、教育、政治、军事、人物传记、文化艺术等诸多方面，是一地之文献资料的总汇，亦可体现一地之历史风貌，具有高度的真实性和历史价值。马国翰注重地方志的收藏，从一个侧面体现出他对历史文化的关注。《玉函山房藏书簿录》地理类共著录明清两代地方志 50 部，约占地理类全部藏书的五分之一。

（一）明代地方志

马国翰收藏的明代地方志有 11 部：

1.《华亭县旧志》十六卷，明松江知府孔辅、华亭知县聂豹撰，明正德十六年刊。

---

① 《玉函山房诗集》卷四，第四页。
② 《续修历城县志·艺文考》卷二十三，第十七页。

2.《武功县旧志》二卷，明武功康海撰，不注版本。

3.《朝邑县旧志》二卷，明朝邑韩邦靖撰，明刊本。

4.《高陵县旧志》七卷，明吕柟撰，高邑刊本。志作于嘉靖二十年。

5.《莱芜县旧志》十卷，明章丘李开先撰，明嘉靖二十三年刊本。

6.《华州旧志》八卷，明张光孝撰，隆庆六年阳城李可久校定。《续志》四卷，明刘遇奇撰，蒲坂冯昌奕重修。不注版本。

7.《华阴县旧志》八卷，明古穰王九畴、华阴张毓翰撰，万历四十二年刊本。

8.《明朔方新志》六卷，明宁夏胡汝砺撰，明刊本。此志作于弘治十四年，嘉靖中重修，万历四十五年再修。

9.《泗水县旧志》十二卷，明泗水尤应鲁撰，明万历二十四年刊本。

10.《蔚州旧志》四卷，明三原来临撰，不注版本。有崇祯八年武陵杨嗣昌序。

11.《历城县旧志》十六卷，明叶承宗撰，不注版本。有崇祯十三年宋祖法序。

校正、增修明代地方志 2 部：

1.《校正朝邑志》二卷，清王元启撰，济南书院刊本。因韩邦靖旧《志》多脱误，乃为校正重刊。

2.《翼乘》十二卷，明南平雷恩霈撰，诚正斋本。旧《乘》四卷，顺治中翼城上官铉续增八卷。

在诸明代方志中，《莱芜县旧志》十卷之解题云："明太常寺卿章丘李开先中麓撰，嘉靖甲辰刊，明代著名之志。"① 比《天一阁藏明代地方志考录》所载现存最早明嘉靖二十七年陈甘雨所纂《莱芜县志》八卷为更早，且不见于他书著录。《玉函山房藏书簿录》录存此条信息极为珍贵。

（二）清代省志

马国翰收藏有清代各省省志 16 部：

1.（雍正）《畿辅通志》一百二十卷，清直隶总督李卫等撰。

2.（乾隆）《江南通志》二百卷，清两江总督赵宏恩、黄之隽等撰。

3.（雍正）《江西通志》一百六十二卷，清江西巡抚谢旻等撰。

4.（雍正）《浙江通志》二百八十卷，清浙江巡抚嵇曾筠

---

① 《玉函山房藏书簿录》卷十，第二十三页。

等撰。

5.（乾隆）《福建通志》七十八卷，清浙闽总督郝玉麟等撰。

6.（雍正）《湖广通志》一百二十卷，清湖广总督迈柱等撰。

7.（雍正）《河南通志》八十卷，清河东总督王士俊等撰。

8.（雍正）《山东通志》三十六卷，清山东巡抚岳浚等撰。

9.（雍正）《山西通志》二百三十卷，清陕西巡抚觉罗石麟等撰。

10.（雍正）《陕西通志》一百卷，清陕西总督刘于义等撰。

11.（雍正）《甘肃通志》五十卷，清甘肃巡抚许容等撰。

12.（雍正）《四川通志》四十七卷，清四川总督黄廷桂等撰。

13.（雍正）《广东通志》六十四卷，清广东巡抚郝玉麟等撰。

14.（雍正）《广西通志》一百二十卷，清广西巡抚金鉷等撰。

15.（雍正）《云南通志》三十卷，清云贵总督鄂尔泰监修，姚州知州靖道谟撰。

16.（乾隆）《贵州通志》四十六卷，清鄂尔泰监修，靖道谟撰。

其收藏的清代省志均为雍正、乾隆时期通志，涵盖清代除安徽、西藏、青海、蒙古、盛京、台湾外的全部省份。此外，马国翰还收藏有《广东舆图》十二卷、《广西舆图》九卷，均为韩作栋纂。按《北京图书馆古籍善本书目》载，（康熙）《广西舆图》十二卷，常熟蒋伊、韩作栋等纂，康熙二十四年韩作栋刻本。马国翰之著录或有错误。

（三）清代府、州、县志

除各省省志之外，《玉函山房藏书簿录》著录了16部清代府、州、县志，其中以陕西地方志为多，有12部。

1.《兴安府志》三十卷，清兴安知府李国麒撰，乾隆十三年刊本。

2.《兴安府续志》七卷《补遗》一卷，清上元叶世倬撰，嘉庆十九年刊本。

3.《济南府志》七十六卷，清大兴王镇撰，不注版本。道光二十年就旧《志》重修。

4.《凤翔府志》二十卷《目例图考》一卷，清新建胡元瑛撰，道光二十二年刊本。

5.《西安府志》八十卷，清镇洋毕沅撰，不注版本。

6.《陇州志》八卷《目图》一卷,清钱塘罗彰彝撰,康熙五十二年刊本。

7.《陇州续志》十卷,清南丰吴炳撰,乾隆三十一年刊本。

8.《鄜州志》五卷,清歙县吴鸣捷撰,道光十三年刊本。

9.《石泉县志》一卷,抄本,清石泉张峻迹撰。康熙二十六年付梓,马国翰抄存此本。

10.《宁乡县志》十卷,清新安吕履恒撰,康熙四十一年撰成。

11.《章丘县志》十三卷,清严陵张万清撰,乾隆二十年重修。

12.《历城县志》五十卷,清历城周永年撰,知县胡德琳监修,有乾隆三十六年崔应阶序。

13.《泾阳县志》十卷《凡例图目》一卷,清余杭葛晨撰,乾隆四十三年刊本。

14.《泾阳县新志》三十卷《泾渠志》三卷,清新建胡元瑛撰,道光二十二年刊本。

15.《武乡县志》六卷,清满洲白鹤撰,乾隆五十五年撰成。

16.《洛川县志》二十卷,清洛川知县刘毓秀撰,不注版本。

马国翰于《玉函山房藏书簿录》史编地理类之末云:"天下志乘多矣,不可胜纪。录济南府、历、章三志,记桑梓之地也。录宁乡、武乡二志,先大夫摄篆之区也。余筮仕关中,由洛川而石泉,而泾阳,而陇州。录四志,并及所隶府、州,记宦游也。余虽别储数百本,不具录。"① 由此可见,马国翰所收藏的地方志远不止《簿录》所著录之数,而《簿录》择其要者录之。从此亦可见,《簿录》所著录并非马国翰全部之藏书。

因为地方志所涵盖的内容极其丰富,各地方志合在一起,便可体现一个国家的基本面貌。马国翰注重收藏地方志,从一个侧面反映出他作为一名基层官吏对于认识、了解全国各地状况的重视和对于国家各项事务的关切。

第四节 《玉函山房藏书簿录》及《簿录》以外的马氏藏书

马国翰的藏书,编为《玉函山房藏书簿录》二十五卷,本节从版本、体例、著录数量等方面来对这部书目作整体概括,并钩稽出马国翰于《玉函山房藏书簿录》以外的藏书,以备稽考。

一、版本

现存《玉函山房藏书簿录》刻本二十五卷,馆藏有三处:山东大学图书馆、山东省博物馆、台湾大学图书馆。三馆所藏皆为道光二十九年历城马氏刻本。

---

① 《玉函山房藏书簿录》卷十,第四十八页。

山东大学图书馆所藏为道光二十九年马氏原刻，有缺页。山东省博物馆藏《玉函山房藏书簿录》残帙两部。其一残本四册，杜泽逊师《影印玉函山房藏书簿录序》云："存卷四、卷五、卷十、卷十一、卷十二、卷十三、卷十六、卷十七，共八卷，四册。纸幅较小，纸墨较旧，有霉烂残损，经余核对，与山东大学本同版。"① 另一部残帙一册，杜泽逊师《影印玉函山房藏书簿录序》云："仅存卷一、卷二。壹册。纸幅较大，纸墨较新，原装无残损，封面叶前半叶刻'玉函山房'四篆字，后半叶刻'光绪十五年己丑仲春重校刊，绣江李氏藏版'牌记三行。与山东大学本相校，亦系同版，唯阙马国翰自序。"② 此为道光二十九年刻，光绪十五年章丘李氏重校印本，牌记为后印时所加。《山东文献集成》第1辑第28册影印《玉函山房藏书簿录》，底本用山东大学图书馆藏本，所缺之页恰山东省博物馆所藏残本不缺，因以配补，使全书完整。

台湾大学图书馆亦藏有《玉函山房藏书簿录》一部，且内有大量手批。梁子涵认为手批乃马国翰自批。其《玉函山房藏书簿录及辑佚书问题》云："《簿录》批改甚多，经翼鹏先生鉴定，多出马手，偶贴之浮签，或用红格短笺，与余藏马氏手校《汉志》考证之签相似（此书为藏园师赐赠，师曾撰题记，载于《中和月刊》某期）。曩于北平修绠堂书店曾见《红藕花轩金石录》稿本，其稿纸亦每行二十三格，中线有'红藕花轩'四字。蒋式瑆《马氏手稿存目·后记》云：'前后共得手稿之仅存者，短册细字，犹有百二十余本。（中略）手稿石字函第一册，红格，中线有红藕花轩四字。'除此物证之外，再征以行文辞义及其手札，更可

---

① 杜泽逊：《玉函山房藏书簿录·影印玉函山房藏书簿录序》，北京图书馆出版社，2001年6月版，第二页。
② 同上。

无疑。"① 此本有马氏手批,手批内容多是订正《簿录》内容的讹误、缺失及刊刻错误。邱丽玟《马国翰及其〈玉函山房藏书簿录〉研究》一文详记台湾大学图书馆之手批本订正原刻缺漏、讹误共三十二条。因手批本补正《簿录》疏失多处,故梁子涵有结论称:"因其批改,见于《簿录》之编,颇有不满,知《簿录》并非全出马手。"②

马国翰对于《簿录》讹误的批语有些言辞颇厉,如卷二载《子夏易传残本》二卷,解题云:"晋《中经簿》四卷,梁《七录》六卷,《隋书·经籍志》、《唐书·艺文志》并二卷残阙,陆德明《经典释文序录》三卷。"其眉批曰:"案诸家所论,此书之伪托系十一卷本,至此二卷残本,并无可疑之处,何得张冠李戴,殊失详考。"③ 卷二十二载《曝书亭集》二十三卷,解题云:"《曝书亭集》二十三卷,三有堂本。国朝翰林院检讨、秀水朱彝尊锡鬯撰。"其眉批云:"《曝书亭全集》共八十卷。此乃孙竹尹所注《竹垞翁诗集》也,何得遽作全集登录。"④ 卷二十三载《梦楼选集》四卷,云"绵州李调元选";《瓯北选集》五卷,云"绵州李调元选订"。眉批云:"四家《选集》系两村之婿张玉溪所编,现存《函海》,何得谓两村所选,谬甚。"⑤

这些批语用词严厉,不似马国翰自批。观其手批之语,可推《玉函山房藏书簿录》中有一部分书籍似为他人整理著录,故偶有讹误。梁子涵所得"《簿录》并非全出马手"的结论不无道理。《玉函山房藏书簿录序》云:"比筮仕西秦,前后十四年,中间家居者五年,广搜博访,细大不捐,乃积书五万七千五百余卷。"

---

① 梁子涵:《玉函山房藏书簿录及辑佚书问题》,《大陆杂志》第4卷第5期,第151页。转引自邱丽玟:《马国翰及其〈玉函山房藏书簿录〉研究》,台北大学硕士论文,第57页。
② 邱丽玟:《马国翰及其〈玉函山房藏书簿录〉研究》,第67页。
③ 《马国翰及其〈玉函山房藏书簿录〉研究》,第57页。
④ 《马国翰及其〈玉函山房藏书簿录〉研究》,第64页。
⑤ 《马国翰及其〈玉函山房藏书簿录〉研究》,第66页。

其藏书多在为官之时聚得。马国翰在陕西任职之时，亦执教、督学当地书院，门生众多。其为官之时所聚之书，很可能有一部分请他人代为整理。尤其是《玉函山房藏书簿录》在版本项、作者籍贯、字号项存在一定数量的墨丁、墨条，而马国翰手批增补了不少墨条中空白的内容。其书籍解题也详略不同，亦有无解题者。这些都说明代为整理之人未必细看书籍。但《玉函山房藏书簿录》体例统一，分类详明，整体的统筹规划肯定还是由马国翰亲自把握的。

山东大学图书馆所藏《玉函山房藏书簿录》亦有少量批语及订误，共六处：

1. 卷三第二十八页，《尚书读记》一卷，西涧草堂本，解题云："国朝户部主事、昌乐阎循观■■撰。摘说要义，语有根柢，不为无物之言。""阎循观"后的墨丁处，补有"怀亭"二字。

2. 卷五第三页，《春秋繁露》十七卷，世恩堂本，又《汉魏丛书》本。版本下有批注云"《古经解汇函》重刻卢文弨校定本"。

3. 卷五第四页，《箴膏肓》一卷、《起废疾》一卷，并问经堂本。《起废疾》版本项下有批注曰"后《知不足斋丛书》本"。

4. 卷六第六页，《经义杂记》十卷，解题云："国朝诸生、武进臧琳玉林撰。会通诸经，善寻根据，如以《尔雅》及王叔师《楚辞章句》所引诗不与韩、毛同，断为鲁诗之类，一经拈出，确不可易。"上有眉批曰："此说乃《拜经日记》之说，马君误也。"

5. 卷十三第三十九页右侧边框外有批语云："此书乃谷泰

撰。"此批对应前所著录《博物要览》十五卷，原解题云："国朝提学浙江学政佥事、丰润谷应泰撰。"

6. 卷二十二第三页，著录张尔岐《蒿庵集》三卷，其解题云："乐安刘焕章校刊。张精于易数，文章学问于宋邵子为近。""刘"字右侧有一"李"字。

惜山东大学图书馆所藏《玉函山房藏书簿录》之批语未详何人所书，有待更多资料以明之。

由此可见，台湾大学所藏手批本《玉函山房藏书簿录》在一定程度上弥补了中国大陆藏本的缺漏与疏失，其价值与意义不可小觑。

二、体例

《玉函山房藏书簿录》依四部划分图书类别，按时代先后排次，所载书籍大多有解题，但各类前无小序。其体例特点可总结为以下几点：

（一）著录范围，上起先秦，下至清代。

（二）分首编、经编、史编、子编、集编共五编。首编收清代御纂、敕撰之书，内分经、史、子、集四部。经编分15大类，礼类与小学类有三级类目，共分22小类；史编分16大类，无三级类目；子编22大类，阴阳家类与谱录类有三级类目，共33小类；集编分4类，别集又分汉至隋、唐至五代、宋金元、明、国朝上、国朝下6个时段。

（三）各类书籍按朝代先后排次，同朝代书籍按作者时代先后排序。历代皇帝著作列该朝代之首。

（四）一书有注释者，注释之书附原书后，亦按作者年代为序。

（五）自文集裁出者，书名下小字标注"载某某集"。

（六）每书先列书名、卷数，卷数下小字注版本信息或书籍来源信息，后书解题。

（七）每类前无小序，劝善书类与阴阳家类于首部书的提要中略述该类源流与立类之据，颇类小序。

（八）每类之末记此类所录书籍之部数、卷数。

《玉函山房藏书簿录》对各书的著录详略不一，有些书籍或缺少卷数，或缺少版本，或缺少作者信息，或缺少解题，还有个别书籍以上信息皆缺。但综合以上体例内容，作为一部解题书目，《玉函山房藏书簿录》体例还是较为完备的，其保留的书籍信息也是十分重要的。

三、所收书之数量与种类

马国翰收藏书籍数量颇丰，其《玉函山房藏书簿录序》称"积书五万七千五百余卷"[①]。《玉函山房藏书簿录》每小类后皆详细统计藏书种类、卷数。但《玉函山房藏书簿录》所载计数不甚准确，经笔者重新计算，《玉函山房藏书簿录》实际著录书籍4378部57517卷。现将计数列表详载于下：

表1：《玉函山房藏书簿录》统计之数

类别			种数	卷数	合计	
首编			62	5915	62 种	5915 卷
经编	易类		148	1091	1043 种	11412 卷

---

① 〔清〕马国翰：《玉函山房藏书簿录序》，《玉函山房藏书簿录》卷首，第一页。

续表

类别		种数	卷数	合计	
	书类	80	665		
	诗类	66	593		
	礼类	周礼之属	38	357	
		仪礼之属	33	422	
		礼记之属	60	888	
		大戴礼记之属	11	41	
		通礼之属	26	581	
	乐类	31	296		
	春秋类	130	1554		
	孝经类	18	20		
	论语类	19	116		
	孟子类	18	147		
	尔雅类	27	269		
	经总类	72	1516		
	四书类	69	1331		
	拟经类	30	103		
	经纬类	10	88		
	小学类	礼教之属	36	62	
		字书之属	39	472	
		韵书之属	65	632	
		石经之属	17	168	
史编	正史类		27	3575	681 种	13060 卷
	编年类		25	1207		
	别史类		13	758		
	杂史类		59	225		
	霸史类		15	95		
	故事类		31	1036		

续表

	类别		种数	卷数	合计	
	职官类		45	366		
	仪注类		18	43		
	刑法类		11	211		
	奏议类		11	84		
	杂传记类		114	353		
	谱系类		31	318		
	地理类		203	3484		
	目录类		12	467		
	史评类		54	690		
	史钞类		12	148		
子编	儒家类		190	1297	1538 种	11868 卷
	道家类		116	394		
	释家类		28	85		
	劝善书类		42	80		
	法家类		5	74		
	名家类		4	6		
	墨家类		2	16		
	纵横家类		2	11		
	杂家类		170	1592		
	农家类		19	47		
	小说家类		275	1488		
	阴阳家类	卜宅之属	13	22		
		禄命之属	14	54		
		卜葬之属	54	136		
		选择之属	24	155		
	兵家类		26	115		
	天文类		13	166		

续表

类别		种数	卷数	合计	
历谱类		22	119		
五行类		8	16		
蓍龟类		11	51		
杂占类		20	32		
形法类		16	60		
医方类		122	1027		
类书类		39	4075		
谱录类	金石之属	29	187		
	书画之属	56	199		
	文房之属	20	28		
	人事之属	42	46		
	杂器物之属	30	96		
	饮馔之属	38	43		
	草木之属	45	79		
	禽鱼之属	20	36		
	艺玩之属	23	36		
集编	楚辞类		18	101	1059 种	15253 卷
	别集类	汉至隋	113	157		
		唐至五代	75	682		
		宋、金、元	99	2496		
		明	152	3422		
		国朝上	161	3085		
		国朝下	226	2007		
	总集类		137	2857		
	诗文评类		78	446	全书总计 4383 种 57544 卷	

表2：笔者统计之数

类别			种数	卷数	合计	
首编			62	5947	62 种	5947 卷
经编	易类		148	1089（1096 卷，除载文集 7 卷，实 1089 卷）	1031 种	11387 卷
	书类		75	631（642 卷，除载文集 11 卷，实 631 卷）		
	诗类		66	603（608 卷，除载文集 5 卷，实 603 卷）		
	礼类	周礼之属	38	357（361 卷，除载文集 4 卷，实 357 卷）		
		仪礼之属	33	422		
		礼记之属	60	889		
		大戴礼记之属	11	41		
		通礼之属	26	581		
	乐类		31	296		
	春秋类		130	1537		
	孝经类		18	20		
	论语类		19	116		
	孟子类		18	147		
	尔雅类		27	269		
	经总类		72	1531		
	四书类		68	1332		
	拟经类		29	102（107 卷，除载文集 5 卷，实 102 卷）		

续表

类别			种数	卷数	合计	
	经纬类		10	88		
	小学类	礼教之属	36	64		
		字书之属	37	472		
		韵书之属	62	632		
		石经之属	17	168		
史编	正史类		27	3575	698 种	13088 卷
	编年类		25	1227		
	别史类		13	788		
	杂史类		57	222		
	霸史类		15	95		
	故事类		31	1036		
	职官类		45	366		
	仪注类		18	43		
	刑法类		11	211		
	奏议类		11	86		
	杂传记类		134	360		
	谱系类		31	303（318 卷，除载文集 19 卷，实 303 卷）		
	地理类		202	3485		
	目录类		12	447		
	史评类		54	696		
	史钞类		12	148		
子编	儒家类		191	1298	1529 种	11883 卷
	道家类		116	404		
	释家类		29	85		

续表

类别		种数	卷数	合计
劝善书类		42	80	
法家类		5	74	
名家类		4	6	
墨家类		2	16	
纵横家类		2	11	
杂家类		170	1591	
农家类		19	47	
小说家类		260	1487	
阴阳家类	卜宅之属	13	22	
	禄命之属	14	54	
	卜葬之属	54	132	
	选择之属	24	155	
兵家类		26	115	
天文类		13	167	
历谱类		22	119	
五行类		8	16	
蓍龟类		11	51	
杂占类		20	32	
形法类		16	60	
医方类		122	1026	
类书类		39	4075	
谱录类	金石之属	29	185	
	书画之属	55	200	

续表

类别			种数	卷数	合计	
		文房之属	20	28		
		人事之属	42	46		
		杂器物之属	30	96		
		饮馔之属	38	43		
		草木之属	45	85		
		禽鱼之属	20	36		
		艺玩之属	28	41		
集编	楚辞类		18	101	1062 种	15281 卷
	别集类	汉至隋	113	157		
		唐至五代	75	684		
		宋、金、元	99	2456		
		明	153	3432		
		国朝上	162	3085		
		国朝下	226	2000（内有两种无卷数）		
	总集类		137	2920		
	诗文评类		79	446	全书总计 4382 种 57586 卷	

另，《玉函山房藏书簿录》有四部书重复著录，分别是经编经总类《潜邱札记》二卷，于杂家类重复著录；经总类《湛园札记》二卷，亦于杂家类重复著录；史编地理类《全蜀艺文志》六十四卷，于总集类重复著录；子编儒家类《桐窗呓说》一卷《陈子碎言》附，于杂家类重复著录。重复著录之书有 4 部 69 卷，故《玉函山房藏书簿录》实际著录图书 4378 部 57517 卷。

由表可见，马国翰所藏书结构匀称，经、史、子、集四部规模较为均衡。马国翰注重经书和子部书的收藏，亦重视清代文集的收藏。

四、《玉函山房藏书簿录》以外的马氏藏书

按蒋式瑆《手稿存目》，马国翰除《玉函山房藏书簿录》外，又有《玉函山房藏书簿录续编》一卷，但随见随录，未及整理，今亦不见其书，故马国翰于《玉函山房藏书簿录》之外的藏书较难钩稽。但马国翰《买春诗话》及《玉函山房文集》中记载了一部分书籍信息，均不见于《玉函山房藏书簿录》。今就所见列于下。

（一）见载于《买春诗话》者

1.《雪鸿集》四卷，清章丘术翼宗撰。《买春诗话》云："著有《雪鸿集》四卷，尚未梓行。余有抄本，得之于李东溟。"①

2.《藉兰阁诗集》一卷，清曲阜孔丽贞撰。《买春诗话》云："雍正癸卯开本于阙里，有叔兄振路公传铎、蝶庵公传铠序跋，并自序一首。历年既久，板就残阙。表兄戴化南汝泰，其五世孙也，捡家藏本习刊之，仅得四十七首，遗余数本。"②

3.《集〈圣教序〉诗》一卷，清岐山王树堂撰。《买春诗话》云："岐山王亦山孝廉树堂，尝为其师杨鲁川沂秀作《杨诚村宫傅六十寿》诗。以宫傅善谈禅理，乃集《圣教序》字，成五

---

① 《买春诗话》，第四页。
② 《买春诗话》，第十八页。

律五十首。宫傅得诗甚喜,为刊石于固原。余得一本于张广文庄处。"①

(二) 见载于《玉函山房文集》者

1.《朝阳杂咏》无卷数,清历城吴连周撰。《朝阳杂咏序》云:"丙戌夏,先生出是编,属余为序。"又云:"今读是编,山川风物之盛如在目前,恍置身桑梓间,敬恭之心不觉油油然起,则感余者深也。以此序先生诗后,览者当知所论定焉。"② 则马国翰藏有《朝阳杂咏》之稿本。

2.《十笏山房集》无卷数,清济阳鲁生撰。《十笏山房诗序》云:"济阳鲁生颇不鄙弃菲葑,以所著《十笏山房集》见质。"③ 鲁生应不是作者之名,但此诗集不见他书著录,故以马国翰所称"济阳鲁生"定之。马国翰所得《十笏山房集》盖亦为稿本。

3.《鲍西楼诗草》无卷数,清陈永修撰。《鲍西楼诗草序》云:"甲午冬,因仲弟宪甫(按,指陈永修)寄其所著《鲍西楼诗草》一帙质余,点定批阅一过,实多可存之作,盖视昔为大进矣。"④ 据序言所称,马国翰所藏此书亦为稿本。

以上皆笔者所见之《玉函山房藏书簿录》以外的马氏藏书,多为未刊之稿本、抄本。

---

① 《买春诗话》,第三十三页。
② 《玉函山房文集》卷三,第五页至第六页。
③ 《玉函山房文集》卷三,第六页。
④ 《玉函山房文集》卷三,十四页。

第五节 《玉函山房藏书簿录》的分类

自荀勖《晋中经簿》将书籍分为甲、乙、丙、丁四部,后世公藏书目多沿此例。至《隋书·经籍志》,已按经、史、子、集分目,并且已经出现二级类目。目录学发展到清代,已经固定了四部分类法,自《四库全书总目提要》诞生,更是出现了三级类目的划分。再至近代到现代的古籍目录,则更加细化,出现四级类目。马国翰《玉函山房藏书簿录》亦是按照四分法进行分类,受《四库全书总目提要》的影响,设有三级类目,但纵观其整体的分类设置,其承袭前代史志目录类目设置的痕迹亦较为明显。其经编的类目设置又与朱彝尊《经义考》颇为相似。据此可见,《玉函山房藏书簿录》的分类既有进步创新之处,亦有守旧之处,体现出新旧结合的特点。此就《玉函山房藏书簿录》之分类详作叙述。

一、类目设置

《玉函山房藏书簿录》共分五编:首编、经编、史编、子编、集编。

(一)首编

《玉函山房藏书簿录》有首编之设置,著录清代御制、敕撰之书共62种5947卷。首编不明注经、史、子、集四部,而是暗分其类。其著录如"《御纂周易折中》二十二卷,康熙五十四年大学士李光地等奉敕撰"后又著录"《御纂周易述义》十卷,乾隆二十六年大学士傅恒等奉敕撰""《钦定书经传说汇纂》二十四卷,康熙六十年大学士王顼龄等奉敕撰""《钦定诗经传说汇纂》二十卷序一卷,康熙六十年户部尚书王鸿绪等奉敕撰""《钦定周官义疏》四十八卷,《钦定仪礼义疏》四十八卷,《钦定礼记义疏》八十二卷,并乾隆十三年奉敕撰""《钦定春秋传说汇纂》三十八卷,康熙三十八年奉敕撰""《御纂孝经集注》一卷,雍正五年世宗宪皇帝御撰""《日讲四书解义》二十六卷,康熙十六年大学士库勒纳等奉敕编""《御纂律吕正义》五卷,康熙五十二年圣祖仁皇帝御撰""《御定康熙字典》四十二卷,康熙五十五年大学士张玉书等奉敕撰""《钦定音韵述微》一百六卷,乾隆三十八年奉敕撰"等,可见首编经部实分易、书、诗、礼、春秋、孝经、四书、乐、字书、韵书等类别,与经编之分类大致相同,颇为精细。其余史、子、集各部亦是内部暗分细目。首编虽不明注分类,但阅之一目了然,十分清晰。

(二) 经编

《玉函山房藏书簿录》经编15类,其中礼类和小学类有三级类目,一共有22个小类:

1. 易类,如《古周易》一卷、《子夏易传残本》二卷、《子夏易传》十一卷、《周易郑康成注》一卷等。

2. 书类,如《尚书》十二卷、《书序》二卷、《逸周书》十卷等。

3. 诗类,如《毛诗故训传》三十卷、《诗序》一卷、《毛诗》

二十卷、《毛诗谱》一卷等。

4. 礼类，下有三级类目。

周礼之属，如《周礼注疏》四十二卷、《周礼复古编》一卷、《礼经会元》四卷等。

仪礼之属，如《仪礼注疏》五十卷、《仪礼识误》三卷、《仪礼释官》一卷等。

礼记之属，如《礼记》二十卷、《礼记正义》六十三卷、《投壶仪节》一卷等。

大戴礼记之属，如《大戴礼记》十三卷、《夏小正戴氏传》四卷、《践阼篇集解》一卷等。

通礼之属，如《三礼图集注》二十卷、《礼书》一百五十卷、《书仪》十卷等。

5. 乐类，如《琴操》二卷《补遗》一卷、《籁记》一卷、《啸旨》一卷、《教坊记》一卷等。

6. 春秋类，不区分三传和《国语》，皆按时代排序。如《春秋左传》三十卷、《国语》二十一卷、《春秋公羊传》十二卷、《春秋榖梁传》十二卷、《春秋繁露》十七卷、《发墨守》一卷等。

7. 孝经类，如《古文孝经》一卷、《古文孝经孔氏传》一卷、《孝经郑注》一卷、《孝经郑注补证》一卷等。

8. 论语类，如《论语集解义疏》十卷、《论语笔解》二卷、《论语正义》二十卷等。

9. 孟子类，如《孟子注》十四卷、《孟子外书》四卷、《孟子音义》二卷、《孟子正义》十四卷等。

10. 尔雅类，著录训诂书。如《尔雅》二卷、《小尔雅》一卷、《方言》十三卷、《释名》四卷、《广雅》十卷等。

11. 经总类，如《白虎通德论》四卷、《驳五经异义》一卷《补遗》一卷、《五经异义疏证》三卷等。

12. 四书类，著录统讲四书之书。如《四书或问》三十九卷、《四书集编》二十六卷、《四书纂疏》二十六卷、《四书辨疑》十五卷等。

13. 拟经类，如《太玄经》十卷、《翼元》十二卷、《元包经传》五卷、《潜虚》一卷等。

14. 经纬类，著录谶纬书。如《易纬乾凿度》二卷、《易纬乾坤凿度》二卷、《易纬稽览图》二卷等。

15. 小学类，设有四个子目：

礼教之属，如《弟子职》一卷、《弟子职注解》一卷、《女诫》一卷、《居家杂仪》一卷、《童蒙须知》一卷等。

字书之属，如《急就篇》四卷、《急就探奇》一卷、《说文解字》三十卷、《字林考逸》八卷等。

韵书之属，如《广韵》五卷、《集韵》十卷、《九经韵补》一卷、《龙龛手镜》四卷等。

石经之属，著录诸石经拓本。如《魏三体石经遗字考》一卷、《唐石台孝经》四卷、《唐国子学石经周易》九卷等。

（三）史编

《玉函山房藏书簿录》之史编共分 16 类，均无三级类目：

1. 正史类，如《史记》一百三十卷、《汉书》一百二十卷、《后汉书》一百二十卷等。

2. 编年类，如《穆天子传》六卷、《竹书纪年》二卷、《汉纪》三十卷、《大唐创业起居注》三卷等。

3. 别史类，如《东都事略》一百三十卷、《路史》四十七卷、《契丹国志》二十七卷等。

4. 杂史类，如《战国策》三十三卷、《越绝书》十五卷附《外传本事》一卷、《吴越春秋》六卷等。

5. 霸史类，著录各割据政权史书。如《华阳国志》十二卷、《敦煌实录》一卷、《十六国春秋》十六卷等。

6. 故事类，如《西京杂记》六卷、《三辅旧事》一卷、《通典》二百卷、《中朝故事》二卷等。

7. 职官类，如《汉官解诂》一卷、《汉官仪》二卷、《翰林志》一卷、《麟台故事》五卷等。

8. 仪注类，如《汉礼器制度》一卷、《汉制考》四卷、《泮宫礼乐疏》十卷等。

9. 刑法类，如《唐律疏义》三十卷、《刑书释名》一卷、《晰狱龟鉴》一卷、《洗冤录》二卷等。

10. 奏议类，如《宣公奏议》四卷、《政府奏议》二卷、《包孝肃奏议》十卷等。

11. 杂传记类，如《列女传》七卷《续传》一卷、《列仙传》二卷《叙赞》一卷、《汉武内传》一卷等。

12. 谱系类，包括年谱、姓名录等。如《世本》一卷、《先圣年谱》一卷、《百家姓注释》一卷、《万姓统谱》一百二十卷、《尚友录》二十二卷等。

13. 地理类，著录地理书及各地方志等。如《三辅黄图》一卷、《佛国记》一卷、《南方草木状》三卷、《元和郡县志》四十卷、《太平寰宇记》二百卷等。

14. 目录类，如《郡斋读书志》四卷《后志》二卷《考异》一卷《附志》二卷、《遂初堂书录》一卷、《直斋书录解题》二十二卷、《汉艺文志考证》十卷等。

15. 史评类，如《史通》二十卷、《唐史论断》三卷、《通鉴问答》一卷等。

16. 史钞类，如《纲鉴会纂》四十六卷、《四史鸿裁》四十卷、《纲鉴择语》十卷等。

（四）子编

《玉函山房藏书簿录》子编分22类，其中阴阳家类、谱录类下设三级类目：

1. 儒家类，如《孔子家语》二十一卷、《晏子春秋》二卷、《荀子》二十卷、《朱子语录》一百四十卷、《性理大全书》七十卷等。

2. 道家类，著录道家、道教之书。如《阴符经解》一卷、《道德经》二卷、《老子注》二卷、《洞元灵宝无量度人上品妙经》一卷、《消灾护命妙经》一卷等。

3. 释家类，如《妙法莲华经》七卷、《佛说四十二章经》一卷、《大方广圆觉修罗了义经》一卷等。

4. 劝善书类，如《太上感应编》一卷、《元天上帝劝世格言》一卷、《元天上帝金科玉律》一卷、《关圣帝君觉世真经》一卷等。

5. 法家类，共著录《管子》、《管子榷》、《商子》、《慎子》、《韩非子》5部74卷。

6. 名家类，共著录《邓析子》、《尹文子》、《公孙龙子》、《人物志》4部6卷。

7. 墨家类，共著录经训堂本《墨子》十五卷和潜庵子本《墨子》一卷。

8. 纵横家类，共著录《鬼谷子》、《长短经》2 部 11 卷。

9. 杂家类，如《尸子》三卷附录《补逸》一卷、《吕氏春秋》二十六卷、《淮南子》二十一卷、《博物志》十卷等。

10. 农家类，如《四民月令》一卷、《齐民要术》十卷、《岁华纪丽》四卷、《耒耜经》一卷等。

11. 小说家类，如《燕丹子》三卷、《神异经》一卷、《海内十洲记》一卷、《搜神记》八卷等。

12. 阴阳家类，下分 4 个子目。
卜宅之属，如《宅经》二卷、《凿井图经》一卷、《杨公来路元空烟火活法》一卷等。
禄命之属，如《命理前定数》一卷、《珞琭子三命消息赋》二卷、《张果星宗命格大全》九卷等。
卜葬之属，如《青乌经》一卷、《葬经》二卷、《葬经解》二卷等。
选择之属，如《太乙经》一卷、《六壬大全》十二卷、《出行宝镜图》一卷等。

13. 兵家类，如《握奇经》一卷、《孙子》一卷、《司马法》三卷等。

14. 天文类，如《星经》二卷、《周髀算经》二卷、《步天歌》一卷、《南极诸星考》一卷等。

15. 历谱类，著录数学书。如《九章算术》九卷、《海岛算经》一卷、《五曹算经》五卷、《夏侯阳算经》三卷等。

16. 五行类，如《黄帝龙首经》二卷、《风角书》二卷、《五行大义》五卷、《五行问》一卷等。

17. 蓍龟类，如《易林》十六卷、《麻衣道者正易心法》一卷、《河洛理数》七卷等。

18. 杂占类，如《灵棋经》一卷、《东方朔占书》一卷、《火珠林》一卷、《周公解梦全书》一卷等。

19. 形法类，如《山海经》十八卷、《相儿经》一卷、《月波洞中记》二卷等。

20. 医方类，著录医书。如《神农本草经》三卷、《黄帝素问》二十四卷、《伤寒论注》十卷等。

21. 类书类，如《艺文类聚》一百卷《目录》一卷、《北堂书钞》一百六十卷《目录》一卷、《初学记》三十卷等。

22. 谱录类，下分 9 个子目：

金石之属，如《集古录》二十卷、《法帖刊误》一卷、《石刻铺叙》二卷《录》一卷等。

书画之属，如《古画品录》一卷、《贞观公私画史》一卷、《法书要录》十卷等。

文房之属，如《文房四谱》五卷、《文房图赞》一卷、《歙州砚谱》一卷、《墨经》一卷等。

人事之属，如《赏心乐事》一卷、《清闲供》一卷、《菊社约》一卷、《豆腐戒》一卷等。

杂器物之属，如《古今刀剑录》一卷、《鼎录》一卷、《传国玺谱》一卷等。

饮馔之属，如《茶经》三卷、《十六汤品》一卷、《酒经》一卷、《蔬食谱》一卷等。

草木之属，如《竹谱》一卷、《何首乌传》一卷、《花经》一卷等。

禽鱼之属，如《禽经》一卷、《水族加恩簿》一卷、《促织经》二卷、《兽经》一卷等。

艺玩之属，如《棋品》一卷、《骰子选格》一卷、《打马赋》一卷、《叶子谱》一卷等。

（五）集编

《玉函山房藏书簿录》集编分4类：

1. 楚辞类，如《楚辞章句》十七卷、《天问天对解》一卷、《离骚集传》一卷等。

2. 别集类，下分6个时段：

汉至隋，如《宋玉集》四卷、《司马文园集》一卷、《魏武帝集》一卷、《嵇中散集》一卷、《薛司隶集》一卷等。

唐至五代，如《虞世南集》一卷、《王子安集》十六卷、《太白集》三十六卷、《杜子美集》二十卷等。

宋金元，如《寇忠愍诗》三卷、《欧阳文忠公集》一百三十卷《目录》十二卷《附录》四卷、《遗山诗集》二十卷、《归田类稿》二十卷等。

明，如《明太祖文集》二十卷、《宋文宪公集》五十卷、《诚意伯文集》二十卷等。

国朝上，著录清初至乾隆年间人之诗文集。如《兼济堂集》

二十卷、《安雅堂集》二卷、《尊水园集》十二卷等。

国朝下，著录乾隆至道光年间人之诗文集。如《赐书堂稿》二卷《栘晴堂四六》二卷、《小仓选集》八卷、《河间试律矩》四卷等。

3. 总集类，如《昭明文选》六十卷、《玉台新咏》十卷、《河岳英灵集》一卷等。

4. 诗文评类，如《文心雕龙》十卷、《诗品》三卷、《六一诗话》一卷、《石林诗话》一卷等。

《玉函山房藏书簿录》之类目设置略列于此。

二、分类评析

马国翰《玉函山房藏书簿录》用四分法分类，受《四库全书总目提要》的影响，设有三级类目，但从其整体的分类设置来看，其承袭前代史志目录类目设置的痕迹亦较为明显。经编的类目设置则依朱彝尊《经义考》为范。这使得《玉函山房藏书簿录》的分类设置体现出创新与传统结合的特点。

（一）首编

《玉函山房藏书簿录》首编之设置受《经义考》的影响。《经义考》于首设御注、敕撰两类，录皇帝御制、敕撰之经部书籍。《玉函山房藏书簿录》依此例而设首编一类，其内部实暗分经、史、子、集四类。经、史、子三部录御纂、敕撰之书，集部则为皇帝御制诗文集及御定诗文总集。《四库全书总目提要·凡例》云:"《汉书·艺文志》以高帝、文帝所撰杂置诸臣之中,殊为非体。《隋书·经籍志》以帝王各冠其本代,于义为允,今从其例。"是将帝王御制之书散入各类之首。《经义考》则是将御注、敕撰之书从各类集中起来,置于首位。《玉函山房藏书簿录》仿《经义考》,亦将御纂、敕撰之书设为首编,冠于四编之首。

(二)经编

观《玉函山房藏书簿录》经编之类目设置,与《经义考》、《四库全书总目提要》皆有相似之处,现列表以明之:

《玉函山房藏书簿录》		《经义考》	《四库全书总目提要》	
易		易	易	
书		书	书	
诗		诗	诗	
礼	周礼	周礼	礼	周礼
	仪礼	仪礼		仪礼
	礼记	礼记		礼记
	大戴礼记			三礼总义
	通礼	通礼		通礼
				杂礼书
乐		乐	春秋	
春秋		春秋	孝经	
孝经		论语	五经总义	
论语		孝经	四书	
孟子		孟子	乐	
尔雅		尔雅	小学	训诂
				字书
				韵书

续表

《玉函山房藏书簿录》		《经义考》	《四库全书总目提要》
经总		群经	
四书		四书	
拟经		逸经	
经纬		毖纬	
小学	礼教	拟经	
	字书	承师	
		宣讲	
	韵书	立学	
	石经	刊石	
		书壁	
		镂版	
		著述	
		通说	
		家学	

由此表可见,《玉函山房藏书簿录》受到《经义考》和《四库全书总目提要》的共同影响。其经编礼类和小学类皆设立三级类目,明显受到《四库全书总目提要》经部类目设置的影响。《玉函山房藏书簿录》小学类的三级类目中有"礼教之属",录《弟子职》、《居家杂仪》、《童蒙须知》等训蒙类书籍。《四库全书总目提要》小学类叙录云:"赵希弁《读书附志》遂以《弟子职》之类并入小学,又以蒙求之类相参并列,而小学亦多歧矣。"① 可见《四库总目》已不赞同这种分类设置,但《玉函山房藏书簿录》未依《四库总目》,仍因循旧法。

从《玉函山房藏书簿录》经编的类目名称可见,其受《经义考》类目设置之影响亦非常明显。自易类至尔雅类,《簿录》与

---

① 《四库全书总目提要》卷四十,经部四十,小学类一。

《经义考》类目名称全同,礼类下之三级类目,除多大戴礼记一类之外,余亦名称相同。其受《经义考》的影响体现在两个方面:

1. 拟经类的设置。《玉函山房藏书簿录》仿《经义考》设拟经一类,收仿经书之作,首为《太玄经》,其解题云:"隋、唐《志》皆列儒家,朱氏《经义考》别为拟经一类,首此书。今依用之。"①

2. 论语、孟子、尔雅单独列类。《玉函山房藏书簿录》论语、孟子皆单独设类,收专讲《论语》、《孟子》之书,而有关《中庸》、《大学》之书则皆在礼类礼记之属。与此同时,《簿录》还设有四书类,与论语、孟子等类并列,收统讲四书之书。这些类目设置与《经义考》相同。又,《簿录》依《经义考》设有尔雅一类,与小学类并列。尔雅类著录训诂之书,如《尔雅》、《方言》、《广雅》等。如此则训诂类书籍单独列目,故小学类不再设训诂之属。而《经义考》于尔雅类外别无小学类,不列字书、韵书等。《经义考》为专门的经学目录,故设类精密细致。《玉函山房藏书簿录》吸收了《经义考》分类精细的特点,但同时也存在一定的设类繁复的问题。

《玉函山房藏书簿录》经编虽借鉴了《四库全书总目提要》进步的分类理念,但仍不够充分,在进步之中亦显出些许守旧姿态。《经义考》和《四库全书总目提要》对《玉函山房藏书簿录》的共同影响,使得其设类有创新与保守相结合的特点。

---

① 《玉函山房藏书簿录》卷六,第二十九页。

（三）史编

《玉函山房藏书簿录》史编之设类多参诸正史艺文志和前代书目的分类方法，不设三级类目，其设类更为传统。下面列表以明之。

《玉函山房藏书簿录》	《隋书·经籍志》	《新唐书·艺文志》	《宋史·艺文志》	《郡斋读书志》	《直斋书录解题》
正史	正史	正史	正史	正史	正史
编年	古史	编年	编年	编年	别史
别史	杂史	伪史	别史	实录	编年
杂史	霸史	杂史	史钞	杂史	起居注
霸史	起居注	起居注	故事	伪史	诏令
故事	旧事	故事	职官	史评	伪史
职官	职官	职官	传记	职官	杂史
仪注	仪注	杂传记	仪注	仪注	典故
刑法	刑法	仪注	刑法	刑法	职官
奏议	杂传	刑法	目录	地理	礼注
杂传记	地理	目录	谱牒	传记	时令
谱系	谱系	谱牒	地理	谱牒	法令
地理	簿录	地理	霸史	书目	谱牒
目录					目录
史评					地理
史钞					

可见史编诸目名称多与历代史志目录相合。正史、编年、别史之称依《宋史·艺文志》，杂史、霸史之称依《隋书·经籍志》，故事、职官、仪注、刑法之称依《新唐书·艺文志》与

《宋史·艺文志》，杂传记之称依《新唐书·艺文志》。其中，杂传记一类之设亦与《太平广记》有关。《玉函山房藏书簿录》传记类所录书籍，多有与《太平广记》重合者。如《章台柳传》解题云："《太平广记》卷四百八十五载此，作《柳氏传》。"① 《红线传》解题云："《太平广记》卷一百九十五载此篇，云出《甘泽谣》，未审何据题杨巨源也。"② 其史编谱系类之称依《隋书·经籍志》，《新唐书·艺文志》和《宋史·艺文志》皆称为"谱牒"。史评类依《郡斋读书志》之称，史钞类依《宋史·艺文志》之称。

从史编类目的名称设置可见，《四库全书总目提要》对其的影响较小，其精密的三级类目设置《玉函山房藏书簿录》也并未借鉴。只奏议一类，历代史志目录均不在史部设此类。《直斋书录解题》史部设有诏令类，而奏章类在集部，列在歌词类之后。《遂初堂书目》有章奏类，亦在集部。自《文献通考》始有奏议一类之名称，亦列在集部。《四库全书总目提要》于史部设诏令奏议类，始将奏议列入史部。《玉函山房藏书簿录》在奏议一类的设置上依从《四库全书总目提要》，这是《四库全书总目提要》对《玉函山房藏书簿录》史编设目的影响。

虽然《四库全书总目提要》在史编类目设置上对《玉函山房藏书簿录》的影响不太大，但在书籍内容的收录上，其对《簿录》的影响却很明显。如《簿录》史编职官类，历代史志目录的职官类所收皆为有关官制之书。《隋书·经籍志》史部职官类著录《汉官解诂》、《汉官》、《汉官仪》、《汉官典职仪式选用》、《百官阶次》、《职官要录》、《吏部用人格》等书，《新唐书·艺文志》乙部史录与《宋史·艺文志》史类皆是如此。而《玉函山房藏书簿录》史编职官类除著录如《汉官解诂》一类有关官制之

---

① 《玉函山房藏书簿录》卷九，第二十九页。
② 《玉函山房藏书簿录》卷九，第三十页。

书外，更著录《牧津》、《作吏要言》、《作吏管见》等书。《四库全书总目提要》于职官类分两个三级类目：官制、官箴。其职官类存目官箴之属著录《牧津》一书，曰："明祁承爜撰，承爜字尔光，山阴人。万历甲辰进士，官至江西布政司参政。其书采辑历代循吏事实，分类编次。……每类前各有小序。征采既广，不无烦碎从杂之病。"① 《玉函山房藏书簿录》史部虽无三级类目，但其职官一类下实暗分有官制与官箴两类，与《四库全书总目提要》职官类相似。另外，《簿录》的史编职官类还著录《两淮盐法志》、《长芦盐法志》、《赈纪摘钞》、《荒政辑要》、《畿辅义仓图》、《养局案记》、《河防述言》、《治河要语》、《三省边防备览》等书，内容涵盖盐法、荒政、边防、河防等多个方面，其将有关文武官员职责之书统归入职官类。《四库全书总目提要》史部设有政书类，分通志、典礼、邦计、军政、法令、考工六属。其中邦计之属包括盐法、救荒、漕运、海运等诸多方面。《玉函山房藏书簿录》史编职官类所录有关盐法、荒政等书，大体与《四库全书总目提要》史部政书类邦计之属相当，而有关边防、河防之书，《四库全书总目提要》皆列入史部地理类，其叙录云："次河防，次边防，崇实用也。"② 《玉函山房藏书簿录》史部不设政书类，但有关盐法、荒政、河防等书又难以归入旧有的分类体系中，故折中归入职官类。

可见，《玉函山房藏书簿录》在类目的名称上遵循旧法，在收录书籍的内容方面却与时俱进。

（四）子编

《玉函山房藏书簿录》子编的类目名称设置则受《汉书·艺

---

① 《四库全书总目提要》卷八十，史部三十六，职官类存目。
② 《四库全书总目提要》卷六十八，史部二十四，地理类类一。

文志》影响较深，同时兼采历代书目子部之分类设置，亦设有三级类目，体现出《四库全书总目提要》对其的影响。

《玉函山房藏书簿录》子编二十二类之名目，多与《汉书·艺文志》诸子略与数术略之类目相同。《汉书·艺文志》诸子略有儒家、道家、阴阳家、法家、名家、墨家、纵横家、杂家、农家、小说家，共十家。《玉函山房藏书簿录》多释家、劝善书两类，余皆与《汉书·艺文志》之诸子略名目相同。《玉函山房藏书簿录》自天文类至形法类诸类目名称，亦全与《汉书·艺文志》数术略相同，且多遵从《汉志》数术略的收书原则。如形法类首为《山海经》，其解题云："隋、唐《志》并入史部地理类，兹依《汉志》，列形法之首焉。"① 但其阴阳家一类，下分卜宅、禄命、卜葬、选择四属，其所收书籍性质与《汉书·艺文志》不尽相同。《汉志》阴阳家小序云："阴阳家者流，盖出于羲和之官，敬顺昊天，历象日月星辰，敬授民时，此其所长也。及拘者为之，则牵于禁忌，泥于小数，舍人事而任鬼神。"《汉志》阴阳家所收之书，为述阴阳五行学说之书，而《簿录》子编阴阳家类所收则为数术之书。其中卜宅之属录观阳宅风水书，禄命之属录命理之书，卜葬之属录观阴宅风水书，与堪舆相当，选择之属录择吉日之书。其阴阳家类卜宅之属首为《宅经》二卷，其解题云："《隋志》于十家黜阴阳，凡阴阳书皆混入五行家类。自后史志皆无阴阳一家。……又考《唐书·吕才传》，帝病阴阳家所传书多讹伪浅恶，世益拘忌，命才与宿学老师删落烦讹，掇可用者为五十三篇，合旧书四十七为百篇，诏颁天下。传剟其三篇：卜宅篇、禄命篇、葬篇。是三篇者，阴阳书之门类也。《唐志》五行类有吕才《阴阳书》五十三卷、《广济阴阳百忌历》一卷，则选择亦阴阳之一也。兹据出阴阳家类，以卜宅、禄命、卜葬、选择四目属之，列于九家之后。既存《汉志》之旧名，亦征寓黜退

---

① 《玉函山房藏书簿录》卷十六，第十二页。

之意云。"① 此篇解题充分表明了马国翰崇尚古制又兼顾新法的态度。其历谱一类，名目虽与《汉志》相同，而所收书籍却不同。《汉志》历谱一类小序云："历谱者，叙四时之位，正分至之节，会日月五星之辰，以考寒暑杀生之实。"其所录书籍为有关历法之书，而《玉函山房藏书簿录》历谱类所收之书则全为算书，如《九章算术》、《海岛算经》等。

《汉志》诸子略与数术略的类目设置并不能满足后世日益丰富的子部书籍品类，故后世书目于子部均有新类目产生，以适应后世子部书籍的发展。释家、劝善书、类书、谱录诸类目的设置就是对子部类目设置的创新与发展。《玉函山房藏书簿录》除遵循《汉志》传统外，亦设有释家、劝善书、类书、谱录诸类。《遂初堂书目》、《郡斋读书志》、《直斋书录解题》等皆已设置释家、劝善书、类书、谱录诸类目。释家类，《郡斋读书志》称为"释书"，《直斋书录解题》称为"释氏"。而劝善书，诸书目多不单立门目。《玉函山房藏书簿录》劝善书类首为《太上感应编》一卷，其解题云："此等书以道家之感应，参佛氏之因果，有合于吾儒福善祸淫之旨。神道设教，可以警世，故别立劝善一门，以类编入。"② 则其将道教劝善之文书单列一类。类书一类，《隋志》即列入子部，后世因之。《簿录》之谱录类，设有三级类目，则是受《四库全书总目提要》之影响。而其三级类目比《四库全书总目提要》更为细密，类目划归也不尽相同。《四库总目》只列器物、食谱、草木鸟兽虫鱼三小类，而《玉函山房藏书簿录》之谱录类则细分九属。子编诸类目的设置依然体现出尚古之中兼顾创新的特点。

---

① 《玉函山房藏书簿录》卷十五，第一页至第二页。
② 《玉函山房藏书簿录》卷十二，第二十九页。

（五）集编

《玉函山房藏书簿录》集编的类目设置与历代书目的差异最小。其集编设有楚辞、别集、总集、诗文评四类，别集类按时代又分为汉至隋、唐至五代、宋金元、明、国朝上、国朝下六段。总集类亦按编纂者时代为序。集编延续历代书目之传统，设类最为稳定。

三、分类失当之处

由于《玉函山房藏书簿录》的分类设置兼有守旧与创新的特点，故其在一定程度上存在分类过细或过粗的缺点，其所著录之书籍也存在些许分类不当的失误，兹作分析。

（一）史编杂传记类

杂传记类名称从《新唐书·艺文志》。但从其所录书籍来看，亦受《太平广记》之影响，前文已述及。《玉函山房藏书簿录》杂传记类所录之书，有人物传记，如《洛阳缙绅旧闻记》、《先公谈录》、《丁晋公谈录》等，亦有类似小说者，如《汉武内传》、《别国洞冥记》等，还有不少唐代传奇，如《虬髯客传》、《李娃传》、《霍小玉传》、《任氏传》、《刘无双传》等。这些书籍性质不同，但均归入杂传记类。其一部分原因是因袭了前代史志目录的传统，如历代史志目录多将《汉武内传》等归入传记类；还有一部分原因就是受到《太平广记》杂传类的影响。《太平广记》为类书，而非目录，故其杂传记类所录各书，从目录学的角度来看是不适宜归入史部的。《玉函山房藏书簿录》将唐传奇列入史部实为不妥。所幸《玉函山房藏书簿录》杂传记一类所录唐代传奇数量不多，还是基本保持了传记的性质。

（二）史编地理类

《玉函山房藏书簿录》地理类收书众多，皆不设三级类目，大致按作者时代排序，内部难寻规律。其首为《三辅黄图》，后为《邺中记》、《佛国记》、《南方草木状》、《水经》、《水经注》、《洛阳伽蓝记》诸书，无律可循，稍显纷乱。又地理类著录地方志数量颇多，其所录地方志见于三处。一处为明代地方志，自明聂豹《华亭县旧志》至明叶承宗《历城县旧志》。第二处为清代各省通志，起自清李卫《畿辅通志》，至于清鄂尔泰监修之《贵州通志》。第三处为清代府、县志，自清王镇《济南府志》，至清刘毓秀《洛川县志》。清代两处地方志之间杂列清代各类地理书。观《四库全书总目提要》，其史部地理类有精密的三级类目，设宫殿、总志、都会、郡县、河防、边防、山川、古迹、杂记、游记、外纪十一个属，十分细致。《玉函山房藏书簿录》史编类目设置既不依《四库全书总目提要》设三级类目，所收书籍数量又十分庞大，单纯按时代排序，未免显得过于粗糙繁乱。

（三）子编诸类目

与史编地理类不同，子编多个类目的失当之处在于分类过细。如五行、蓍龟、杂占、形法诸类，皆为数术书。这四类单独设类，名称依《汉志》。但此四类所著录之书籍数量较少，不过56部。又《玉函山房藏书簿录》子编阴阳家类，名称虽依《汉志》，但其所录书籍实皆数术书，与五行、蓍龟、杂占、形法诸类相似。其所录书籍数量既少,又与阴阳家类本质相似,单独设类,稍显单薄繁琐。《四库全书总目提要》子部只设数术一类,下分数学、占候、相宅相墓、占卜、命书相书、阴阳五行、杂技术七小类,类目设置比较恰当。《玉函山房藏书簿录》子编类目守旧多于创新,未能运用新的分类理念。

作为私家藏书目录,《玉函山房藏书簿录》在类目设置上广参众目,其分类设置体现了保守与创新的结合,形成了自己独特的风格。虽然在某些方面稍有失当之处,但其对藏书进行了较为精密的分类,亦体现出马国翰对于前代目录的融会吸收与灵活运用。

第六节 《玉函山房藏书簿录》的意义与价值

中国的古籍目录种类很多,各书目的著录方式和分类方法皆各不相同。中国的古籍书目经历了从七分法到四部分类法的演变,到《四库全书总目提要》,建立了精密的带有三级类目的四部分类体系。而各书目的著录方式更多样,有只著录书名、卷数、作者的"书单"式简目,如《遂初堂书目》;也有带详细提要的解题目录,如《直斋书录解题》、《四库全书总目提要》等;亦有偏重于著录版本的版本书目,如《读书敏求记》、《天禄琳琅书目》等;更有精专的专科目录,如《经义考》、《小学考》等;另外还有各代的史志目录、地方艺文志等。藉由各种不同体例、形态的古籍目录,可知中国历代书籍的存佚状况、版本源流、分类演变等,各具价值。

《玉函山房藏书簿录》产生于清代中期,是一部较为完备的解题目录。虽然在著录上有些错误,分类也有不当之处,但它却具有独特的时代意义与目录学价值,对于考察清代的图书信息和清人著作具有重要意义。

一、时代意义

(一)有助于了解清代文人的读书偏好和书籍流行情况

马国翰所藏之书,古本少,通行本多,其中很大一部分是市面上流传较广的书籍。其藏书的主要目的是供自己学习、研究所用。他的藏书,在一定程度上反映了清代书籍的流行情况和清代学者与文人的读书喜好。

参本章第二节,马国翰藏有大量丛书本,尤以经部书为多。经部所藏各书,又以《通志堂经解》本、《皇清经解》本为多。这两部大型经学丛书在清代负有盛名,流传很广,读者亦多,清代中期以后治经学者颇倚重之。其他各类书籍,著录"雅雨堂本""青照堂本""平津馆本""檀几丛书本""昭代丛书本"等亦多,足见丛书在清代的盛行情况。其所藏儒家类书籍,以清代儒家格言、家训等为多,如朱用纯《治家格言》、朱起凤《家塾座右铭》、丁雄飞《古人居家居乡法》等,这些儒家书籍的收藏一方面反映了马国翰个人的收藏喜好,另一方面也体现了清代文人尊儒重道的价值取向。

(二)有助于认识清代的刻书和书籍流通情况

马国翰所藏之书来源广泛,家刻本、坊刻本、官署及书院刻本数量都不小。其版本项著录的书籍版本情况,对于考察清代的刻书业也十分有益。参本章第二节,《玉函山房藏书簿录》中所著录的书坊名称有 312 种之多，足见清代刻书业之发达。

马国翰生平经历的地方不多，幼年在山西生活，十七岁至十八岁曾寓居北京、河北东安等地，青年时回乡，曾游历山东各地，道光十二年中进士后，历官陕西洛川、泾阳、陇州等地，晚年致仕归家。其主要活动地在山东和陕西，往来路途须经山西、河南。所以，马国翰足迹所至，不过山东、陕西、河南、河北之地，但他所藏之书，却是各地刊本皆有。除山东、陕西、河南等地区的刊本外，其收藏最多的就是江浙地区所刻之书。此外，又有安徽、湖北、湖南、江西、四川、云南、福建、广东、广西等地的刻本（参本章第二节）。马国翰未到过上述地方，却能购到其地所刻之书，可见当时书籍行销地域十分广阔，清代书籍之流通盛况可见一斑。

清代书籍流通发达，文化发达、交通便利的地区易成为刻书中心，所刻之书多行销各地。《玉函山房藏书簿录》中保存的这些书籍出版信息，从一个侧面展示了清代出版业的兴盛和书籍市场的繁荣景象，是显示清代书籍事业发达的具体例证。

（三）有助于了解清代的学术状况和诗文创作

马国翰注重收藏当代人著作，《玉函山房藏书簿录》著录了大量的清人著作，尤其是清人的经学著作和诗文集著作。《玉函山房藏书簿录》经编所列诸书，清人著述的数量超过前代著作。如经编周礼类，共收 38 种书，清人著作就有 23 种。仪礼类共收书 33 种，清人著作有 22 种。经总类 72 种，清人著作占 55 种。其著录的清人经学著作数量之多，反映了清代推崇经学的学术风气，也展现了清代经学研究的成就。

清代诗文集亦是马国翰收藏的重点。马国翰收藏的诗文集数量有 828 种，清代诗文集的数量是 388 种，几乎占到历代全部诗文集的一半。其所藏清代诗文集，不乏当时知名的诗人、学者之作品，如魏裔介《兼济堂集》、吴伟业《梅村集》、周亮工《赖古堂集》、宋琬《雅安堂集》、王士禛《渔洋诗集》等。但对比其全部别集类藏书，其收录清代普通文人著作的数量更多，尤其是与马国翰同时期的山东、陕西文人和其官场同僚。这些诗文集多数有解题，解题中皆有对作者和书籍的介绍和评述。后人不但可以通过其解题了解当时的著作情况，还可以了解某书的具体内容。

大量普通文人的诗文作品，可以从更多层次展现清代的文学创作情况，便于后人从更多角度研究清代的文学面貌、文学理念等。马国翰著录、保存了大量清代诗文集的信息，而且其中有不少仅见于《玉函山房藏书簿录》著录（详见下文所述），这更体现了《玉函山房藏书簿录》的时代意义。

二、目录学价值

（一）解题详明，足资参考

《玉函山房藏书簿录》是一部解题书目。解题可以使读者在最短的时间内对一部书有较为直观的印象，不见书而略知其义。

《玉函山房藏书簿录》之解题内容十分丰富，现一一详列：

1. 作者信息。包括作者的时代、官职、籍贯、科第、字号、家世等信息。如经编易类《周易本义》解题云："元景定举人、婺源胡一桂庭芳撰。"① 又如集编别集类《兼济堂集》云："国朝大学士、柏乡魏裔介石生撰。"② 再如史编故事类《文昌杂录》

---

① 《玉函山房藏书簿录》卷二，第二十五页。
② 《玉函山房藏书簿录》卷二十二，第一页。

云:"宋朝散大夫、单父庞元英懋贤撰。丞相、庄敏公藉之子。"①《玉函山房藏书簿录》备载作者各项信息,十分详明。

2. 各代著录情况。先秦、汉代之书,多有记载其著录情况者,如经编易类《子夏易传》,解题云:"隋唐《志》止二卷,《释文》止三卷,宋《国史志》、《中兴书目》益至十卷,今本复十一卷。"② 又如《周易略例》云:"《绍兴书目》作《正义》二卷,《宋志》三卷,今本止一卷。"③

3. 辑录序跋,或载某书有某人序跋。集编著录之书,多有辑录原书序跋者。如查礼《铜鼓书堂遗稿》三十二卷,解题云:"杭大宗序称其杼轴性灵,原本忠厚。"④ 张五典《荷塘诗集》十卷,解题云:"仁和汪度序称其家世孝友,其先人七世同居荷塘,在垂髫时素承温柔敦厚之风,故其为诗也,本乎天性之自然。"⑤ 不录序跋者,亦多著录某书有某人序跋。如经编易类程颐《程子易传》四卷,解题云:"有自序及尹焞序、吕祖谦跋。"⑥ 别集类高述明《积翠轩诗集》一卷云:"有金坛王仁惠序。"⑦

4. 备载一书之篇次。《玉函山房藏书簿录》之解题,多有详记一书篇次、卷第者。如集编别集类明宋濂《宋文宪公集》五十卷,解题云:"凡《銮坡签集》六卷、《后集》五卷、《续集》四卷、《别集》五卷,《芝圃前集》五卷、《后集》三卷、《续集》三卷,《朝京稿》三卷。河间守海陵徐嵩续刻八卷,浦江令高淳

---

① 《玉函山房藏书簿录》卷八,第四十二页。
② 《玉函山房藏书簿录》卷二,第三页。
③ 《玉函山房藏书簿录》卷二,第六页。
④ 《玉函山房藏书簿录》卷二十三,第四页。
⑤ 《玉函山房藏书簿录》卷二十三,第十页。
⑥ 《玉函山房藏书簿录》卷二,第十四页。
⑦ 《玉函山房藏书簿录》卷二十二,第三十八页。

韩叔阳补刻八卷，共五十卷。"① 又明何乔新《椒邱文集》三十四卷，解题云："凡策府三卷，史论五卷，奏议三卷，序记、铭碑、诗赋、书简、题跋二十三卷。"②

5. 概括一书内容主旨。马国翰于解题中多概括一书大义，如子编儒家类《木钟集》十一卷，其解题云："以集名，实语录也。凡《经说》九卷、《近思杂问》一卷、《史论》一卷。设为问答，取《礼记》'善问者如攻坚木，善待问者如撞钟'之义，名《木钟集》云。"③ 又如《呻吟语》六卷云："语名'呻吟'，不忘病声之意也。以人非圣贤，其心身常在病中，故于省察克治、修己治人之要，皆从人情物理中推勘而指点之。"④

6. 评价所录书籍。马国翰于己所著录之书，多有评价，如集编楚辞类《楚辞灯》六卷，解题云："训释详明，于文法尤细。"⑤ 又如别集类《陶学士集》二十卷，明陶安撰，其提要云："其文皆平实典雅。"⑥

7. 考辨一书真伪。《玉函山房藏书簿录》之解题亦载有不少马国翰的辨伪之说。如子编阴阳家类禄命之属，著录《命理前定数》一卷，题鬼谷子撰，其解题云："推命例，以人生年时天干二字定数时，定格局。如甲子年丁丑月丙寅日辛卯时，即甲辛之数也，余仿此命格。如甲甲震卦，以子、寅、辰、午、申、戌六阳时定局，为远震雷霆格。甲乙恒卦，以丑、卯、巳、未、酉、亥六阴时定局，为流水鸳鸯格。他皆类此。又每时加四字断之，故亦称四字

---

① 《玉函山房藏书簿录》卷二十一，第一页。
② 《玉函山房藏书簿录》卷二十一，第七页。
③ 《玉函山房藏书簿录》卷十一，第十七页。
④ 《玉函山房藏书簿录》卷十一，第二十七页。
⑤ 《玉函山房藏书簿录》卷十八，第四页。
⑥ 《玉函山房藏书簿录》卷二十一，第二页。

金。其文不古,疑出依托。"① 又子编医家类《银海精微》四卷,题唐孙思邈撰,解题云:"孙为唐初人,书名乃取宋王安石论东坡诗语,恐出依托。然论治目之法多中理,眼科家宗之。"②

8. 勘正前人讹误。如经编易类《合订删补大易集义粹言八十卷》,清纳兰性德撰,其解题云:"书删合《大易集义》、《大易萃言》二书为一编。自序曰:宋陈友文《大易集义》六十四卷、曾穜《大易萃言》七十卷……按张嗣古跋,《大易粹言》云,前太守曾君穜命郡博士方闻一所裒辑。后人缘有曾穜序,遂以为穜撰。成德沿其误,非也。"③ 又如子编儒家类《范氏义庄条规》一卷,宋范仲淹撰,解题云:"青照堂本作《范氏义庄条规矩》,题范纯仁撰。考《宋史》范仲淹传,云:'好施予,置义庄里中,以赡族人。'康熙中文正公二十一世孙、广东巡抚时崇补刊此卷于《文正集》,题'义庄条规',并据改正。"④

9. 记载刊刻情况。如子编劝善书类《关圣帝君忠义经》一卷,解题云:"国朝贡生、候选训导、历城周乐二南从《盛迹全图》录出刊之。"⑤ 子编五行类《五行大义》五卷,解题云:"原书久佚,嘉庆中德清许宗彦天瀑从日本国人所刻《佚存丛书》得而刊之。"⑥

10. 考辨学术源流。如子编阴阳家类卜宅之属,《宅经》二卷之解题,详述阴阳家之流变:"按《汉志》诸子有儒家、道家、阴阳家、法家、名家、墨家、纵横家、杂家、农家、小说家,总

---

① 《玉函山房藏书簿录》卷十五,第四页。
② 《玉函山房藏书簿录》卷十六,第二十二页。
③ 《玉函山房藏书簿录》卷二,第三十七页。
④ 《玉函山房藏书簿录》卷十一,第十五页。
⑤ 《玉函山房藏书簿录》卷十二,第三十一页。
⑥ 《玉函山房藏书簿录》卷十六,第二页。

云'诸子十家',其可观者九家而已,此九流之所由名也。《隋志》于十家黜阴阳,凡阴阳书皆混入五行家类。自后史志遂皆无阴阳一家。考《汉志》'阴阳家流,盖出于羲和之官,敬顺昊天,历象日月星辰,敬授民时,此其所长也。拘者为之,则牵于禁忌,拘于小数,舍人事而任鬼神',又考《唐书》吕才传'帝病阴阳家所传书多讹伪浅恶,世益拘忌,命才与宿学老师删落烦讹,掇可用者为五十三篇,合旧书四十七为百篇,诏颁天下',传剟其三篇,卜宅篇、禄命篇、葬篇。此三篇者,阴阳书之门类也。《唐志》五行类有吕才《阴阳书》五十三卷、《广济阴阳百忌历》一卷,则选择亦阴阳之一也。"①

《玉函山房藏书簿录》的解题,辑录书籍信息精审详明,其所载诸项内容,对于后人正确认识一书之大义大有裨益。其解题均是马国翰详读所藏之书后所撰,皆是宝贵的第一手资料,可信度高,参考价值大,故具有较高的目录学价值。

(二)多有不见他书著录之清人著作

前文已述及其《玉函山房藏书簿录》所著录清代著作之状况,在马国翰收藏的众多清人著作中,多有不见于其他书目著录,或其版本不见于他书著录者。这些著作的作者多是基层官员、乡土文人,其中不乏马国翰的同僚友人,亦有山东、陕西的地方文人与官僚。他们多数不是有盛名的文人学者,但在乡里间也具有一定的声名和影响力。他们的著作流传不广,可能只是自行刊印,赠送友人。诸书目皆不著录,将会导致这些著作被淹没在历史中,后人无从得知其概况。从这一点上说,《玉函山房藏书簿录》的著录具有唯一性,使这些流传不广的著述得以被后世知晓,即使其书不存,通过《玉函山房藏书簿录》的著录及提要所述,亦可知其大概。因

---

① 《玉函山房藏书簿录》卷十五,第一页至二页。

此,《玉函山房藏书簿录》的著录在一定意义上具有不可替代性,也为现代编纂清人著述目录提供了重要的参考。

只见于《玉函山房藏书簿录》著录之书有 68 种,现列于下:

1.《草堂说易》一卷,来鹿堂本,清安康刘应秋撰。解题云:"止载六十四卦卦爻之辞,各卦爻下皆举史事以记之。专主人事,不及其他。"(卷二,第四十二页)

2.《周易质义存说》二卷,有吾堂本,清东流汪思迥撰。解题云"书因《质义》而作,多所裨补。"(卷二,第四十六页)

3.《草堂说诗》一卷,来鹿堂本,清安康刘应秋撰。解题云:"大旨用孟子'《诗》亡然后《春秋》作'之义,谓《诗》与《春秋》相表里,多有关人心世道语。"(卷三,第四十八页)

4.《大学古本说解》一卷,鄠县刊本,清鄠县王心敬撰。(卷四,第二十九页)

5.《草堂说礼》一卷,来鹿堂本,清安康刘应秋撰。(卷四,第三十页)

6.《学庸隅反录》二卷,来鹿堂本,清蒲城王瑗撰。(卷四,第三十一页)

7.《三礼赘言》一卷,不著录版本,清王心敬撰。解题云:"有切身心之用,入理颇深。"(卷四,第三十七页)

8.《丧礼补议》一卷,《桐阁外编》本,清朝邑李元春撰。解题云:"以四礼皆有弊俗,丧礼为甚,故复作此议。"(卷四,第三

十九页）

9.《草堂说春秋》一卷,来鹿堂本,清安康刘应秋撰。解题云"摘说经传之义多可采"。(卷五,第二十五页)

10.《论语汇原》二卷,济南刊本,清章丘杨开运撰。解题云:"于《论语》篇章连属颇有探索。……著述甚富,惟此及《尔雅宗经》有梓本。"(卷五,第三十六页)

11.《孟子读本》七卷,富平刊本,清富平任翔九、孙联捷同撰。解题云:"亦因苏批《孟子》而为之,畅所未发之意。"(卷五,第四十页)

12.《尔雅宗经》二卷,章丘刊本,清章丘杨开运撰。解题云:"贯穿联络,便于初学之记诵。"(卷五,第四十七页)

13.《拾雅》十卷附《字音》一卷,青照堂本,清朝邑李元春撰。解题云:"掇拾故事以续《尔雅》。"(卷五,第四十七页)

14.《古今通韵》一卷,青照堂本,清富平李因笃撰。解题云:"于古今韵通用之字考辨极精。"(卷七,第二十五页)

15.《佩文诗韵顺读广解》六卷,齐东史氏刊本,清齐东史崇宽撰。解题云:"其法以平声统摄上、去、入三声,而以敛老呼约为八字,公、光、官、琨四字为主音,孤、沟、锅、闺四字为辅音,以散颊嫩呼约为八字,觥、江、关、中四字为主音,乖、高、瓜、规四字为辅音,即以此十六字管摄全韵,每字皆以三十六字母按字排切,并详义训。"(卷七,第二十九页)

16.《成云洞韵》五卷,题成云洞主人撰。解题云:"就顾炎武《韵谱》凡唐韵之可通不可通者,悉注于本目之下,所收字有《广韵》之半。"(卷七,第二十九页)

17.《音韵义要》一卷,稽古堂本,清历城杜鹏达撰,弟鹏展校刊。(卷七,第三十页)

18.《作吏管见》一卷,不著录版本,清汉军朱孝纯撰。(卷九,第八页)

19.《凉州纪略》一卷,凉州刊本,清长安韩宰撰。解题云:"剖在原一切,告条详牍,具有经济。惜以司铎终,未竟其志也。"(卷九,第八页)

20.《赈纪摘钞》二卷,直隶刊本。解题云:"纪乾隆八年直隶河间、天津二府,冀、深二州秋田亢旱会议,办赈条例章程也。"(卷九,第九页)

21.《养局案记》二卷,直隶刊本,清方观承撰。解题云:"乾隆二十四年上直省各属设立留养局,通计一百四十四州县,此记其规条及办事宜理。"(卷九,第十页)

22.《静修先生本传》二卷,续业堂本,清饶阳刘含撰。解题云:"叙其父元龙行事。"(卷九,第五十五页)

23.《千家姓集注》一卷,文贤堂本,清西昌熊峻运撰。解题云:"补《百家姓》之缺,且成意义。"(卷十,第六页)

24.《史测》十四卷,不著录版本,清邵武史鸿撰。(卷十,

第六十四页)

25.《凝庵家训》八卷,不著录版本,清金坛曹李煜撰。解题云:"皆本分语,不务为性命高谈。"(卷十一,第四十三页)

26.《奈园节录》九卷,西安刊本,清长安张宋薪撰。解题云:"分圣学、发难、求师、要语、六经略说、奈园小草、拨云一览、谈古癏言、论今剩语、官箴指要、绘影编凡九种,语多矜隆傲兀,未克尽底于醇。"(卷十三,第四十页)

27.《梦花记》一卷,独树斋本,题峄山小峰撰。解题云:"记梦中遇吴慕娥、谢妙香二女子倡和,吴著《红炉集》,谢著《绿绮集》。录存其诗十之二三。末有桐谷山人沙临跋,事涉荒怪,笔墨出于一手,似皆作者依托。"(卷十四,第四十七页)

28.《熙朝新语》二卷,青照堂本,清朝邑李元春撰。(卷十四,第五十一页)

29.《葬书评》一卷,来鹿堂本,清汉州张邦伸撰。解题云:"目载于《葬书》、《撼龙》等经凡二十四种,摘要评骘。"(卷十五第十四页)

30.《种痘真传》三卷,泾阳张氏刊本,清崇明施镐撰。(卷十六,第四十二页)

31.《同人堂针灸》一卷,不著录版本,清成都释本圆撰。(卷十六,第四十二页)

32.《轩辕黄帝阴符经塔藏解》三卷《结解》一卷,江南刊

本，清王丹仙撰。解题云："首载《三皇体用》，末附《结解》七绝二十一首，言丹铅事。"（卷二十，第二页）

33.《关圣帝君觉世真经注》四卷，旌德吕氏刊本，清燕平王宽撰。（卷二十，第三十页）

34.《关圣帝君忠义经》一卷，历城周氏刊本。解题云："国朝贡生、候选训导、历城周乐二南从《盛迹全图》录出刊之，有明兵部尚书、蒲州杨博原序。"（卷二十，第三十一页）

35.《率真草》二卷，平阳刊本，清平阳张廷献撰。解题云："诗任自然，却无剑拔弩张之态。"（卷二十二，第三十一页）

36.《春声堂集》无卷数，不著录版本，清汉阳戴喻让撰。（卷二十三，第三页。按，《玉函山房藏书簿录》原不著录作者，据《买春诗话》所载补）

37.《指日堂集》五卷，文中堂本，清翼城李青藜撰。解题云："一作《东乡文集》。卷一《河图衍数》、《三十六宫辨》、《二氏称名录》，卷二至卷四为《大荒词》，才气纵横，有涉虚寂。"（卷二十二，第三十八页）

38.《普阳琴余草》四卷，宝善堂本，清泰安萧麟趾撰。解题云："此其宰普时作。"（卷二十三，第六页）

39.《芝圃文钞》八卷，庄氏刊本，清南园庄学和撰。解题云："前七卷皆制艺，八卷有《教子千字文》一篇及诸论辨。"（卷二十三，第九页）

40.《绎贤堂小草》一卷,石氏刊本,清阳周石玫玉撰。(卷二十三,第十五页)

41.《王余人稿》三卷,默检斋本,清新城王祖熙撰,弟祖点编次。解题云"亦渔洋族裔"。(卷二十三,第二十六页)

42.《行行草》一卷,不著录版本,清南丰谭光祜撰。(卷二十三,第二十七页)

43.《贵耳集》一卷,不著录版本,清诸城倪在中撰。解题云:"倪盲于目,自题瞽者倪在中稿,具眼诸公删定,有范埛序。"(卷二十三,第二十九页)

44.《竹石居诗钞》二卷,不著录版本,清娄县顾柱撰。(卷二十三,第三十三页)

45.《印心石屋诗钞》四卷,江南刊本,清安化陶澍撰。解题云:"在词垣时汇其少作,自辛酉至己巳,凡诗四卷,从其朔而名之。"(卷二十三,第三十页)

46.《馆课存稿》一卷,四照楼本,清上林张鹏展撰。解题云:"皆在词馆所作试帖,督学山左时刊。"(卷二十三,第三十四页)

47.《少海遗稿》四卷,抄本,清文登吕润芬撰。(卷二十三,第三十五页)

48.《风树悲吟》一卷,陕西刊本,清铜仁杨芳撰。(卷二十三,第三十五页)

49.《无梦想斋诗草》六卷,陕西刊本,清成都尉方山撰。解题云:"凡《簸溟草》二卷,《新丰草》二卷,《山水因缘》、《弃余草》各一卷。"(卷二十三,第三十六页)

50.《彩虹山房试帖》四卷,卢氏家藏本,清昆明谢琼撰。解题云:"刘大绅寄庵以'超迈精拔'称之。"(卷二十三,第三十八页)

51.《留春山房集古诗钞》二卷《诗钞》二卷《去思编》一卷,济南刊本,清遵义龚璁撰。解题云:"诗入义山之室,集古如自己出。"(卷二十三,第三十九页)

52.《两汉循吏诗》一卷,京都刊本,清吴县潘世恩撰。解题云:"精理名言,当与蒋心余先生《官箴》共宝。"(卷二十三,第四十页)

53.《逢源亭诗》一卷,清张秀撰。(卷二十三,第四十页)

54.《清涧鸿爪》一卷,清涧刊本,清安肃张因培撰。(卷二十三,第四十二页)

55.《召棠幽籥》一卷,三水刊本,清汪□□撰。解题云:"此其罢三水时与邑人士赠别之作。"(卷二十三,第四十二页)

56.《云山入望楼试帖》二卷,陕西刊本,清浦城孙玉麒撰。(卷二十三,第四十三页)

57.《侍云集》一卷,济南刊本,清威远邹光越撰。解题云:"自序云:'瞻望白云,谓吾亲在其下,此游子行役,无可如何

也。越乞养，因公事留滞侨寓，故名侍云也。'"（卷二十三，第四十四页）

58.《登楼集》一卷，澄城刊本，清吴江沈锡藩撰。解题云："诗凡一百七十七首，嗣响唐音。有阆中金玉麟序。"（卷二十三，第四十六页）

59.《竹窗遗稿》四卷，竹石居本，清宛平张芝仙撰。解题云"语多从至性流出"。（卷二十三，第四十七页）

60.《韩山书院诗集》二卷，湖州刊本，清龙城龚松林辑。解题云："清潮州知府龙霖雍正壬子捐俸修韩山书院，遵原道堂旧址增葺学舍，郡人咏歌其事。潮阳知县、龙城龚松林封五序刊。"（卷二十四，第二十一页）

61.《贞德颂》十六卷，不著录版本，清天池卫如玉编。（卷二十四，第二十六页）

62.《卧辙吟》一卷，陕西刊本，清崞县武访畴撰。解题云："宰清涧时自赋《廉吏行》，及诸和作并邑人士送别之诗，汇为一编。"（卷二十三，第四十三页）

63.《介眉集咏》二卷，衣德堂本，清马好忠编。解题云："国朝华州耆宾张季舒八十寿，静宁州学正马鲁希曾为征诗，男好忠勒为一编。"（卷二十四，第二十六页）

64.《三未集》十二卷，金阊敦化堂本，清湘阴蒋瑰编。解题云："取馆阁试帖，起嘉庆己未，经辛未，迄道光癸未，得诗五百五十首，按韵编次，详为注释，盖仿《庚辰集》而为之也。"

（卷二十四，第二十七页）

65.《寒灯课读图诗》一卷，济南刊本，清济阳高穟阶编。解题云："图为邑侯开州李若箖淇赟母何太孺人作。教子读书，有画荻风，一时人士咏歌之。高为李门人，汇为一帙校刊。"（卷二十四，第二十八页）

66.《夺锦海楼试帖》四卷，连山堂本，清潘世恩编。解题云："此编分韵排次，上层载诗韵，最便观览。"（卷二十四，第二十八页）

67.《南藤雅韵集》一卷，登州刊本，清大兴王镇编。解题云："道署厅事南有古藤数株，周围二十余丈，数百年物也。陈观察文骏竹崖于厅事假寐，恍有古衣冠人自花间出，寤而知花有神，乃立祠于百可亭北。道光戊戌，中峰莅任，为记。一时官绅多题咏，裒为一帙。"（卷二十四，第二十九页至三十页）

68.《荷塘诗话》十卷，不著录版本，清泾阳张五典撰。解题云："此其官攸县时作，采缀名句，多取天性之自然。"（卷二十五，第十七页）

其所录书版本只见于《玉函山房藏书簿录》者4种：

1.《易经体注图考大全》四卷，文发堂本，清圭海李兆贤撰。解题云："取云峰胡氏、建安邱氏最多，余皆节取总期，与《本义》符合。"（卷二，第四十页）。

此书有光绪善成堂刻本，沈阳市图书馆有藏。文发堂本仅见《玉函山房藏书簿录》著录。

2.《四书摘要大全》二十卷,文贵堂本,清嘉祥李武撰。解题云:"博采《或问》、《蒙引》、《存疑》、《浅说》等书,撮其大旨。"(卷六,第二十四页)

此书有雍正九年焕文堂刻本,上海图书馆、辽宁省图书馆均有藏。又有雍正九年晋耕堂刻本,上海图书馆、吉林省图书馆有藏。文贵堂本只见《玉函山房藏书簿录》著录。

3.《搜地灵》二卷,致和堂本,佚名撰。(卷十五,第十六页)

沈阳图书馆藏有此书,《东北地区古籍线装书联合目录》著录为"清刻本",不知是否与"致和堂本"为同一版本,姑存一说。

4.《浑天宝鉴》一卷,秀水于氏刊本,清慈溪孙廷楠撰。解题云:"兼论选择,要为卜葬而设。"(卷十五,第十五页)

此书又有抄本,现藏上海图书馆,"秀水于氏刊本"仅见录于《玉函山房藏书簿录》。

综上,《玉函山房藏书簿录》中保留了大量的清代出版信息与清人著述信息,拥有较为详明的解题,且多有不见他书著录之著作。其所具有的时代意义与目录学价值值得后世学者进行更深层次的探讨与挖掘。

第五章 《玉函山房辑佚书》研究

第一节 清代辑佚学之盛与马国翰 《玉函山房辑佚书》形成背景

清代是辑佚学发展、兴盛的一个时代,学者辑佚的热情空前高涨,亦出现了大量的辑佚成果。马国翰的《玉函山房辑佚书》就是在辑佚之风最盛的清代中期形成的。《玉函山房辑佚书》的出现,既是清代辑佚学的重大成果,亦是清代辑佚之学大盛的具体体现。

一、辑佚学的发展及清代辑佚学的形成

辑佚活动,学界普遍认为始于宋代。清代学者皮锡瑞云:"宋王应麟辑《三家诗》、郑氏《易注》,虽搜采未备,古书之亡而复存者实为首庸。至国朝而此学极盛。"① 梁启超亦云:"最初

---

① 〔清〕皮锡瑞:《经学历史·经学复盛时代》,中华书局,2011年版,第241页。

从事于此者为宋之王应麟。"① 皮锡瑞与梁启超将南宋王应麟的辑佚活动看作中国古代辑佚书的发端，而叶德辉却云北宋陈景元辑《相鹤经》为古代辑佚的起源。不论王应麟辑《三家诗》还是陈景元辑《相鹤经》，都只能看作是一种单纯的辑佚活动，尚不能称之为辑佚学。明代辑佚活动比前代更盛，出现了《说郛》、《汉魏百三名家集》、《古微书》等辑佚成果，但后世评价却不高。叶德辉《书林清话》称《说郛》与《汉魏百三名家集》"不注出处，所收全集，反多节删"②，而梁启超称《古微书》"范围既隘，体例亦复未善"③。明代辑佚，虽已较成规模，但仍未形成一门严密的学科。清代的辑佚活动，不论从规模上还是质量上，都高出前代，而且也不再是个人行为，官方也有大规模的辑佚活动，康熙时所辑《全唐诗》、《全金诗》，四库馆开馆后从《永乐大典》中辑古佚书都是官方进行的辑佚工作。私人辑佚活动空前盛大，从清初黄宗羲、朱彝尊等，到乾嘉时期的惠栋、张澍、孙星衍等，再到道咸时期的马国翰、黄奭，直至晚清的汤球、王仁俊等，所辑书规模都非常可观。辑佚真正被称之为一门学问，形成辑佚学，是在清代。

一门学科的形成要靠理论支撑和实践活动两大支柱来保证。清代的辑佚活动，有明确的理念与目标，亦有丰富的实践，所以说，辑佚是在清代正式成为一门学科的。首先是辑佚学概念的提出。戴震首先提出"稽古之学"的理念。乾隆三十四年，戴震在《古经解钩沉序》中称："今仲林得稽古之学于其乡惠君定宇。"④《古经解钩沉》为清人余萧客辑解经佚书之作，故戴震所称"稽

---

① 梁启超：《中国近三百年学术史》十四"清代学者整理旧学之总成绩·辑佚书"，中国书店，1985年版，第261页。
② 叶德辉：《书林清话》卷八"辑刻古书不始于王应麟"，广陵书社，2007年版，第155页。
③ 《中国近三百年学术史》十四"清代学者整理旧学之总成绩·辑佚书"，第261页。
④ 〔清〕戴震：《戴震文集》卷十。

古之学"正是辑佚学。清代中期的学者并没有正式提出"辑佚学"的说法,皮锡瑞《经学历史》"经学复盛时代"一节云"国朝经师有功于后学者有三事,一曰辑佚书……至国朝而此学极盛"①;叶德辉《书林清话》有"辑刻古书不应始于王应麟"一节,云"辑佚之书当以此经(指陈景元辑《相鹤经》)为鼻祖",又云"乾嘉以来为是学者……于经、子、史三者,各有所取重"②;梁启超《近三百年中国学术史》有"清代学者整理旧学之总成绩·辑佚书"一节,云"入清而此学遂成专门之业"③。至皮锡瑞、叶德辉与梁启超,书中现"辑佚"二字,其所称"是学""此学"均指辑佚学。清中期及晚期至近代的学者,均认可辑佚学在清代已成一门专门学问,戴震更是在清中期就提出了"稽古之学"的概念,这个概念作为辑佚学概念的先导,为辑佚学在学科建立上提供了根据。

其次,清人辑佚有明确目标和清晰的辑佚方向,更有具体的辑佚方法,这是将辑佚活动理论化的重要表现,亦是后人总结辑佚理论与辑佚方法的重要依据。清人明确其辑佚的目标与方向是指清代人对于为什么进行辑佚活动,辑何种佚书,以及从何处辑佚等问题有清晰的认识。清人辑佚的主要原因是配合考据之需。梁启超云:"辑佚之学,本起于汉学家之治经。"④ 清代朴学兴盛,尊古崇汉,重视训释、考证经典本义。惠栋之学即重视古义汉说,其云"古训不可改也,经师不可废也"⑤,强调了古义的重要性。而考据古义需要尽可能全面地看到古人之书。清余萧客《古经解钩沉·前序》云:"其幸者传不传参半,其不幸者传其一不

---

① 《经学历史·经学复盛时代》,第 241 页。
② 《书林清话》卷八"辑刻古书不始于王应麟",第 154 页。
③ 《近三百年中国学术史》十四"清代学者整理旧学之总成绩·辑佚书",第 261 页。
④ 《中国近三百年学术史》十四"清代学者整理旧学之总成绩·辑佚书",第 261 页。
⑤ 〔清〕惠栋:《九经古义·述首》,《皇清经解》本。

传其二。然隋唐三《志》注者百数十家，今存者十家，为书十有三。然则其一得传，已非不幸。讲疏义疏盛于六朝，今则唐唯四人得传，贾、孔为盛。然公彦《三礼疏》中之《礼记》，颖达《周易疏》外之《玄谈》，已不复见……"① 可见考据的需要与现实中古书散佚不得见的矛盾日渐突出，这在一定程度上促使了辑佚的发展与兴盛。清代的辑佚学，最初是作为考据学的附庸，但其后即迅速发展，辑佚家不单辑经学典籍，更是把眼界放宽到四部，而具体到不同的辑佚家，又各有偏重。王谟辑《汉唐地理书钞》，是出于对地理类典籍的重视；张澍注重搜集西北地区文献，其《二酉堂丛书》专辑西北文人文集和西北史地文献；严可均《全上古三代秦汉三国六朝文》，因清朝官修《全唐文》，其慨于唐以前当有全集而作，书曰"文"，其所辑"文"内容实含经、史、子、集四部。马国翰《玉函山房辑佚书》，遍辑经、史、子三部之佚书，范围更广。清代辑佚家们所辑佚书各有偏好，正是叶德辉所言"于经、史、子三者，各有所取重"②。不论是因配合考据而辑佚书，还是脱离考据，辑录四部之佚书，清人的辑佚原因不外乎学术研究与保存文献。

至于辑佚的来源，是辑佚文、佚书的根据。辑佚来源包括两个方面，一是佚文来源，即辑佚者从何处辑佚书，二是对佚文来源的记录。明人辑佚受后世诟病的原因之一是不注明出处，清人则注重标明佚文的出处。清人已经明确了寻找佚文的方向：汉唐古注、小学书及大型类书。马国翰辑《玉函山房辑佚书》，大量利用了汉唐古注、小学书和大型类书。其引《初学记》、《北堂书钞》、《艺文类聚》、《太平御览》四大类书频率最高；其次是释玄应《一切经音义》，辑小学类佚书几乎每种必用。其他汉唐古注，如郑玄《毛诗笺》、孔颖达《五经正义》、郦道元《水经

---

① 〔清〕余萧客：《古经解钩沉·前序》，《文渊阁四库全书》本，第194册，台湾商务印书馆，1983年版，第355页。
② 《书林清话》卷八"辑刻古书不始于王应麟"，第154页。

注》、裴骃《史记集解》、司马贞《史记索隐》、张守节《史记正义》、《后汉书》章怀太子注等，亦引用颇多。这些辑佚来源均被详细标注于每条佚文之下，出处明确，根据确凿。清人辑佚重视标注佚文出处，是有意识地使辑佚工作科学化，这也是辑佚成为一门独立学科的重要体现。

清人已明晰了辑佚的概念，明确了辑佚的方向，有具体的辑佚方法，并且有大量的实践，所以，辑佚作为一门学科，在清代已经建立。

二、清代辑佚学兴盛的原因

自宋代便开始有辑佚活动，直到清代，辑佚学才作为一门独立学科建立起来，并且迅速发展兴盛。辑佚学在清代的兴盛，有文化、政治两大方面的原因。

从文化层面来说，首先是清初的学风变化。黄宗羲、顾炎武、王夫之等清初学者一改明末的理学之风，开始提倡"实学"。这种学风的转变有政治因素的影响。明末清初，政局变动，满清入关后，汉族文人受到压抑，"对民族的主体认同和意识产生了深刻的危机"①，这种危机促使学者要求在学术上改变明末空谈心性的弊端。清初学者认为明儒空谈心性的学风是祸国祸民的重要原因。明末的心学使"学者习于'束书不观，游谈无根'，理学家不复能系社会之信仰"②，这种儒者与社会的脱节导致了国家的动荡，所以清初的学者对明儒的学风持坚定的反对态度，他们迫切需要通过改变学界流弊而重新树立民族意识。针对明儒"束书不观，游谈无根"的弊病，清初儒者提倡汉学，主张"回归原

---

① 杨祖逵、顾亚东：《清代辑佚思想探源》，载于《图书馆理论与实践》2007年第6期。
② 梁启超：《清代学术概论》二，中国人民大学出版社，2006年版，第133页。

典",讲究追求原典本义,重视考据。"历史在转折时期往往有回归的倾向"①,清初儒者的学风之变是对传统的一种反思式回归,通过这种回归,清初学者树立起新的治学目标与治学理念。"回归原典"的主张和考据学风的兴起要求学者对文献的掌握要完整、全面,这促使了辑佚学的发展。

其次,乾嘉时期朴学的兴盛推动了辑佚学的发展与兴盛。清初学风之变影响深远,有清一代崇古尊汉,力行朴学。辑佚对于汉学家治经的意义非同小可。清代的经学家需要占有大量有说服力的经学资料,这促使经学家不断搜集经书、经解的佚文,以丰富自己的学术资源,从而能够在经学领域占据一席之地。惠栋是因治经而重辑佚的一个代表。他辑《汉易学》、《九经古义》,是为了有助于自己的经学研究。其辑《汉易学》,明标佚文来源,使佚文根据确凿,信而可征,已经基本建立起清代辑佚书的范式。可以说,惠栋的治经、辑佚活动大大推动了乾嘉时期的辑佚学发展,他的辑佚工作也深刻地影响了马国翰。在马国翰的藏书中,就有不少惠栋的辑本。余萧客亦是惠栋一脉学者,其辑《古经解钩沉》,亦是以辑佚之成果来助力自己的经学研究。经学家的治学推动着辑佚学的发展,辑佚亦为学者研经提供了支持,二者互相促进,相生相长。

从政治层面来说,清朝政府对辑佚的重视,亦推动着辑佚学走向兴盛。康熙四十四年,彭定求奉敕辑《全唐诗》,是官方辑佚的先声。乾隆时期纂修《三礼义疏》,乾隆四十八年,四库馆开馆后,更组织馆臣从《永乐大典》中辑古佚书。嘉庆时又敕修《全唐文》。政府的提倡,亦是清代辑佚学大盛的重要因素。尤其是四库馆的辑佚活动,直接影响当代儒者的治学,也是清代辑佚学大盛的一个直接原因。《四库全书》的修纂对清代学者的影响

---

① 张升:《论清代辑佚兴盛的原因》,载于《古籍整理研究学刊》1994年第5期。

是十分全面而深刻的。其所收书籍影响着清代学者的学术判断，《四库全书总目提要》的出现又深刻影响着清代的目录学发展。四库馆的辑佚活动，同样影响着清代的辑佚学。从事辑佚工作的四库馆臣，有戴震、任大椿、邵晋涵等，都是当时负有盛名的学者。官方进行如此大规模的辑佚活动，进行工作的核心成员又是当代名儒，其对社会及学术风气的影响可想而知。因馆辑的影响，私人辑佚活动日渐兴盛，到清中期，辑佚之学达到最盛。

三、《玉函山房辑佚书》之前清代的辑佚学成就

《玉函山房辑佚书》成书之前，前代辑佚之风已经大盛，成果颇丰，大致可分私人辑佚与官方辑佚两个方面。

（一）私人辑佚

1. 惠栋。惠栋是清代前期成就较大的辑佚家之一。惠栋的辑佚，源于治经学之需。惠栋专事汉《易》研究，辑有《新本郑氏周易》三卷，此书是在王应麟《周易郑康成注》的基础上补辑而成，马国翰云："因王应麟本采摭未备，重为补正。先有姚士粦叔祥增补二十五条，复续辑，合九十二条，又据郑注《周礼》、《礼记》作《十二月爻辰》、《直二十八宿图》以补之。"① 又辑有《易汉学》八卷，"集孟长卿、虞仲翔、京君明、郑康成、荀慈明《易》诸家源流，论说略备"②。后又辑《九经古义》十六卷，搜罗汉人经注，马国翰云："汉儒训诂之学，于此可以考见。"③ 除

---

① 《玉函山房藏书簿录》卷二，第四页。
② 《玉函山房藏书簿录》卷二，第三十八页。
③ 《玉函山房藏书簿录》卷六，第七页。

经部佚书，惠栋亦兼顾史籍的辑录。其辑《后汉书补注》，从《北堂书钞》、《初学记》、《艺文类聚》、《太平御览》等大型类书中搜罗《后汉书》佚注。惠栋辑佚书，注意注明佚文出处，已为后来辑佚书提供了体例范式。

2. 余萧客。余萧客是惠栋的门生，传承惠栋一派经学。其辑《古经解钩沉》，遍及诸经，相比惠栋专精《易》学，范围更广。《古经解钩沉》三十卷，其序云："言古以别于现行刊本，言经解不言注疏，以并包异同。钩沉，则借晋代杨方《五经钩沉》之名，而义不必借。"① 马国翰云其"所引汉唐人佚义居多"②。《四库全书总目提要》总结了余萧客的辑佚标准及辑佚方法："其书尚存者不载，或名存而其说不传者亦不载，余则自诸家经解所引，旁及史传、类书。凡唐以前之旧说，有片语单词可考者，悉著其目。虽有人名而无书名，有书名而无人名者，亦登之。"③ 同时，余萧客更加重视详录佚文出处，不但录其所出之书，更详至卷第。《四库全书总目提要》称："一一各著其所出之书，并仿《资暇集》、《龙龛手镜》之例，兼著其书之卷第，以示有征。"④ 另外，余萧客也开始重视辑佚与校勘的关系，在辑佚的同时，校勘经文异同，《四库全书总目提要》云其"皆以北宋精本参校，正前明监板之讹缺"⑤。可见，辑佚书至余萧客处，体例更加完备。

3. 全祖望。全祖望是从《永乐大典》中抄辑佚书的第一人。

---

① 〔清〕余萧客：《古经解钩沉·叙录·前序》卷一上，《文渊阁四库全书》本，第194册，第355页。台湾商务印书馆，1983年版。
② 《玉函山房藏书簿录》卷六，第五页。
③ 《古经解钩沉提要》，《文渊阁四库全书》本，第194册，第354页。
④ 《古经解钩沉提要》，《文渊阁四库全书》本，第194册，第354页。
⑤ 《古经解钩沉提要》，《文渊阁四库全书》本，第194册，第354页。

雍乾之间，其与李绂同在翰林院，"发现此中秘籍甚多，相约抄辑"①，其所作《钞永乐大典记》备载抄书之事云："自从事于是书，每日夜漏三下而寝，可尽二十卷。"② 据全祖望《读易序录》云："纳兰成氏所聚《经解》，《易》为最多……今以《永乐大典》合之，亦多有为引用所未及者……若河南史文徽证《易口诀义》六卷，司马温文正公《易传》三卷，陈中肃《了斋易说》一卷，李庄简公光《读易老人解说》十卷，丹阳都圣与絜《易变体义》十六卷，长阳先生郭雍《传家易》十一卷、《卦辞旨要》六卷，华亭田兴斋《学易蹊径》二十卷，山斋先生易祓《周易总义》二十卷，金华郑亨仲刚中《读易窥余》十五卷，都昌冯原斋椅《易辑注》、《辑传》、《外传》共五十卷，节斋先生蔡渊《周易经传训解》三卷、《卦爻辞旨》四卷，陈深《清全斋读易编》三卷，长乐赵虚舟以夫《易通》十卷，建安张中溪清子《大易附录集注》十一卷，眉山李谦斋杞《易详解》二十卷，大名齐伯恒履谦《易本说》六卷，宁德陈石堂普《易解》二卷，莆田陈宏《易童子问》一卷，天水赵静之善誉《易说》二卷，郭东山昺《易解》一卷，朱祖义《易句解》十卷，黄岩陈泽云应润《爻变易蕴》四卷。及兰溪徐子才《周易直说》，泰和曾传道贯《易学变通》，吉水解求我蒙《易精蕴大义》，陈讷《河图易象本义》，胡震《易衍义》，虽则见于史志、书录，而绝不可得矣。至杨瀛《易尚四通》，赵与迪《易遗说》，张应珍、赵珪《易解》，苏起翁《读易记》，姑汾遁叟《指龟》，贡清之《易撮要》，吴说之《易疑问》，陈至《易辨疑》，无名氏《易象龟鉴》、《易纂》，则并其名亦为史志、书录之所稀见，因亟抄一编，而别识其目于

---

① 《中国近三百年学术史》十四"清代学者整理旧学之总成绩·辑佚书"，第262页。
② 〔清〕全祖望：《鲒埼亭集外编》卷十七，《续修四库全书》本，第1294册，上海古籍出版社，2002年版，第622页。

此。"① 其中提及的易类辑本共 41 种，皆从《永乐大典》辑出，惜今不得见。全祖望利用《永乐大典》辑佚，使《永乐大典》在沉寂 260 余年后被重新发现其中的价值。乾隆三十八年朱筠奏请开四库馆，倡言辑《大典》所存之佚书，馆臣辑佚自此始。

4. 张澍。张澍辑有《二酉堂丛书》，包括 21 种辑本：《司马法》一卷，《逸文》一卷，《子夏易传》一卷，《世本》五卷，《三辅决录》二卷，《皇甫司农集》一卷，《张太常集》一卷，《段太尉集》一卷，《周生烈子》一卷，《汉皇德传》一卷，《风俗通义姓氏篇》二卷，《三秦记》一卷，《三辅旧事》一卷，《三辅故事》一卷，《十三州志》一卷，《凉州记》一卷，《凉州异物志》一卷，《西河旧事》一卷，《西河记》一卷，《沙州记》一卷《附录》一卷，《阴常侍诗集》一卷《诗话》一卷，《李尚书诗集》一卷附《李氏事迹》一卷。② 所辑多关乎西北地区风俗、人文之书籍及西北文人诗集。

5. 王谟。王谟辑有《汉魏遗书钞》、《重订汉唐地理书钞》。《汉魏遗书钞》105 种中，辑本有 99 种；《重订汉唐地理书钞》50 种中，辑本有 35 种。王谟重视辑录唐代及以前的佚书。

6. 严可均。严可均辑有《全上古三代秦汉三国六朝文》。嘉庆十三年，朝廷开馆辑《全唐文》，严可均慨于"越在草茅，无能为役"③，又念"唐以前要当有总集"，因辑《全上古三代秦汉三国六朝文》。文书虽名"文"，实包含四部之书。其凡例云："是编于四部为总集，亦为别集，与经、史、子三部必分界限。

---

① 朱铸禹校注：《全祖望集汇校集注·附录》，上海古籍出版社，2000 年版。
② 据《中国丛书综录》与《古佚书辑本目录》。
③〔清〕严可均：《全上古三代秦汉三国六朝文总叙》，《全上古三代秦汉三国六朝文》，中华书局，2012 年影印本。

然界限有定而无定。诏令、书檄、天文、地理、五行、食货、刑法之文出于《书》，骚赋韵语出于《诗》，礼议出于《礼》，纪传出于《春秋》。百家九流皆六经余润，故四部别派而同源。故《文选》为总集，而收《毛诗序》、《尚书序》、《春秋左氏传序》、史论、史述赞。《典论·论文》、《文苑英华》、《唐文粹》亦如此。是经、史、子三部阑入集部，在所不嫌。"① 严可均辑此书眼界颇宽，不拘于集部之文，但求辑录之全。

7. 张惠言。张惠言辑有大量易类佚书，如《子夏易传》、《周易京氏》、《周易马氏》、《周易荀氏九家》三卷、《周易刘景升氏》、《周易王子雍氏》、《周易董氏》、《周易陆氏》、《周易虞氏义》九卷、《周易虞氏义笺订》二十卷、《周易姚氏》、《周易蜀才氏》、《周易翟氏》、《周易王世将氏》、《周易刘子珪氏》、《易义别录》等，足见其治《易》之功。

(二) 官方辑佚

1. 三礼馆辑佚。乾隆元年，朝廷诏开三礼馆，纂修《三礼义疏》。康乾时期，延续了清初兴起的经学之风，朝廷重视经部文献的编纂。康熙时，曾修《御纂周易折中》、《钦定书经传说汇纂》、《钦定诗经传说汇纂》、《钦定春秋传说汇纂》等书。乾隆皇帝亦承袭前代尊经之风，重视经部文献的纂修工作。《钦定周官义疏》前有乾隆皇帝御制序云："朕御极之初，儒臣上言，今当经学昌明、礼备乐和之会，宜纂辑《三礼》，以蒇五经之全。爰允其请，开馆编校。"② 时方苞任三礼馆副总裁，清苏惇元《望溪先生年谱》云其"请奏出秘府《永乐大典》，录取宋元人经说，

---

① 《全上古三代秦汉三国六朝文·凡例》。
② 〔清〕高宗：《御制三礼义疏序》，《钦定周官义疏》卷首。

俱从之"①。而方苞请辑《永乐大典》经部佚书是因全祖望提议。全祖望《钞永乐大典记》云:"会逢今上纂修《三礼》,予始语总裁桐城方公,抄其《三礼》之不传者。"② 三礼馆自《永乐大典》中抄录礼学经说佚编,是四库馆辑佚的先声。然因三礼馆所辑多宋元人之经说,与当时尊崇汉学的学风相抵牾,故《三礼义疏》所采者甚少。三礼馆曾从《永乐大典》辑礼经佚书的资料现存稿本《三礼义疏》中。稿本《三礼义疏》实为纂修《三礼义疏》时辑录经说之本,共544册,其中有37册标有"永乐大典"字样,是为三礼馆从《永乐大典》中辑录佚文的证据。③

2. 四库馆辑佚。三礼馆的辑佚成果没有体现在《三礼义疏》中,真正代表清代官方辑佚成果的是四库馆。乾隆三十七年,高宗下诏,令搜访各代图籍遗编。乾隆三十八年,朱筠奏请开四库馆,并呈《谨陈管见开馆校书折子》云:"臣请敕择取其中(按,指《永乐大典》)古书完者若干部,分别缮写,各自为书,以备著录。书亡复存,艺林幸甚。"④ 朝廷采纳其建议,遂敕办自《大典》中辑佚之事,并设"校勘《永乐大典》散篇办书处"及"校勘《永乐大典》纂修兼分校官"两机构,当时的著名学者戴震、周永年、邵晋涵、任大椿都曾供职于此。《四库全书》之纂修,实从辑《永乐大典》中佚书始。

四库馆将辑佚与校勘紧密结合。朱筠在《谨陈管见开馆校书折子》中云:"著录、校雠当并重也。……臣请皇上诏下儒臣,分任校书之选,或依《七略》,或准四部。每一书上,必校其得失,撮举大旨于本书卷首,并以进呈,恭俟乙夜之披览。"⑤ 除直

---

① 〔清〕苏惇元:《望溪先生年谱》,《北京图书馆藏珍本年谱丛刊》,第89册,北京图书馆出版社,1999年版,第565页。
② 〔清〕全祖望:《鲒埼亭集外编》,《续修四库全书》本,第1429册,第622页。
③ 据张涛:《三礼馆辑录永乐大典经说考》,《故宫博物院院刊》2011年第6期。
④ 〔清〕朱筠:《笥河文集》卷一,《续修四库全书》本,第1440册,第127页。
⑤ 《笥河文集》卷一,《续修四库全书》本,第1440册,第127页。

接抄录《大典》所存佚书外,馆臣亦以他书所存佚文与《大典》本相校,或以《大典》补原书之缺。这源于四库馆严格的辑佚标准与馆臣考核制度。四库馆辑佚有严谨的工作程序:首先签佚书单,明确辑佚目标;其次抄录佚文;再次将佚文连缀成册;再次校勘所辑佚书;最后将校过的佚文粘连册重新誊抄,成为正本。①四库馆的辑佚程序与辑佚方法体现了清代辑佚的水平。

四库馆臣从《永乐大典》中共辑得516种佚书,包括据《永乐大典》校补之书,其中收入《四库全书》者388种,存目者128种。②

在马国翰的《玉函山房辑佚书》成书之前,清代的辑佚之风已经大盛,辑佚书的基本范式已经确立,辑佚与校勘相结合的研究方法也已经四库馆实践应用。马国翰本人亦十分重视收藏前人辑本,其《玉函山房藏书簿录》录惠栋、张澍、张惠言等人辑本颇多。清代辑佚风气的盛行与公私辑佚的实践经验和成就,共同影响着马国翰从事辑佚事业的兴趣与热情。

第二节 《玉函山房辑佚书》作者辨

自清代始,便有关于《玉函山房辑佚书》作者的争议。清人朱学勤、皮锡瑞、刘锦藻皆持马国翰窃章宗源辑佚成果之说,后又有蒋式理、杨守敬等极力为马国翰辩诬。王重民撰《清代两个大辑佚书家评传》,力驳马氏窃书之说,现代学者亦多支持王重民的观点,力证《玉函山房辑佚书》的作者确为马国翰无疑。本章就两方的观点略作梳理,以详争辩始末,亦附《玉函山房辑佚

---

① 张升:《四库馆签永乐大典辑佚书考》,载于《文献》季刊2004年第1期。
② 曹书杰:《中国古籍辑佚学论稿》,东北师范大学出版社,1998年版,第141页。

书》确为马国翰著作的证据于后。

一、前人误解之说及学者辩解之论

杨守敬曾论及产生马国翰窃章氏书之说的原因称:"良由马氏平日声称不广,故有斯疑与?"马国翰声名不广,所交之友又鲜有名流,故知晓其聚书、著述之勤的人固少,所以当学者看到《玉函山房辑佚书》时,便主观认为以马国翰一己之力,不可能辑录如此宏篇,遂有攘窃之议。持马国翰攘窃说的,主要有朱学勤、皮锡瑞、刘锦藻、胡元玉、沈乾一、刘节、张舜徽等。

清代朱学勤《增订汇刻书目》云:"《玉函山房辑佚书》起汉迄唐,计六百三十有二种,乃乾隆间山阴章宗源编辑,至道光间历城马国翰得其稿本,改序授雕,据为己有。然序文每有会稽章学诚说,犹曰家实斋,未免为读者所瞳。"①

朱氏所言,王重民已在《清代两个大辑佚书家评传》中予以反驳:"朱修伯的话,未指明'家实斋'三字见于何书何序,于未遍阅玉函山房全书之前,未敢随声附和。乃发愤废了一月之力,细阅各序,并将全书涉猎一过,所谓'家实斋'者,并未看到,则朱氏之说,恐亦耳食之谈罢了。……可是《老莱子辑本》自序,却有'家宛斯'云云,则所谓'家实斋'者,殆为神经过敏的读者,先存马掠章美的观念,恍惚其词,因而硬添的赃证罢?"②

笔者亦细阅《玉函山房辑佚书》之叙录,不见有云"家实斋"之语,朱所云"序文每有会稽章学诚说,犹曰家实斋",并

---

① 〔清〕朱学勤:《增订汇刻书目》,台北广文书局,1972年影印本,1843页。
② 《清代两个大辑佚书家评传》,载于《中国目录学史论丛》,第284页。

非实言。

皮锡瑞亦持马掠章书之说。其在《经学历史·经学复盛时代》中直称"章宗源《玉函山房丛书》"①。周予同于此处有注释云:"按《玉函山房丛书》本名《玉函山房辑佚书》……相传此书为章宗源所辑,其稿本在孙星衍处,为历城马国翰所得,遂掩为己有。但杨守敬考校本书及章氏《隋书经籍志考证》,发见详略体例互有不同,因谓'《玉函》非攘窃章氏书,而迩来学者群声附和,良由马氏平日声称不广,故有斯疑',则此尚属未决之疑案也。"②

可见皮锡瑞对于章宗源为《玉函山房辑佚书》作者之说深信不疑,周予同则持怀疑态度。

晚清刘锦藻在《清朝续文献通考·经籍考》中著录《玉函山房辑佚书》云:"章宗源编,马国翰刊。"③ 后又有按语云:"谨案,考乾隆年间山阴章宗源编辑是书,至道光间历城马国翰得其稿,遂付梓人。而序录中每引会稽章学诚说,犹曰家实斋,未及改正。国翰之攘夺,犹李光庭之于张丙炎也。"④ 其说全从朱学勤,其云"考",盖考于朱学勤处。

胡元玉亦以为《玉函山房辑佚书》作者为章宗源。《玉函山房目耕帖》后有蒋式瑆《书后三篇》,其述胡元玉论《玉函山房辑佚书》之作者云:"丙戌岁,偶见乙酉新刊湖南试牍胡君元玉《汉魏六朝为说文之学者几家考》有云:'若今世不传及经任大椿、章学源诸人所搜辑者,前人既未言其精于《说文》,今又不睹原书体例。'自注云:'章氏辑即今《玉函山房辑佚书》也。马国翰购得其稿,因易以己名而刊布之耳。'"⑤

---

① 《经学历史》十"经学复盛时代",第241页。
② 《经学历史》十"经学复盛时代",第241页。
③ 〔清〕刘锦藻:《清朝续文献通考》卷二百七十,经籍十四,浙江古籍出版社,2000年影印本,第10145页。
④ 《清朝续文献通考》卷二百七十,第10146页。
⑤ 〔清〕蒋式瑆:《书后三篇》,《玉函山房目耕帖》卷末。

胡元玉之说，误章宗源为"章学源"，蒋式瑆对此说法甚表怀疑，王重民更讥之曰："章宗源误为章学源，主名尚且不知，其何所据而云然？"学者不察原本，随声附和，可见一斑。

近代沈乾一在其所辑《丛书书目汇编》中云："玉函山房所辑佚书，起汉迄唐，为章氏学诚编次未定本，马氏改序授雕，今归山东皇华馆印行。"① 沈乾一误章宗源为章学诚，又谬之更甚。

近代学者不加征实，沿袭谬说，王重民先生讥云："这些用耳不用眼的人，随声附和，最是危险，真正读书人，应当深以为戒！"②

刘节《中国史学史稿》论及章宗源《隋书经籍志考证》云："清代人的著作中，辑集这一时期史著的，有章宗源的《隋书经籍志考证·史部》十三卷。这部书对于《隋志》著录各书，都详考作者身世、著述、始末及后人评论。书凡散见于唐宋人类书及其他书籍者，各注明出处，可备辑集之用。马国翰《玉函山房辑佚书》即出自章宗源之手，而史部书最少。可见《隋书经籍志考证》，也是同时之辑目了。"③

刘节此论认为《玉函山房辑佚书》史部书少的原因是章宗源已同时辑录《隋书经籍志考证》，可见其沿旧说，误解至深。

张舜徽亦认为《玉函山房辑佚书》不出自马国翰之手，其《清人文集别录》著录《玉函山房文集》五卷、《续集》五卷，解题中论及《玉函山房辑佚书》云："国翰学殖浮浅，文亦庸劣，徒以汇刻《玉函山房辑佚书》致大名。而其实攘窃章宗源未完之稿，改序付雕，论者益轻其为人。"④

张舜徽言语激烈，批评马国翰文章"庸劣"，并因此认为

---

① 沈乾一：《丛书书目汇编》第二册，上海医学书局，民国十八年排印本。
② 《清代两个大辑佚书家评传》，载于《中国目录学史论丛》，第 285 页。
③ 刘节：《中国史学史稿》，中州书画社，1982 年版，第 342 页。
④ 张舜徽：《清人文集别录》，台北明文书局，1982 年版，第 423 页。

《玉函山房辑佚书》为马国翰攘窃章书而来,更"轻其为人",足见其对马国翰误会之深。

前代学者误解至深,但所有误解之人均未深究马氏之书,只凭传闻就轻信剽窃之说。针对这一点,蒋式瑆、杨守敬、王重民等详考过马国翰《玉函山房辑佚书》的学者,进行了有力的辩解,驳斥攘窃之说,皆有据可信。

蒋式瑆是第一个系统论述《玉函山房辑佚书》确为马国翰所辑的学者。光绪八年,蒋式瑆始读《玉函山房辑佚书》,针对《玉函山房辑佚书》的作者之争,蒋式瑆将《玉函山房辑佚书》与《隋书经籍志考证》做了详细对比。王重民先生将蒋氏所论总结为三条:一是《隋书经籍志史部考证》各书下的佚文与《玉函山房辑佚书》史部所辑佚书数量不同,立说各异。二是《玉函山房辑佚书》中提及的张惠言、臧庸、丁杰、张澍等人的著作,皆为章宗源所未见。三是《玉函山房辑佚书》的叙录中言及"已别著录"者,指一书已著录于《玉函山房藏书簿录》中,其藏书目录与《玉函山房辑佚书》是可以互证的。①

蒋氏此论是《玉函山房辑佚书》确为马国翰著作的有力证据。

杨守敬《增订丛书举要》云:"或云:此书系章宗源所辑,稿本皆在孙渊如处,后为马氏所得,遂掩为己有。然余考《玉函》所载'史部'八种,其《古文琐语》有十五条,章氏《隋书经籍志考证》只十三条……是《玉函》非攘窃章氏书。"②

杨守敬此论与蒋式瑆相同。其又略论学者误解之原因,云:"而迩来学者群声附和,良由马氏平日声称不广,故有斯疑与?"③

---

① 《清代两个大辑佚书家评传》,载于《中国目录学史论丛》,第 285 页。
② 〔清〕杨守敬:《增订丛书举要》,《杨守敬集》本,第 7 册,湖北人民出版社,1988 年版,第 954 页。
③ 《增订丛书举要》,载于《杨守敬集》第 7 册,第 954 页。

王重民先生亦认同《玉函山房辑佚书》作者确为马国翰，并逐一驳斥了各反对说法。其对蒋式瑆所论《玉函山房辑佚书》确出自马国翰之手的证据做了概括总结，并称其说"较有卓识"①，详前文。王重民更从章宗源手稿的流向入手，说明马国翰得到章氏手稿的可能性很小，又是驳斥攘窃说的又一力证。

二、马氏非窃章氏书之证据举例

为马国翰辩诬，前人已颇多举证。台北大学邱丽玟对此问题也进行了详细的考证，其从章氏手稿的流向、《玉函山房辑佚书》中所引诸章氏未见之书、邢蓝田所见马氏之手稿、马国翰与辑佚书相关之诗文等几个方面提出了反驳攘窃说的有力证据，证明了《玉函山房辑佚书》为马国翰所著无疑，是研究《玉函山房辑佚书》作者问题的最新成果。②

手稿流向、马氏相关诗文等证据，是证明《玉函山房辑佚书》为马国翰所作的外部证据，而从马国翰的藏书入手，则构成其确为《玉函山房辑佚书》作者的内部证据。

马国翰辑《玉函山房辑佚书》，多利用自己的藏书。《玉函山房辑佚书》所引之书，《玉函山房藏书簿录》多有著录。马氏藏书是辑《玉函山房辑佚书》的文献基础和资料保证，对于辑《玉函山房辑佚书》有着重要的作用。

《玉函山房辑佚书》引书众多，其所引诸书多有见于《玉函山房藏书簿录》著录者。下面以经编易类为例，其所引之书，于《玉函山房藏书簿录》中有著录者甚多，下列表以明：

---

① 《清代两个大辑佚书家评传》，载于《中国目录学史论丛》，第285页。
② 《马国翰及其〈玉函山房藏书簿录〉研究》，第194页—214页。

《玉函山房辑佚书·经编易类》所引书目		《玉函山房藏书簿录》著录情况		
作者	书名	著录情况	版本	分类
孔颖达	《周易正义》	有	汲古阁本	经编易类
李鼎祚	《周易集解》	有	雅雨堂本	经编易类
朱震	《汉上易集传》	有	通志堂校宋本	经编易类
朱震	《周易丛说》	有	通志堂本	经编易类
胡一桂	《周易启蒙翼传》	有	通志堂校汲古元本	经编易类
程迥	《周易古占法》	有	抄本	经编易类
项安世	《周易玩辞》	有	通志堂校刊李中麓家残本	经编易类
赵汝楳	《周易辑闻》	有	通志堂本	经编易类
董真卿	《周易会通》	有	通志堂本	经编易类
李衡	《周易义海撮要》	有	通志堂校刊宋本	经编易类
胡煦	《周易函书约论》	有	葆璞堂本	经编易类
惠栋	《易汉学》	有	经训堂本	经编易类
李过	《西溪易说》	无		
黄宗炎	《周易象辞》	无		
戴圣删定,郑玄注	《礼记》	有	武英殿仿宋相台本	经编礼类礼记之属
戴德	《大戴礼记》	有	《汉魏丛书》本,又雅雨堂本	经编礼类礼记之属
孔颖达	《礼记正义》	有	汲古阁本	经编礼类礼记之属
贾公彦	《周礼注疏》	有	汲古阁本	经编礼类周礼之属
孔颖达	《毛诗正义》	有	汲古阁本	经编诗类

续表

《玉函山房辑佚书·经编易类》所引书目		《玉函山房藏书簿录》著录情况		
作者	书名	著录情况	版本	分类
韩婴	《韩诗外传》	有	明刻本,又杨宗震校本,又汲古阁本	经编诗类
左丘明	《春秋左传》	有	武英殿仿宋相台本	经编春秋类
穀梁赤撰,范宁集解,杨世勋疏	《春秋穀梁传》	有	汲古阁本	经编春秋类
陆德明	《经典释文》	有	不详	经编经总类
毛居正	《六经正误》	有	通志堂本	经编经总类
余萧客	《古经解钩沉》	有	吴中刊本	经编经总类
许慎	《五经异义》	无		
许慎	《说文解字》	有	五松书屋校刊宋本	经编小学类
张参	《五经文字》	有	青照堂本	经编小学类
郭忠恕	《佩觿》	有	不详	经编小学类
陈彭年等	《广韵》	有	不详	经编小学类
戴侗	《六书故》	无		
司马迁	《史记》	有	不详	史编正史类
裴骃	《史记集解》	有	汲古阁本	史编正史类
司马贞	《史记索隐》	有	不详	史编正史类
班固	《汉书》	有	不详	史编正史类
范晔	《后汉书》	有	不详	史编正史类
房玄龄等	《晋书》	有	汲古阁本	史编正史类
刘昫	《旧唐书》	有	不详	史编正史类
欧阳修等	《新唐书》	有	汲古阁本	史编正史类
罗泌撰,罗苹注	《路史》	有	不详	史编别史类

续表

《玉函山房辑佚书·经编易类》所引书目		《玉函山房藏书簿录》著录情况		
作者	书名	著录情况	版本	分类
胡三省	《资治通鉴音注》	无		
陈振孙	《直斋书录解题》	有	武英殿聚珍版本	史编目录类
王应麟	《汉艺文志考证》	有	附刊《玉海》	史编目录类
朱彝尊	《经义考》	有	曝书亭本	史编目录类
杜佑	《通典》	有	不详	史编故事类
郦道元	《水经注》	有	武英殿聚珍版本	史编地理类
王肃注	《孔子家语》	有	宝翰楼刊汲古阁校本	子编儒家类
贾谊	《新书》	有	明钱震泷校本	子编儒家类
刘向	《说苑》	有	明钟人杰校本	子编儒家类
焦赣	《易林》	有	《汉魏丛书》本	子编五行类
麻衣道者	《火珠林》	有	不详	子编五行类
郭璞注	《山海经》	有	不详	子编形法类
刘安撰,高诱注	《淮南子》	有	明刊本,又庄氏校本	子编杂家类
张华	《博物志》	有	明翁立环校本,又汪士汉本,又五峰阁本	子编杂家类
丘光庭	《兼明书》	有	抄本	子编杂家类
王应麟	《困学纪闻》	有	桐华书塾本	子编杂家类
刘义庆撰,刘孝标注	《世说新语》	有	不详	子编小说家类
虞世南	《北堂书钞》	有	明刊本	子编类书类
徐坚	《初学记》	有	明刊本,又古香斋本	子编类书类
欧阳询	《艺文类聚》	有	明山西刊本	子编类书类

续表

《玉函山房辑佚书·经编易类》所引书目		《玉函山房藏书簿录》著录情况		
作者	书名	著录情况	版本	分类
李昉等	《太平御览》	有	歙县鲍氏仿宋本	子编类书类
王应麟	《玉海》	有	不详	子编类书类
洪适	《隶释》	有	不详	子部谱录类
瞿昙悉达	《唐开元占经》	无		
释玄应	《一切经音义》	无		
东方朔	《东方大中集》	有	张浦本，又河东吕兆禧辑本	集编别集类
蔡邕	《蔡中郎集》	有	张浦本	集编别集类
萧衍	《梁武帝集》	有	张浦本	集编别集类
李善注	《文选》	有	汲古阁本	集编别集类
六臣注	《文选》	有	宋本	集编别集类
黄佐	《六艺流别》	无		

经编易类引书 71 种，见于《玉函山房藏书簿录》著录者 63 部，占全部易类引书的近九成，可见马国翰利用自己的藏书资源的力度。马国翰的藏书，四部均衡，数量可观，以通行本为多。他的藏书用于个人学术研究的实用价值远远超过收藏宋元善本的文物价值。

马国翰的藏书不仅为《玉函山房辑佚书》提供了文献基础，马国翰在此基础之上，利用自己的藏书，在辑佚的过程中考订了诸多问题，包括所辑佚书的作者判定问题、时代问题、历代著录情况、引用情况等，同时也利用自己的藏书在辑佚的同时订正了一些前人的讹误之处。《玉函山房辑佚书》的叙录充分体现了马国翰考证佚书源流、补正前人讹误的成果。可见马氏藏书的文献支持作用是极其巨大的，其对于《玉函山房辑佚书》的完成有着非比寻常的作用。马国翰考订佚书情况之细节，详见本章第五节。

在马国翰的藏书中，前人辑本占有一定比例。《玉函山房藏书簿录》中著录惠栋、张澍、张惠言等人辑本较多，如《玉函山房藏书簿录》经编易类有宋王应麟辑《周易郑康成注》一卷，清惠栋《新本郑氏周易》三卷，清张澍辑《子夏易传残本》二卷，清张惠言辑《周易荀氏九家》三卷、《周易虞氏义》九卷、《易义别录》十四卷等。值得一提的是，《玉函山房藏书簿录》中著录有杨泉《物理论》一卷，《平津馆丛书》本，其解题云："晋征士梁国杨泉德渊撰。《隋志》有《杨子物理论》十六卷，亡。《唐志》著录十六卷，今佚。国朝嘉庆（有旁批订误云"乾隆"）举人宛平章宗源逢之辑录一卷，阳湖孙星衍校刊其书，引傅子为多，二书可参考。"①

马氏对于章宗源辑佚的了解，是通过孙星衍的《平津馆丛书》，若其有意窃章氏之辑佚书，于情当避谈章宗源，但马国翰直书《物理论》为章氏所辑，并无回避之意。

马氏所藏之前人辑本，为他的辑佚工作提供了有益的参考和借鉴，亦可见马国翰于平时即注重辑佚资料的搜集，其有心于辑佚之业毋庸置疑。同时，《玉函山房辑佚书》与《玉函山房藏书簿录》在著录上有诸多关联，亦是《玉函山房辑佚书》出自马国翰之手的力证，详见本章第六节。

前辈学者之论断，后辈学者之补充，已将攘窃之说彻底推翻，马国翰为《玉函山房辑佚书》之作者已成定论，作者问题将不再有异议。

---

① 《玉函山房藏书簿录》卷十一，第九页。

第三节 《玉函山房辑佚书》的版本、体例、数量与分类

一、版本

马国翰道光二十六年至道光二十九年之间曾陆续刊刻《玉函山房辑佚书》的经部和子部。

据王重民先生所引《竹窗闲吟序》云:"周小霞德配张孺人和兰女史,丙午闰夏,忽无疾而终。小霞出其遗诗四卷、遗词二卷,欲寿其名,以传来世。适暑中正刻《群经补遗》,就付剞劂氏。"① 又引《耕道猎德斋咏史小乐府序》云:"己酉初春,赴郡过汧,丁席儒少尉以其师阳湖周亦山先生《耕道猎德斋咏史小乐府》二卷见畀,适余刻经、子辑佚书方竣,工犹未去,遂付剞劂氏。"②

马国翰外孙李元玼在《马氏全书后序》中又云:"撰辑各书,皆刻于陕省官署。刻未竣而归里,故辑佚之书未有总目。其子目或有目而书未刻,又或有书而目未列。"③

马国翰云"适余刻经、子辑佚书方竣",不云史编,又按李元玼之说,则马国翰在陕西刻印《玉函山房辑佚书》并未竣工,盖只刊刻了经编和子编的书版,亦没有印行。马国翰卒后,书版归章丘李氏,后章丘李氏、济南皇华馆等陆续整理、补刻、印行,《玉函山房辑佚书》始为世人所知。其版本见于著录者详列如下:

---

① 王重民:《清代两个大辑佚书家评传》,载于《中国目录学史论丛》,第298页。
② 同前注,第299页。
③ 李元玼:《马氏全书后序》,第一页。

（一）济南原刊本

《书目答问补正》卷五丛书目载《玉函山房丛书》，云"辑周、秦至隋、唐佚书六百余种"，范希曾补正云"济南原刊本"①。著录"济南原刊本"者只此一家。匡源《玉函山房辑佚书序》云："先生没后，板归章邱李氏，已有散失。稚玉驾部印行数十部，其书始显于世。"② 光绪十五年章丘李氏补刻《玉函山房辑佚书》前有山阴陈锦识语云："传至稚玉孝廉宝婴、保如孝廉宝赤，刷印若干部，始显于世。"③ 匡氏所云"印行数十部"，有学者猜测即是所谓"济南原刊本"。曹书杰云："马氏辑佚之书生前并未印行，后书归章丘李廷棨之子……而李氏仅'印行数十部，其书始显于世'，这可能就是《玉函山房辑佚书》第一次印行，但均未见诸家著录，惟范希曾《书目答问补正》称有'济南原刊本'，不知是否即为此本。"④

这更说明马国翰在陕西只刻了书版而没有刊印，马国翰去世后，书版即归章丘李氏，而章丘李氏确实印行过数十部。《书目答问补正》所著录"济南原刊本"是否为章丘李氏刷印本，尚须存疑，姑录其说。

（二）同治十年济南皇华馆书局补刻本

匡源《玉函山房辑佚书序》中称："既而求者日多，丁中

---

① 〔清〕张之洞撰，范希曾补正：《书目答问补正》，上海世纪出版集团，2010年版，第206页。
② 〔清〕匡源：《玉函山房辑佚书序》，《玉函山房辑佚书》卷首，第二页。
③ 〔清〕陈锦：《玉函山房辑佚书》识语，载于《玉函山房目耕帖总目》，第四页。
④ 曹书杰：《马国翰》，收入张家璠、阎崇东主编《中国古代文献学家研究》，广西师范大学出版社，1996年版，第506页。

丞稚璜、文中丞质夫先后为补刊。"①李元玱《马氏全书后序》云："同治庚午抚帅丁文诚公慨然欲为广布，命取《辑佚》、《目耕帖》二书版送局刷印。先君破壁出之，补其断烂。伯父稚玉先生、家舅超凡先生实与襄校，少宰鹤泉匡公主讲泺源书院，为补总目，而冠以序。今海内皆知有马氏《辑佚》、《目耕帖》。"②

匡序所称"丁中丞稚璜"，李序所称"丁文诚公"，皆指丁宝桢。此刻本前有"同治十年辛未济南皇华馆书局补刻"牌记，又有匡源同治十三年序，后附马国翰《目耕帖》三十一卷。

然而《杭州大学图书馆藏线装书总目》著录有"同治十三年刻本"。③《东京大学东洋文化研究所汉籍分类目录》、《京都大学人文科学研究所汉籍目录》著录有同治十三年序刻本。曹书杰认为，同治十三年刻本为文彬所刊。④按《玉函山房辑佚书》前有匡源同治十三年序，《东京大学东洋文化研究所汉籍分类目录》和《京都大学人文科学研究所汉籍目录》所称同治十三年序刻本，应据匡源序而著录。《玉函山房辑佚书》牌记为"同治十年辛未济南皇华馆书局补刻本"，而匡源序却作于同治十三年，可推知匡源序为同治十三年增补刻入。今所见带同治十年牌记者，皆有匡源同治十三年序。盖同治十年始修补书版，而印行则晚于此。

此本半叶九行，行二十字，小字双行同。四周双边，单黑鱼尾，鱼尾上题书名，下题每书卷数、页数，不连续编页码，各自为卷。

---

① 〔清〕匡源：《玉函山房辑佚书序》，《玉函山房辑佚书》卷首，第三页。
② 〔清〕李元玱：《马氏全书后序》，第一页至二页。
③ 杭州大学图书馆编：《杭州大学图书馆线装书总目》，杭州大学图书馆，1964年印本，第384页。
④ 据曹书杰：《马国翰》，收入张家璠、阎崇东主编《中国古代文献学家研究》，第506页。其云："据匡源《序》称，'丁中丞稚璜、文中丞质夫，先后为补刊其残缺若干篇'，或十年本为丁宝桢所刊，十三年本为文彬所刊，也未可知。"

(三) 光绪九年长沙娜嬛馆补校本

此本与皇华馆刻本形制大体相同，扉页有"光绪九年癸未长沙娜嬛馆补校开雕"牌记，前有匡源同治十三年序，后附《目耕帖》三十一卷。四周双边，单黑鱼尾，鱼尾上题书名，下题每书卷数、页数，全书连续编卷，左下角题"卷几几页"，右下角题"娜嬛馆补校"。

台北大学邱丽玟称："此本于子编农家类之子目中较济南皇华馆书局补刊本多出《玉烛宝典》一卷（注：原缺）、《园庭草木疏》一卷（注：原缺）、《千金月令》一卷（注：原缺）、《齐人月令》一卷（注：原缺）、《保生月录》一卷（注：原缺）、《四时纂要》一卷（注：原缺）、《种树书》一卷（注：原缺），共7种子目。"① 查皇华馆本《玉函山房辑佚书》子编农家类目录，列《神农书》一卷、《野老》一卷、《范子计然》三卷、《养鱼经》一卷、《尹都尉书》一卷、《氾胜之书》二卷、《蔡癸书》一卷、《养羊法》一卷、《家政法》一卷、《玉烛宝典》一卷、《园庭草木疏》一卷、《千金月令》一卷、《齐人月令》一卷、《保生月录》一卷、《四时纂要》一卷、《种树书》一卷。上述七种书目并不缺。娜嬛馆本与皇华馆本列目相同，两本农家类均止于无名氏《家政法》，自《玉烛宝典》至《种树书》皆有目无书。娜嬛馆本与皇华馆本字体、版式、内容均极为相似，李元玘《马氏全书后序》云"娜嬛馆复依原板刊刻印行"②，则娜嬛馆应本皇华馆而来。

此本有上海古籍出版社1990年影印本，《续修四库全书》亦据此本影印。

---

① 《马国翰及其〈玉函山房藏书簿录〉研究》，第218页。
② 〔清〕李元玘：《马氏全书后序》，第二页。

（四）光绪十年楚南湘远堂刻本

李元珵于《马氏全书后序》中称："湖南书局改袖珍本，以便舟车。"① 当即此本。此本有"光绪甲申春日楚南湘远堂刊"牌记，半叶九行，行二十字，小字双行同，黑口，四周双边，无鱼尾，版心题书名、卷数、页数，版心右下角题"湘远堂重刊"。此本前先列《玉函山房辑佚书》总目及详细子目，自经编易类《连山》至子编艺术类《投壶变》，后又附《目耕帖》目录。总目后为匡源同治十三年序，匡序后列易类子目，后接正文。《辑佚书》后亦附马国翰《目耕帖》三十一卷。湘远堂本与皇华馆本字体差异较大，皇华馆本字体瘦长，而湘远堂本字体宽扁。但两本内容、版式略同，据此，湘远堂本应是本皇华馆本重刻。

（五）光绪十年章丘李氏补刻本

据宁荫棠《百年藏板重现记》云："光绪甲申，山东观察使陈昼卿又奉命重印了一批，在这批刊印本的扉页上印上了'光绪十年甲申孟秋绣江李氏补刊'字样。"② 光绪十五年章丘李氏补刻本有李元瑞序，云："迨至光绪甲申，山阴陈观察昼卿先生始有重印之命，而瑞亦稍长，知是书之由来非易也，爰竭力任之，凡是书之有书无目与有目无书者，各按次序编而汇之，并为补其阙叶，加以总目，浼观察序而刊之。"③ 则光绪十年补刻亦以皇华馆本为底本。

---

① 〔清〕李元珵：《马氏全书后序》，第二页。
② 宁荫棠：《百年藏板重现记》，载于《藏书家》第 4 辑，齐鲁书社，2001 年版，第 141 页。
③ 据李元瑞光绪二十年所作《玉函山房辑佚书》序。

（六）光绪十五年章丘李氏补刻本

此本前有"光绪十五年己丑仲春重校刊，绣江李氏藏版"牌记，牌记后有李元瑞光绪二十年序。李序后为匡源同治十三年序，匡序后补《玉函山房辑佚书》目录与正文名称异者，题为"书目异同"。后又列有目无书者34种，后列《玉函山房辑佚书》总目，总目后又补《目耕帖》目录。《目耕帖》总目后有山阴陈锦光绪十年识语云："同治辛未，省垣书局补刻缺叶，加总目于其首，印出数十部，海内好古之士争购不遑。今年夏（按，为光绪十年），锦谋之李氏子元玧昆季出是板于璧，补近年蠹蚀之叶重印，以广其传，而并加《目耕帖》总目如右。"① 由此可知，光绪十五年章丘李氏补刻本与同治十年皇华馆书局补刻本为同一书版先后补刻，光绪十五年本增加了李元瑞序、书目异同表、有目无书者表、《目耕帖》目录及陈锦识语，余皆与皇华馆本同。此本亦是牌记云"光绪十五年"，而李元瑞序却云"光绪二十年"，盖与同治十年皇华馆本情况相同，光绪十五年修补书版，而印行在修版之后。

（七）光绪十八年湖南思贤书局刻本

此本诸馆藏书目皆不载。杨守敬《增订丛书举要》云："此书原刻甚佳。光绪初年济南重刻，较可。又长沙重刻大、小两本，小本稍胜，现归思贤精舍，大版则讹谬极夥，板式亦芜。"②《书目答问补正》亦著录"长沙思贤书局重刻小字本"。据邱丽玟《马国翰及其〈玉函山房藏书簿录〉研究》一文称，台北"中央

---

① 据陈锦识语，载于《玉函山房目耕帖总目》，第四页。
② 《增订丛书举要》卷五十八。

研究院"中国文哲研究所图书馆藏有此本,云"书首题'重刻玉函山房辑佚书',牌记题为'光绪壬辰湖南思贤书局印行'",又云"并未附刊马国翰所撰之《目耕帖》三十一卷""阙第75册至第86册"①。按邱丽玟之说,此本与皇华馆、嫏嬛馆诸本差异较大,分类多出"国语"一类,收入《玉函山房辑佚书补遗》中的《国语章句》、《国语解诂》、《春秋外传国语虞氏注》、《春秋外传国语唐氏注》、《春秋外传国语孔氏注》、《国语音》6种书。板式亦不同:半叶九行,行十九字,小字双行同,粗黑口,四周双边,无鱼尾,版心记卷目、卷第、页数。

《玉函山房辑佚书》诸版本中,皇华馆本、光绪十年章丘李氏补刻本、光绪十五年章丘李氏补刻本皆为同版补刻刷印,嫏嬛馆本与湘远堂本应是依皇华馆本翻刻,而思贤书局本与其他版本差异较大,自成一版。

二、体例

《玉函山房辑佚书》是一部体例严谨的丛书,其体例如下:

(一)分经、史、子三编。经编分易、尚书、诗、周官礼、仪礼、礼记、通礼、乐、春秋、孝经、论语、孟子、尔雅、五经总、纬书、小学共16类,史编分杂史、杂传、目录3类,子编分儒家、农家、道家、法家、名家、墨家、纵横家、杂家、小说家、天文、阴阳、五行、杂占、医术共14类。

(二)书前列总目,每类前列各书篇目。

(三)正文前有叙录,述一书源流、著录等情况。但不是每书皆有叙录,全书共67种书无叙录。

(四)正文所辑佚文下注明出处,两个及以上出处且有异文

---

① 《马国翰及其〈玉函山房藏书簿录〉研究》,第222页。

者，皆注明"某书引有某字""某书引无某字"。多条出处所引相同，则注明"某书与某书并云某字"。

（五）数条佚文来源相同者，于首一条注明出处，后皆云"同上"。

（六）作者按语附佚文出处之后，考订佚文字句。

（七）凡于正史有传者，皆附录本传于书后。

三、种类与数量

《玉函山房辑佚书》是一部卷帙浩繁的佚书丛书，分经、史、子三编，无集编。其每类前有目录，著录书名、卷数、作者等信息。按《玉函山房辑佚书》和《玉函山房辑佚书补遗》、《玉函山房辑佚书目耕帖续补》所列之目录，共辑录古佚书 630 种 733 卷，但其实际所辑之书与其目录所列稍有出入，故需要严谨统计，明其实际数量。

光绪十五年章丘李氏补刻本增补了有目无书表，列《玉函山房辑佚书》中有目无书者 33 种：《尚书逸篇》一卷、《礼杂问答钞》一卷、《管弦记》一卷、《安昌侯论语》十卷、《郑记》一卷、《五经折疑》一卷、《女戒》一卷、《月仪》一卷、《小学篇》一卷、《音谱》一卷、《训俗文字略》一卷、《开元文字音义》一卷、《义云章》一卷、《李氏字略》一卷、《侯子》一卷、《高祖传》一卷、《孝文传》一卷、《孔臧书》一卷、《庄助书》一卷、《扬子法言宋氏注》一卷、《扬子法言虞氏注》一卷、《诸葛武侯集诫》一卷、《闵论》一卷、《要览》一卷、《正览》一卷、《续说苑》一卷、《贾子》一卷、《王（按，应为"玉"）烛宝典》一卷、《园亭（应为"庭"）草木疏》一卷、《齐人月令》一卷、《保生月录》一卷、《四时纂要》一卷、《种树书》一卷。此表所列 33 种并非全部，经编尚书类又有《尚书古文训》一卷、《集注尚书》一卷有目无书；周礼类有《周礼王氏注》一卷有目无书；仪礼类《五宗图》一卷有目无书；通礼类《礼论钞》三卷有目无书；乐类《钟律书》一卷有目无书；小学类《八体六技》一卷有目无书，合共有 40 种有目无书者。而《玉函山房辑佚书补遗》中补有《尚书逸篇》、《小学篇》两种，故《玉函山房辑佚书》实有 38 种有目无书者。又经编周礼类有《周礼李氏音》一书，目录缺。

《玉函山房辑佚书》所辑之书，有多达数卷者，亦有仅录一条者，所辑不足一页，则不著卷数。《玉函山房辑佚书》共有 26 种书不著卷数（书名依正文）：《周易何氏解》、《周易统略》、《周易卦序论》、《周易张氏义》、《易象妙于见形论》、《周易系辞桓氏注》、《周易系辞荀氏注》、《周易系辞明氏注》、《周易姚氏注》、《周易崔氏注》、《周易傅氏注》、《周易王氏注》、《周易王氏义》、《周易朱氏义》、《毛诗谱畅》、《毛诗十五国风义》、《春秋成长说》、《春秋左氏膏肓释疴》、《论语谯氏注》、《论语虞氏赞注》、《论语庾氏释》、《论语梁氏注释》、《论语琳公说》、《论语太史氏集解》、《论语褚氏义疏》、《论语沈氏说》。

此次统计，将不著卷数者皆列为一卷，其具体数量列表如下：

1. 《玉函山房辑佚书》收书数量表：

分类	种类	卷数	合计
经编易类	64 种	81 卷	
经编尚书类	12 种	18 卷	
经编诗类	32 种	43 卷	
经编周礼类	13 种	20 卷	
经编仪礼类	25 种	25 卷	

续表

分类	种类	卷数	合计
经编礼记类	19 种	28 卷	
经编通礼类	18 种	21 卷	
经编乐类	13 种	13 卷	
经编春秋类	45 种	51 卷	
经编孝经类	16 种	16 卷	
经编论语类	40 种	68 卷	
经编孟子类	9 种	10 卷	
经编尔雅类	13 种	19 卷	
经编五经总类	10 种	10 卷	
经编纬书类	40 种	51 卷	
经编小学类	46 种	46 卷	415 种 520 卷
史编杂史类	5 种	5 卷	
史编杂传类	2 种	2 卷	
史编目录类	1 种	1 卷	8 种 8 卷
子编儒家类	53 种	55 卷	
子编农家类	9 种	12 卷	
子编道家类	17 种	17 卷	
子编法家类	7 种	7 卷	
子编名家类	2 种	2 卷	
子编墨家类	5 种	5 卷	
子编纵横家类	7 种	7 卷	
子编杂家类	19 种	20 卷	
子编小说家类	8 种	9 卷	
子编天文类	8 种	8 卷	
子编阴阳类	3 种	3 卷	
子编五行类	8 种	8 卷	

续表

分类	种类	卷数	合计
子编杂占类	2 种	4 卷	
子编艺术类	2 种	2 卷	150 种 159 卷
			总计 573 种 687 卷

2. 《玉函山房辑佚书补遗》所收佚书数量表：

分类	种类	卷数	合计
经编易类	1 种	1 卷	
经编周官礼类	1 种	1 卷	
经编仪礼类	2 种	2 卷	
经编通礼类	5 种	5 卷	
经编春秋类	7 种	8 卷	
经编论语类	1 种	1 卷	
经编小学类	1 种	1 卷	18 种 19 卷
子编儒家类	2 种	2 卷	2 种 2 卷
			总计 20 种 21 卷

3. 《玉函山房辑佚书目耕帖续补》所收佚书数量表：

分类	种类	卷数	合计
经编尚书类	2 种	3 卷	
经编诗类	1 种	1 卷	
经编论语类	3 种	3 卷	
经编孟子类	1 种	1 卷	
经编尔雅类	1 种	1 卷	

续表

分类	种类	卷数	合计
经编小学类	1 种	1 卷	9 种 10 卷
史编地理类	1 种	3 卷	1 种 3 卷
子编五行类	1 种	1 卷	1 种 1 卷
			总计 11 种 14 卷

合三表统观之，马国翰所辑佚书实际数量为 604 种 722 卷。

四、分类

《玉函山房辑佚书》共分经、史、子三编，每编下又分小类。经编 16 类，不分三级类目。与《玉函山房藏书簿录》相似，论语、孟子、尔雅仍单独设类，类目排序亦与《玉函山房藏书簿录》相同。史编只辑杂史、杂传、目录类佚书 8 种 8 卷。子编儒家之后即列农家，与《玉函山房藏书簿录》顺序不同。匡源序称："子编自儒家、农家外俱无目，颠倒舛错，漫无条理。盖当时随编随刊，书未成而先生卒，故其体例未能画一也。余得其书，乃参校汉、隋、唐志，补为目录如次。"① 马国翰当时只将儒家、农家两类列出目次，余皆为匡源后来所编补，盖因此故，儒家、农家两类相邻而列，而不似他书将农家列于杂家之后。

马国翰所辑各书，依前代书目著录归类。马国翰所辑佚书的归类，所依前代书目有《汉书·艺文志》、《隋书·经籍志》、《新唐书·艺文志》等，亦有依其所引书籍归类者和根据自己的学术判断进行归类者。

---

① 〔清〕匡源：《玉函山房辑佚书序》，《玉函山房辑佚书》卷首。

(一) 依前代史志归类

子编儒家类《严助书》一卷,叙录云:"而《汉志》列其书四篇于儒家,或其以贤良对策时,文章具有儒术。"①

又儒家类《虞氏春秋》一卷,叙录云:"上采《春秋》,下观近世,曰节义、称号、揣摩、政谋凡八篇,以刺讥国家得失,世传之曰《虞氏春秋》。《汉志》十五篇,入儒家。"②

又子编儒家类《仲长子昌言》二卷,叙录云:"《隋志》杂家十二卷、录一卷。《唐志》儒家十卷。……合依《唐志》入儒家焉。"③

又子编道家类《夷夏论》一卷,叙录云:"《隋志》道家著目一卷,云梁二卷。隋代已非完帙。《唐志》不著录,今佚。"④

又子编杂家类《析言论》一卷附《古今训》,叙录云:"所著《析言》、《古今训》二书,《隋志》并入杂家。"⑤

又子编杂家类《伏候古今注》一卷,叙录云:"《隋志》八卷,著录杂史类。《唐志》入杂家,与崔豹《古今注》相次,云三卷。……《隋志》崔书入杂家,此书入杂史,不若《唐志》之允。"⑥

又子编五行类《太史公素王妙论》一卷,叙录云:"书题'素王',盖以孔子为向往,而推详贫富,有取于计然、范蠡诸人,则亦发愤著书,与作《史记·货殖列传》同一微意。《隋志》入五行,必有故。"⑦

---

① 《玉函山房辑佚书·子编儒家类·严助书》叙录。
② 《玉函山房辑佚书·子编儒家类·虞氏春秋》叙录。
③ 《玉函山房辑佚书·子编儒家类·仲长子昌言》叙录。
④ 《玉函山房辑佚书·子编道家类·夷夏论》叙录。
⑤ 《玉函山房辑佚书·子编杂家类·析言论》叙录。
⑥ 《玉函山房辑佚书·子编杂家类·伏候古今注》叙录。
⑦ 《玉函山房辑佚书·子编五行类·太史公素王妙论》叙录。

（二）依自己的学术判断归类

如子编儒家类《王氏新书》一卷，叙录云："《隋志》儒家《杜氏体论》四卷下注云：'梁有《王氏新书》五卷，王基撰。'又云亡。……虽多谈兵事，而具有儒术，知皆从本书采取也。"

《玉函山房辑佚书》诸佚书归类多以史志目录为据，不见史志目录记载者，则据所引之书归类，同时又加以马国翰自己的学术判断。

第四节　《玉函山房辑佚书》引书考

《玉函山房辑佚书》（包括《补遗》及《续补》）共辑录古佚书604种，722卷，如此浩繁的工作，马国翰究竟是如何完成的？读者所能看到的《玉函山房辑佚书》，又是从何处辑得？要明确这些问题，就要对《玉函山房辑佚书》的引书做一番详细的考察。只有梳理出《玉函山房辑佚书》引书的脉络，才能对马国翰为辑佚工作所作出的努力与贡献有具体、深刻的理解。

《玉函山房辑佚书》所引之书，横跨经、史、子、集四部，既有原典，亦有注释，也依赖大型类书，头绪众多。现按经、史、子集四部将《玉函山房辑佚书》所引诸书逐一列出，略做梳理；同一类别内按作者时代先后为序。其引书凡见载于《玉函山房藏书簿录》者，皆于书后附注版本，以见马国翰辑录时之所用。

一、经部

(一) 易类

1. 西汉焦赣《易林》。《玉函山房藏书簿录》云:"其书以一卦演为六十四卦,凡四千九十六卦,各系以爻文。句古奥,卜亦多验。"①(《玉函山房藏书簿录》入子编著龟类,《汉魏丛书》本)

2. 唐孔颖达《周易正义》。《四库全书总目提要》云:"此书初名《义赞》,后诏改《正义》,然卷端又题曰《兼义》,未喻其故。《序》称十四卷,《唐志》作十八卷,《书录解题》作十三卷。"②(汲古阁本)

3. 唐李鼎祚《周易集解》。《四库全书总目提要》云:"其书仍用王弼本,惟以《序卦传》散缀六十四卦之首,盖用《毛诗》分冠《小序》之例。所采凡子夏、孟喜、焦赣、京房、马融、荀爽、郑玄、刘表、何晏、宋衷、虞翻、陆绩、干宝、王肃、王弼、姚信、王廙、张璠、向秀、王凯冲、侯果、蜀才、翟元、韩康伯、刘𤩰、何妥、崔憬、沈驎士、卢氏(案卢氏《周易注》《隋志》已佚其名)、崔觐、伏曼容、孔颖达(案以上三十二家,朱睦㮮序所考)、姚规、朱仰之、蔡景君(案以上三家,朱彝尊《经义考》所补考)等三十五家之说。"③(雅雨堂本)

---

① 《玉函山房藏书簿录》卷十六,第三页至四页。
② 《四库全书总目提要》卷一,经部一,易类一。
③ 《四库全书总目提要》卷一,经部一,易类一。

4. 北宋朱震《汉上易集传》。《四库全书总目提要》云："是书题曰'汉上'，盖因所居以为名。前有震《进书表》，称：'起政和丙申，终绍兴甲寅，凡十八年而成。'其说以象数为宗，推本源流，包括异同，以救庄老虚无之失。陈善《扪虱新话》诋其妄引《说卦》，分伏羲、文王之《易》，将必有据《杂卦》反对造孔子《易图》者。晁公武《读书志》以为多采先儒之说，然颇舛谬。冯椅《厚斋易学》述毛伯玉之言，亦讥其卦变、互体、伏卦、反卦之失。然朱子曰：'王弼破互体，朱子发用互体。互体自左氏已言，亦有道理，只是今推不合处多。'魏了翁曰：'《汉上易》太烦，却不可废。'胡一桂亦曰：'变、互、伏、反、纳甲之属，皆不可废，岂可尽以为失而诋之。观其取象，亦甚有好处。但牵合处多，且文辞繁杂，使读者茫然。看来只是不善作文尔。'是得失互陈，先儒已有公论矣。"①（通志堂校刊宋本）

5. 北宋朱震《周易丛说》。附于《汉上易集传》后，见前条。（通志堂校刊西亭王孙抄本）

6. 南宋程迥《周易古占法》。《四库全书总目提要》云："此书世无刊本，凡藏书家所传写者均作二卷。前卷题曰《周易古占法上》，凡十一篇。后卷杂论《易》说及记古今占验，题曰《周易古占法下》，又题曰《古周易章句外编》。……考《宋史·艺文志》载迥《古易占法》、《周易外编》二书，均止一卷。然则止前卷十一篇者为《周易古占法》，其后卷自为《周易章句外编》。后人误合为一书，因妄标'卷上''卷下'字耳。"②（抄本）

7. 南宋项安世《周易玩辞》。《四库全书总目提要》云："据

---

① 《四库全书总目提要》卷二，经部二，易类二。
② 《四库全书总目提要》卷三，经部三，易类三。

其《自述》，盖成于嘉泰二年壬戌之秋。《自序》谓：'《易》之道四，其实则二象与辞是也。变则象之进退也，占则辞之吉凶也。不识其象，何以知其变？不通其辞，何以决其占？'又《自述》曰：'安世之所学，盖伊川程子之书也。今以其所得于《易传》者，述为此书，而其文无与《易传》合者，合则无用述此书矣。'盖伊川《易传》惟阐义理，安世则兼象数而求之。"①（通志堂校刊李中麓残本）

8. 南宋赵汝楳《周易辑闻》。《四库全书总目提要》云："考《宋史·赵善湘传》，载其说《易》之书，有《约说》八卷、《或问》四卷、《指要》四卷、《续问》八卷、《补过》六卷。盖研究是经，用功最久，故汝楳承其家学，以作是编。"②（通志堂本）

9. 南宋李衡《周易义海撮要》。《四库全书总目提要》云："先是，熙宁间蜀人房审权，病谈《易》诸家，或泥阴阳，或拘象数，乃斥去杂学异说，摘取专明人事者百家，上起郑玄，下迄王安石，编为一集，仍以孔颖达《正义》冠之。其有异同疑似，则各加评议，附之篇末，名曰《周易义海》，共一百卷。衡因其义意重复，文辞冗琐，删削厘定，以为此书，故名曰《撮要》。"③（通志堂校刊本）

10. 南宋李过《西溪易说》。《四库全书总目提要》云："其书首为《序说》一卷，分上、下《经》，依文讲解，而不及《系辞》以下。冯椅《易学》称其多所发明，而议其以毛渐《三坟》为信，又多割裂经文。"④

---

① 《四库全书总目提要》卷三，经部三，易类三。
② 《四库全书总目提要》卷三，经部三，易类三。
③ 《四库全书总目提要》卷三，经部三，易类三。
④ 《四库全书总目提要》卷三，经部三，易类三。

11. 元胡一桂《易学启蒙翼传》。《四库全书总目提要》云："一桂之父方平，尝作《易学启蒙通释》，一桂更推阐而辨明之，故曰《翼传》。《自序》称去朱子才百余年，而承学渐失。如图书已厘正矣，复仍刘牧之谬者有之。卜筮之数灼如丹青矣，复祖尚玄旨者又有之。因于《本义附录纂疏》外，复辑为是书。"①（通志堂校刊汲古元本）

12. 元董真卿《周易会通》。《四库全书总目提要》云："斯编实本一桂之《纂疏》而广及诸家。初名曰《周易经传集程朱解附录纂注》。盖其例编次伏羲、文王、周公之《经》而翼以孔子之《传》，各为标目，使相统而不相杂。其无《经》可附之《传》，则总附于六十四卦之后，是为《经传》。又取程子之《传》、朱子之《本义》夹注其下，是为《集解》。其程子《经》说、朱子《语录》各续于《传》之后，是为《附录》。又取一桂《纂疏》而增以诸说，是为《纂注》。其后定名《会通》者，则以程《传》用王弼本，《本义》用吕祖谦本，次第既不同，而或主义理，或主象占，本旨复殊。先儒诸说，亦复见智见仁，各明一义，断断为门户之争。真卿以为诸家之《易》，途虽殊而归则同，故兼搜博采，不主一说，务持象数、义理二家之平，即苏轼、朱震、林栗之书为朱子所不取者，亦并录焉。"②（通志堂本）

13. 清黄宗炎《周易象辞》。《四库全书总目提要》云："其说《易》力辟陈抟之学。故其解释爻象，一以义理为主。"③

---

① 《四库全书总目提要》卷四，经部四，易类四。
② 《四库全书总目提要》卷四，经部四，易类四。
③ 《四库全书总目提要》卷六，经部六，易类六。

14. 清胡煦《周易函书约注》。《四库全书总目提要》云："是书原本一百十八卷。其诠释《经》文者四十九卷。冠以《原图》八卷，用解伏羲之《易》。《原卦》三卷，用解文王之《易》。《原爻》三卷，用解周公之《易》。又取先儒论说，集为《原古》三十六卷，谓之《首传》。其九十九卷，为《周易函书》正集。外有《函书约》三卷、《易学须知》三卷、《易解辨异》三卷、《篝灯约旨》十卷，共十九卷，为《别集》。《别集》先已刊板。正集因卷帙浩繁，艰于剞劂，乃取诠释经文之四十九卷，约为十八卷，名曰《函书约注》。又取《首传》五十卷，约为十六卷，附以《续约旨》二卷，共十八卷，刊之，名曰《续集》。皆煦所手订也。其正集原本，煦门人李学裕欲为校刊，携其稿去。会学裕病卒，遂散佚。后《别集》、《续集》板并漫漶，其子季堂重为校订。因正集未刊，《续集》之名无所缘起，且《续集》之《原图》、《原卦》、《原爻》、《原古》即删取正集之要语，非别有所增，未可目之以续。而《别集》内之《函书约》三卷，亦即正集之《原图》、《原卦》、《原爻》撮其大义，更不可附入《别集》。遂以《续集》编为十五卷，取《函书约》三卷弁首，共十八卷，名为《约存》。盖以正集既佚，其大义仅存于是也。又以《续约旨》二卷，依《篝灯约旨》原目，散附各篇之内，合《易学须知》三卷、《易解辨异》三卷，仍为《别集》。其释经文之十八卷，仍名《约注》。共为五十二卷，即此本也。"①（葆璞堂本）

15. 清惠栋《易汉学》。《四库全书总目提要》云："是编乃追考汉儒《易》学，掇拾绪论以见大凡。凡《孟长卿易》二卷、《虞仲翔易》一卷、《京君明易》二卷（《干宝易》附见）、《郑康成易》一卷、《荀慈明易》一卷，其末一卷则栋发明汉《易》之

---

① 《四库全书总目提要》卷六，经部六，易类六。

理，以辨正《河图》、《洛书》、《先天》、《太极》之学。"①（经训堂本）

16. 清张惠言《周易荀氏九家》。《玉函山房藏书簿录》云："《隋志》，《周易荀爽九家注》十卷。《唐志》作《集解》，卷同。陆德明云，不知何人所集，称荀爽者，以为主故也。其序有荀爽、京房、马融、郑元、宋衷、虞翻、陆绩、姚信、翟子元，又有张氏、朱氏，并不详何人。其《说卦传》本又得八卦逸象三十有一。或说九家即淮南九师，或云荀爽集古《易》家凡九，皆非也。惠氏栋以六朝人说荀氏《易》者，为得其实。原书散佚，张氏惠言辑并注，凡诸书引荀爽者，并采入。"②（笺易注元室本）

（二）书类

1. 唐孔颖达《尚书正义》。《四库全书总目提要》云："颖达之《疏》，晁公武《读书志》谓因梁费甝《疏》广之。然颖达原《序》称为《正义》者，蔡大宝、巢猗、费甝、顾彪、刘焯、刘炫六家，而以刘焯、刘炫最为详雅。其书实因二刘，非因费氏。"③（汲古阁本）

2. 北宋林之奇《尚书全解》。《四库全书总目提要》云："之奇辞禄家居，博考诸儒之说，以成是书。《宋志》作五十八卷，此本仅标题四十卷。考其孙畊《后序》，称：'脱稿之初，为门人吕祖谦持去，诸生传录，仅十得二三。书肆急于锓梓，遂讹以传讹。至淳佑辛丑，畊从陈元凤得宇文氏所传《书说拾遗》手稿一

---

① 《四库全书总目提要》卷六，经部六，易类六。
② 《玉函山房藏书簿录》卷二，第五页。
③ 《四库全书总目提要》卷十一，经部十一，书类一。

册,乃《康诰》至《君陈》之文。乙巳得建安余氏所刻完本,始知麻沙所刻,自《洛诰》以下皆伪续。又得叶真所藏《林李二先生书解》,参校证验,厘为四十卷。'然则《宋志》所载乃麻沙伪本之卷数,朱子所谓'《洛诰》以后非林氏解'者。此本则畊所重编,朱子所未见,夏僎作《尚书解》时亦未见,故所引之奇之说亦至《洛诰》止也。"①(通志堂本)

3. 北宋苏轼《东坡书传》。《四库全书总目提要》云:"《万卷堂书目》作二十卷,疑其传写误也。晁公武《读书志》称熙宁以后专用王氏之说进退多士,此书驳异其说为多。今《新经尚书义》不传,不能尽考其同异。"②(林汲山房家藏本)

4. 南宋蔡沈《书集传》。《四库全书总目提要》云:"庆元己未,朱子属沈作《书传》。至嘉定己巳,书成(案此据《自序》年月,真德秀作沈《墓志》称'数十年然后克成',盖误衍一'数'字)淳佑中,其子杭表进于朝,称《集传》六卷、《小序》一卷、朱熹《问答》一卷,缮写成十二册。其《问答》一卷久佚。董鼎《书传纂注》,称淳佑经进本,录朱子《与蔡仲默帖》及《语录》数段,今各类入《纲领辑录》内。是其文犹散见于鼎书中,其条目则不复可考。《小序》一卷,沈亦逐条辨驳,如朱子之攻《诗序》。今其文犹存,而书肆本皆削去不刊。考朱升《尚书旁注》,称古文《书序》自为一篇,孔注移之,各冠篇首。蔡氏删之而置于后,以存其旧。盖朱子所授之旨(案陈振孙《书录解题》载朱子《书古经》四卷、《序》一卷,则此本乃朱子所定,先有成书。升以为所授之旨,盖偶未考)。"③

---

① 《四库全书总目提要》卷十一,经部十一,书类一。
② 《四库全书总目提要》卷十一,经部十一,书类一。
③ 《四库全书总目提要》卷十一,经部十一,书类一。

5. 南宋陈大猷《尚书集传或问》。《四库全书总目提要》云："《自序》称既集《书》传，复因同志问难，记其去取曲折以成此编。则此编本因《集传》而作。今《集传》已佚，存者惟此两卷。"①

6. 南宋傅寅《禹贡集解》。《四库全书总目提要》云："案朱彝尊《经义考》有寅所著《禹贡集解》二卷，通志堂尝刊入《九经解》中。而《永乐大典》载其书，则题曰《禹贡说断》，无《集解》之名。"②（通志堂校刊宋本）

7. 南宋程大昌《禹贡论》。《四库全书总目提要》云："《宋史·艺文志》载大昌《禹贡论》五卷、《后论》一卷，又《禹贡论图》五卷。陈振孙《书录解题》则谓《论》五十二篇、《后论》八篇、《图》三十一。王应麟《玉海》则谓淳熙四年七月大昌上《禹贡论》五十二篇、《后论》八篇，诏付秘阁，不及其图。盖偶遗也。"③（通志堂刊天一阁抄本）

8. 南宋程大昌《禹贡山川地理图》。见于前条。（通志堂刊天一阁抄本）

9. 南宋毛晃《禹贡指南》。《四库全书总目提要》云："是书《宋史·艺文志》不著录。焦竑《经籍志》载《禹贡指南》一卷，宋毛晃撰。朱彝尊《经义考》云'未见'。又云：'《文渊阁书目》有之，不著撰人，疑即晃作。'则旧本之佚久矣。今考《永乐大典》所载，与诸家注解散附经文各句下。谨缀录成篇，厘为四卷。以世无传本，其体例之旧不可见，谨以经文次第标

---

① 《四库全书总目提要》卷十一，经部十一，书类一。
② 《四库全书总目提要》卷十一，经部十一，书类一。
③ 《四库全书总目提要》卷十一，经部十一，书类一。

列，其无注者则经文从略焉。"①（武英殿聚珍板本）

10. 南宋胡士行《尚书详解》。《四库全书总目提要》云："是编焦竑《国史经籍志》作《书集解》。朱彝尊《经义考》又作《初学尚书详解》。称名互异，其实一书也。其解经多以孔《传》为主，而存异说于后。孔《传》有未善，则引杨时、林之奇、吕祖谦、夏僎诸说补之。诸说复有所未备，则以己意解之。"②

11. 南宋黄度《尚书说》。《四库全书总目提要》云："所注有《书说》、《诗说》、《周礼说》。《诗》与《周礼》说今佚，惟《书说》仅存。此本乃明吕光洵与唐顺之所校。前有光洵《序》，述度始末甚详。"③（通志堂刊明书帕本）

12. 南宋薛季宣《书古文训》。《四库全书总目提要》云："是编所载《经》文，皆以古文奇字书之。"④（通志堂刊焦氏家藏宋本）

13. 南宋金履祥《尚书表注》。《四库全书总目提要》云："初，履祥作《尚书注》十二卷，柳贯所撰《行状》称'早岁所著《尚书章释句解》，已有成书'是也。朱彝尊《经义考》称其尚存，今未之见，惟此书刻《通志堂经解》中。"⑤（通志堂刊元本）

14. 元陈师凯《书蔡传旁通》。《四库全书总目提要》云："此

---

① 《四库全书总目提要》卷十一，经部十一，书类一。
② 《四库全书总目提要》卷十一，经部十一，书类一。
③ 《四库全书总目提要》卷十一，经部十一，书类一。
④ 《四库全书总目提要》卷十三，经部十三，书类三。
⑤ 《四库全书总目提要》卷十一，经部十一，书类一。

书成于至治辛酉。以鄱阳董鼎《尚书辑录纂注》本以羽翼蔡《传》,然多采先儒问答,断以己意。大抵辨论义理,而于天文、地理、律历、礼乐、兵刑、龟策、《河图》、《洛书》、道德、性命、官职、封建之属皆在所略。遇《传》文片言之赜、只字之隐,读者不免嗫嚅龃龉。因作是编,于名物度数蔡《传》所称引而未详者,一一博引繁称,析其端委。"①(通志堂刊汲古阁元本)

15. 元王天与《尚书纂传》。《四库全书总目提要》云:"是书虽以孔安国《传》、孔颖达疏居先,而附以诸家之解,其大旨则以朱子为宗,而以真德秀说为羽翼。盖朱子考论群经,以《书》属蔡沈,故天与以蔡氏《传》为据。德秀则《书说精义》以外,复有《大学衍义》一书,所言与虞、夏、商、周之大经大法多相出入,故天与亦备采之。其注疏或删或存,亦以二家之说为断。"②(通志堂刊李氏原本)

16. 元董鼎《尚书辑录纂注》。《四库全书总目提要》云:"是编虽以蔡沈《集传》为宗,而《集传》之后续以《朱子语录》及他书所载朱子语,谓之《辑录》。又采诸说之相发明者附列于末,谓之《纂注》。"③(通志堂本)

17. 元许谦《读书丛说》。《四库全书总目提要》云:"自蔡沈《书集传》出,解经者大抵乐其简易,不复参考诸书。谦独博核事实,不株守一家,故称《丛说》。"④

18. 元陈栎《尚书集传纂疏》。《四库全书总目提要》云:

---

① 《四库全书总目提要》卷十二,经部十二,书类二。
② 《四库全书总目提要》卷十二,经部十二,书类二。
③ 《四库全书总目提要》卷十二,经部十二,书类二。
④ 《四库全书总目提要》卷十二,经部十二,书类二。

"是编以疏通蔡《传》之意,故命曰《疏》。以纂辑诸家之说,故命曰《纂》。又以蔡《传》本出朱子指授,故第一卷特标朱子订正之目。"①(通志堂刊汲古本)

19. 元吴澄《书纂言》。《四库全书总目提要》云:"《古文尚书》自贞观敕作《正义》以后,终唐世无异说。宋吴棫作《书裨传》,始稍稍掊击,《朱子语录》亦疑其伪。然言性、言心、言学之语,宋人据以立教者,其端皆发自古文,故亦无肯轻议者。其考定今文、古文,自陈振孙《尚书说》始。其分编今文、古文,自赵孟𫖯《书古今文集注》始。其专释今文,则自澄此书始。"②(通志堂本)

20. 明刘三吾《书传会选》。《四库全书总目提要》云:"考《明太祖实录》,与群臣论蔡《传》之失,在洪武十年三月。其诏修是书则在二十七年四月丙戌,而成书以九月己酉,仅五阅月。观刘三吾《叙》,称:'臣三吾备员翰林,屡尝以其说上闻。皇上允请,乃诏天下儒士仿石渠、白虎故事,与臣等同校定之。'则是十七年间三吾已考证讲求,先有定见,特参稽众论以成之耳。惟《实录》所载纂修诸臣姓名与此本卷首所列不符。朱彝尊《经义考》谓许观、景清、卢原质、戴德彝等,皆以死建文之难删去。其说是已。然胡季安、门克新、王俊华等十一人,何以并删。且靳观、吴子恭、宋麟三人,此书所不载,又何以增入。盖永乐中重修《太祖实录》,其意主于诬惠宗君臣以罪,明靖难之非得已耳。其余草草,非所注意,故舛谬百出,不足为据。此书为当时旧本,当以所列姓名为定可也。"③

---

① 《四库全书总目提要》卷十二,经部十二,书类二。
② 《四库全书总目提要》卷十二,经部十二,书类二。
③ 《四库全书总目提要》卷十二,经部十二,书类二。

21. 清王鸣盛《尚书后案》。《玉函山房藏书簿录》云："发挥郑康成一家之学，谓古文三十四篇及今文二十九篇，特于其中分《盘庚》、《太誓》各为三，分《顾命》为《康王之诰》。郑得孔学之真，止注三十四篇及百篇之序，增多者无注，故此编以三十四篇分二十九卷。《盘庚》三，《太誓》三，《顾命》、《康王之诰》各分篇而合卷。其卷三十，则百篇之序也附后。辨二卷，辨注疏及各传序之说，并增多各篇引用书目，凡一百三十一部，最为博赡。论断亦精确。"①（学海堂本）

22. 清段玉裁《古文尚书撰异》。《玉函山房藏书簿录》云："定古文三十一篇。《太誓》三篇，存其目末《书序》一篇，合三十二篇，篇为一卷。考证文字最精核。"②（学海堂本）

23. 清孙星衍《尚书今古文注疏》。《玉函山房藏书簿录》云："用伏生所传二十八篇，辑诸书所引今文《泰誓》一篇，凡二十九篇。谓《古文尚书》，篇与今文同。俱采伏生、欧阳、大小夏侯、卫、贾、马、郑、王肃逸说为注，而详疏其义。后列书序一篇，分上下卷，逸文附各序下，亦为注疏。汉魏旧说萃荟于此编，存古之功可谓劬且笃矣。"③（平津馆本，又学海堂本）

（三）诗类

1. 汉韩婴《韩诗外传》。《玉函山房藏书簿录》云："其书多采杂说，不专解《诗》，与《尚书大传》、《春秋繁露》同例。盖

---

① 《玉函山房藏书簿录》卷三，第二十六页。
② 《玉函山房藏书簿录》卷三，第二十八页。
③ 《玉函山房藏书簿录》卷三，第二十八页至二十九页。

既训经,复于经外推衍事义,此汉人通经法也。"① (明刻本,又杨宗震校本,又汲古阁本)

2. 东汉郑玄《毛诗谱》。见《毛诗正义》条。(通志堂本)

3. 东汉郑玄《毛诗笺》。见《毛诗正义》条。(武英殿仿宋相台本)

4. 晋陆玑《毛诗草木鸟兽虫鱼疏》。《四库全书总目提要》云:"明北监本《诗正义》全部所引,皆作陆机。考《隋书·经籍志》,《毛诗草木虫鱼疏》二卷,注云:'乌程令吴郡陆玑撰。'陆德明《经典释文序录》'陆玑《毛诗草木鸟兽虫鱼疏》二卷'注云:'字元恪,吴郡人。吴太子中庶子、乌程令。'《资暇集》亦辨玑字从玉,则监本为误。又毛晋《津逮秘书》所刻,援陈振孙之言,谓其书引《尔雅》郭璞注,当在郭后,未必吴人,因而题曰唐陆玑。夫唐代之书,《隋志》乌能著录?且书中所引《尔雅注》,仅及汉犍为文学樊光,实无一字涉郭璞,不知陈氏何以云然。姚士粦《跋》已辨之,或晋未见士粦《跋》欤?原本久佚。此本不知何人所辑,大抵从《诗正义》中录出。"②(《汉魏丛书》本)

5. 唐孔颖达《毛诗正义》。《四库全书总目提要》云:"汉毛亨传,郑玄笺,唐孔颖达疏。案《汉书·艺文志》,《毛诗》二十九卷,《毛诗故训传》三十卷。然但称毛公,不著其名。《后汉书·儒林传》始云:'赵人毛长传《诗》,是为《毛诗》。'其长字不从'草'。《隋书·经籍志》载《毛诗》二十卷,汉河间太

---

① 《玉函山房藏书簿录》卷三,第三十三页。
② 《四库全书总目提要》卷十五,经部十五,诗类一。

守毛苌传，郑氏笺。于是《诗传》始称毛苌。然郑玄《诗谱》曰：'鲁人大毛公为训诂，传于其家，河间献王得而献之，以小毛公为博士。'陆玑《毛诗草木虫鱼疏》亦云：'孔子删《诗》授卜商，商为之序，以授鲁人曾申，申授魏人李克，克授鲁人孟仲子，仲子授根牟子，根牟子授赵人荀卿，荀卿授鲁国毛亨，毛亨作《训诂传》以授赵国毛苌。时人谓亨为大毛公，苌为小毛公。'据是二书，则作《传》者乃毛亨，非毛苌，故孔氏《正义》亦云大毛公为其《传》，由小毛公而题毛也。……颖达等以疏文繁重，又析为四十卷。其书以刘焯《毛诗义疏》、刘炫《毛诗述义》为稿本，故能融贯群言，包罗古义，终唐之世，人无异词。惟王谠《唐语林》记刘禹锡听施士匄讲《毛诗》所说'维鹈在梁''陟彼岵兮''勿翦勿拜''维北有斗'四义，称毛未注，然未尝有所诋排也。至宋郑樵，恃其才辨，无故而发难端，南渡诸儒始以掊击毛、郑为能事。元延佑科举条制，《诗》虽兼用古注疏，其时门户已成，讲学者迄不遵用。"①（汲古阁本）

6. 唐成伯玙《毛诗指说》。《四库全书总目提要》云："书凡四篇。一曰《兴述》，明先王陈《诗》观风之旨，孔子删《诗》正雅之由。二曰《解说》，先释《诗》义，而《风》、《雅》、《颂》次之，《周南》又次之，诂《传》、《序》又次之，篇章又次之，后妃又次之，终以《鹊巢》、《驺虞》。大略即举《周南》一篇，隐括论列，引申以及其余。三曰《传受》，备详齐、鲁、毛、韩四家授受世次及后儒训释源流。四曰《文体》，凡三百篇中句法之长短、篇章之多寡、措辞之异同、用字之体例，皆胪举而详之，颇似刘氏《文心雕龙》之体。盖说经之余论也。"②（通志堂刊李中麓抄本）

---

① 《四库全书总目提要》卷十五，经部十五，诗类一。
② 《四库全书总目提要》卷十五，经部十五，诗类一。

7. 北宋欧阳修《毛诗本义》。《四库全书总目提要》云："是书凡为《说》一百十有四篇，《统解》十篇，《时世》、《本末》二论，《豳》《鲁》《序》三问，而《补亡郑谱》及《诗图总序》附于卷末。"①（通志堂刊宋本）

8. 北宋王质《诗总闻》。《四库全书总目提要》云："其书取《诗》三百篇，每篇说其大义，复有《闻音》、《闻训》、《闻章》、《闻句》、《闻字》、《闻物》、《闻用》、《闻迹》、《闻事》、《闻人》，凡十门，每篇为《总闻》。又有《闻风》、《闻雅》、《闻颂》，冠于'四始'之首。南宋之初，废《诗序》者三家，郑樵、朱子及质也。"②

9. 北宋蔡卞《毛诗名物解》。《四库全书总目提要》云："自王安石《新义》及《字说》行，而宋之士风一变。其为名物训诂之学者，仅卞与陆佃二家。佃，安石客。卞，安石婿也。故佃作《埤雅》，卞作此书，大旨皆以《字说》为宗。陈振孙称卞书议论穿凿，征引琐碎，无裨于《经》义，诋之甚力。"③（通志堂本）

10. 北宋李樗《毛诗李黄集解》。《四库全书总目提要》云："不著编录人名氏。集宋李樗、黄櫄两家《诗》解为一编，而附以李泳所订吕祖谦《释音》。樗字若林，闽县人。尝领乡贡，著《毛诗详解》三十六卷。"④（通志堂本）

11. 南宋王应麟《诗考》。《四库全书总目提要》云："此编则考三家之《诗》说者也。《隋书·经籍志》云：'《齐诗》魏代

---

① 《四库全书总目提要》卷十五，经部十五，诗类一。
② 《四库全书总目提要》卷十五，经部十五，诗类一。
③ 《四库全书总目提要》卷十五，经部十五，诗类一。
④ 《四库全书总目提要》卷十五，经部十五，诗类一。

已亡,《鲁诗》亡于西晋。《韩诗》虽存,无传之者。'今三家《诗》惟《韩诗外传》仅存,所谓《韩故》、《韩内传》、《韩说》者亦并佚矣。应麟检诸书所引,集以成帙,以存三家逸文。又旁搜广讨,曰《诗异字异义》,曰《逸诗》,以附缀其后。每条各著其所出。所引《韩诗》较夥,齐、鲁二家仅寥寥数条。"①(附刊《玉海》本,又青照堂本)

12. 南宋吕祖谦《吕氏家塾读诗记》。《四库全书总目提要》云:"此其说《诗》之作也。朱子与祖谦交最契,其初论《诗》亦最合。此书中所谓'朱氏曰'者,即所采朱子说也。后朱子改从郑樵之论,自变前说,而祖谦仍坚守毛、郑。……然迄今两说相持,嗜吕氏书者终不绝也。"②(《玉函山房藏书簿录》不载版本)

13. 南宋范处义《逸斋诗补传》。《四库全书总目提要》云:"旧本题曰'逸斋撰',不著名氏。朱彝尊《经义考》云'《宋史·艺文志》有范处义《诗补传》三十卷,卷数与逸斋本相符。明朱睦㮮《聚乐堂书目》直书处义名,当有证据。处义,金华人,绍兴中登张孝祥榜进士'云云,则此书为处义所作,逸斋盖其自号也。大旨病诸儒说《诗》好废《序》以就己说,故《自序》称:'以《序》为据,兼取诸家之长,揆之性情,参之物理,以平易求古诗人之意。'又称:'文义有阙,补以《六经》史传。诂训有阙,补以《说文》、《篇》、《韵》。'盖南宋之初,最攻《序》者郑樵,最尊《序》者则处义矣。"③(通志堂本)

14. 南宋朱熹《诗经集传》。《四库全书总目提要》云:"《宋

---

① 《四库全书总目提要》卷十五,经部十五,诗类一。
② 《四库全书总目提要》卷十五,经部十五,诗类一。
③ 《四库全书总目提要》卷十五,经部十五,诗类一。

志》作二十卷，今本八卷，盖坊刻所并。朱子注《易》，凡两易稿。其初著之《易传》，《宋志》著录，今已散佚，不知其说之同异。注《诗》，亦两易稿。凡吕祖谦《读诗记》所称'朱氏曰'者，皆其初稿，其说全宗《小序》。后乃改从郑樵之说（案朱子攻《序》用郑樵说见于《语录》。朱升以为用欧阳修之说，殆误也），是为今本。"①（监本）

（四）周礼类

1.《周礼注疏》，东汉郑玄注，唐贾公彦疏。《四库全书总目提要》云："《朱子语录》称：'《五经》疏中，《周礼疏》最好。'盖宋儒惟朱子深于《礼》，故能知郑、贾之善云。"②（汲古阁本）

2. 南宋林希逸《鬳斋考工记解》。《四库全书总目提要》云："自汉河间献王取《考工记》补《周官》，于是《经》与《记》合为一书，然后儒亦往往别释之。唐有杜牧注，宋有陈祥道、林亦之、王炎诸家解，今并不传，独希逸此注仅存。宋儒务攻汉儒，故其书多与郑康成《注》相剌缪。"③（通志堂本）

3. 南宋王与之《周礼订义》。《四库全书总目提要》云："此本省牒、州状、都司看详及敕旨均录载卷首，盖犹宋本之旧。前有真德秀《序》，作于绍定五年壬辰，下距进书时十年。又有赵汝腾《后序》，作于嘉熙元年丁酉，下距进书时六年。故汝腾奏称'素识其人'，又称：'德秀殁后，与之益删繁取要，由博得约，其书益精粹无疵也。'所采旧说凡五十一家，然唐以前仅杜

---

① 《四库全书总目提要》卷十五，经部十五，诗类一。
② 《四库全书总目提要》卷十九，经部十九，礼类一。
③ 《四库全书总目提要》卷十九，经部十九，礼类一。

子春、郑兴、郑众、郑元、崔灵恩、贾公彦等六家，其余四十五家则皆宋人，凡文集、语录无不搜采。盖以当代诸儒为主，古义特附存而已。"① （通志堂刊李中麓家藏宋本）

（五）仪礼类

《仪礼注疏》，东汉郑玄注，唐贾公彦疏。《四库全书总目提要》云："其书自玄以前，绝无注本。玄后有王肃《注》十七卷，见于《隋志》。然贾公彦《序》称'《周礼》注者则有多门，《仪礼》所注后郑而已'，则唐初肃书已佚也。为之义疏者有沈重，见于《北史》，又有无名氏二家，见于《隋志》，然皆不传。故贾公彦仅据齐黄庆、隋李孟悊二家之《疏》，定为今本。"② （汲古阁本）

（六）礼记类

1. 《礼记》，西汉戴圣删定，东汉郑玄注。《玉函山房藏书簿录》云："《隋志》谓圣又删大戴之书为四十六篇，谓之'小戴记'。汉末马融传小戴之学。融又益《月令》一篇、《明堂位》一篇、《乐记》一篇，合四十九篇。隋、唐《志》并二十卷，郑玄注。兹本仿宋相台岳氏本，与旧《志》合。"③ （武英殿仿宋相台本）

2. 唐孔颖达《礼记正义》。《四库全书总目提要》云："为之疏义者，唐初尚存皇侃、熊安生二家（案明北监本以皇侃为皇甫

---

① 《四库全书总目提要》卷十九，经部十九，礼类一。
② 《四库全书总目提要》卷二十，经部二十，礼类二。
③ 《玉函山房藏书簿录》卷四，第二十页。

侃，以熊安生为熊安，二人姓名并误，足征校刊之疏。谨附订于此）。贞观中，敕孔颖达等修《正义》，乃以皇氏为本，以熊氏补所未备。颖达《序》称：'熊则违背本经，多引外义，犹之楚而北行，马虽疾而去愈远。又欲释经文，惟聚难义，犹治丝而棼之，手虽繁而丝益乱也。皇氏虽章句详正，微稍繁广。又既遵郑氏，乃时乖郑义。此是木落不归其本，狐死不首其丘。此皆二家之弊，未为得也。'故其书务伸郑《注》，未免有附会之处。然采摭旧文，词富理博，说《礼》之家，钻研莫尽，譬诸依山铸铜，煮海为盐，即卫湜之书尚不能窥其涯涘，陈浩之流益如莛与楹矣。"①（汲古阁本）

3. 南宋卫湜《礼记集说》。《四库全书总目提要》云："其书始作于开禧、嘉定间。《自序》言日编月削，几二十余载而后成。宝庆二年官武进令时，表上于朝，得擢直秘阁，后终于朝散大夫、直宝谟阁、知袁州。绍定辛卯，赵善湘为锓版于江东漕院。越九年，湜复加核订，定为此本。自作《前序》、《后序》，又自作《跋尾》，述其始末甚详。盖首尾阅三十余载，故采摭群言，最为赅博，去取亦最为精审。自郑《注》而下，所取凡一百四十四家。其他书之涉于《礼记》者，所采录不在此数焉。"②（通志堂本）

4. 元吴澄《月令七十二候集解》。《四库全书总目提要》云："旧本题'元吴澄撰'。其书以七十二候分属于二十四气，各训释其所以然。考《礼记·月令》，本无七十二候之说。《逸周书·时训解》乃以五日为一候。澄作《礼记纂言》亦引《唐月令》，分著五日一候之义，然不闻更有此书。其说以《经》文所记多指北

---

① 《四库全书总目提要》卷二十一，经部二十一，礼类三。
② 《四库全书总目提要》卷二十一，经部二十一，礼类三。

方，非南方之所习见，乃博考《说文》、《埤雅》诸书，兼访之于农牧，著为此编。然考证名物，罕所发明。又既以蝼蝈为土狗，又载鼫鼠五技之说，自相矛盾。既以虹为日映雨气，又引虹首如驴之说，兼采杂书，亦乖解经之法。疑好事者为之，托名于澄也。"①

5.《大戴礼记》，西汉戴德，北周卢辩注。《四库全书总目提要》云："《隋书·经籍志》曰：'《大戴礼记》十三卷，汉信都王太傅戴德撰。'《崇文总目》云：'《大戴礼记》十卷，三十五篇，又一本三十三篇。'《中兴书目》云：'今所存止四十篇。'晁公武《读书志》云：'篇目自三十九篇始，无四十三、四十四、四十五、六十一四篇，有两七十四。'而韩元吉、熊朋来、黄佐、吴澄并云两七十三，陈振孙云两七十二。盖后人于《盛德》第六十六别出《明堂》一篇为六十七。其余篇第，或至《文王官人》第七十一改为七十二，或至《诸侯迁庙》第七十二改为七十三，或至《诸侯衅庙》第七十三改为七十四。故诸家所见不同。盖有新析一篇，则与旧有之一篇篇数重出也。汉许慎《五经异义》论明堂称《礼》戴说、《礼盛德记》，即《明堂篇》语。《魏书·李谧传》、《隋书·牛宏传》俱称《盛德篇》，或称《泰山盛德记》。知析《盛德篇》为《明堂篇》者，出于隋唐之后。又郑康成《六艺论》曰：'戴德传《记》八十五篇。'司马贞曰：'《大戴礼》合八十五篇，其四十七篇亡，存三十八篇。'盖《夏小正》一篇多别行。隋唐间录《大戴礼》者，或阙其篇，是以司马贞云然。原书不别出《夏小正篇》，实阙四十六篇，存者宜为三十九篇。《中兴书目》乃言存四十篇，则窜入《明堂》篇题，自宋人始矣。书中《夏小正篇》最古。其《诸侯迁庙》、《诸侯衅庙》、《投壶》、《公冠》皆《礼》古经遗文。又《艺文志》，《曾子》

---

① 《四库全书总目提要》卷二十四，经部二十四，礼类存目二。

十八篇，久逸。是书犹存其十篇，自《立事》至《天圆篇》，题上悉冠以'曾子'者是也。书有《注》者八卷，余五卷无《注》，疑阙逸，非完本。朱子引《明堂篇》郑氏《注》云：'法龟文。'殆以《注》归之康成。考《注》内征引康成、谯周、孙炎、宋均、王肃、范宁、郭象诸人，下逮魏晋之儒。王应麟《困学纪闻》指为卢辩注。据《周书》，辩字景宣，官尚书右仆射。以《大戴礼》未有解诂，乃注之。其兄景裕谓曰：'昔侍中注小戴，今尔注大戴，庶缵前修矣。'王氏之言，信而有征。"①（《汉魏丛书》本，又雅雨堂本）

（七）通礼类

1. 北宋聂崇义《三礼图集注》。《四库全书总目提要》云："世宗诏崇义参定郊庙祭玉，因取三《礼》旧图，凡得六本，重加考订。宋初上于朝，太祖览而嘉之，诏颁行。"②（通志堂本）

2. 北宋陈祥道《礼书》。《四库全书总目提要》云："李廌《师友纪谈》称其许少张榜登科。又称其元佑七年进《礼图》、《仪礼注》，除馆阁校勘。明年用为太常博士，赐绯衣，不旬余而卒。又称其仕宦二十七年，止于宣义郎。《宋史》则作官至秘书省正字。然晁公武《读书志》载是书，亦称左宣义郎、太常博士陈祥道撰，与廌所记同。廌又称：尝为《礼图》一百五十卷、《仪礼说》六十余卷，内相范公为进之，乞送秘阁及太常寺。陈振孙《书录解题》则称元佑中表上之。晁公武则称朝廷闻之，给札缮写奏御。《宋史·陈旸传》则称礼部侍郎赵挺之上言，旸所著《乐书》二十卷（案《乐书》实二百卷，《宋史》字误），贯

---

① 《四库全书总目提要》卷二十一，经部二十一，礼类三。
② 《四库全书总目提要》卷二十二，经部二十二，礼类四。

穿明备,乞援其兄祥道进礼书故事给札。则鹰、振孙所记为确,公武朝廷闻之之说非其实也。"① (《玉函山房藏书簿录》不载版本)

(八) 乐类

1. 东汉蔡邕《琴操》。《玉函山房藏书簿录》云:"《隋志》载《琴操》三卷,晋广陵相孔衍撰。《唐志》、《崇文总目》、《中兴书目》并以属之孔衍;而传注所引及今《读画斋丛书》所传本,皆属蔡邕。惟《初学记》于《箜篌引》、孔衍《琴操》其文与邕无异,知衍述蔡语,有所附益,故题孔衍,实一书也。"② (平津馆本)

2. 北宋陈旸《乐书》。《四库全书总目提要》云:"此书乃建中靖国间旸为秘书省正字时所进。自第一卷至九十五卷,引三《礼》、《诗》、《书》、《春秋》、《周易》、《孝经》、《论语》、《孟子》之言,各为之训义。其第九十六卷至二百卷,则专论律吕本义、乐器、乐章及五礼之用乐者,为《乐图论》。"③ (《玉函山房藏书簿录》不载版本)

(九) 春秋类

1.《春秋左传》,周左丘明撰,晋杜预集解。《玉函山房藏书簿录》云:"左氏于褒贬之义或有未确,而事迹皆征诸国史,视《公》、《穀》为得实,此所以晚出而大显于世也。杜氏集前儒之

---

① 《四库全书总目提要》卷二十二,经部二十二,礼类四。
② 《玉函山房藏书簿录》卷四,第三十九页。
③ 《四库全书总目提要》卷三十八,经部三十八,乐类一。

解，去取间有未审，刘炫尝作书以规之。然具有根据，视后儒之空衍不侔矣。"①（武英殿仿宋相台本）

2. 唐孔颖达《春秋正义》。《玉函山房藏书簿录》云："以杜预为本，辞繁不杀，委折详明，亦引贾、服之说，必驳斥之，极力为杜氏回护，未免曲阿之意。然于杜说则发挥无遗矣。"②（汲古阁本）

3. 唐陆淳《春秋集传纂例》。《四库全书总目提要》云："盖释其师啖助并赵匡之说也。……助书本名《春秋统例》，仅六卷。卒后，淳与其子异衷录遗文，请匡损益，始名《纂例》。成于大历乙卯，定著四十篇，分为十卷。《唐书·艺文志》亦同。此本卷数相符，盖犹旧帙。其第一篇至第八篇为全书总义，第九篇为鲁十二公并世绪，第三十六篇以下为经传文字脱谬及人名、国名、地名。其发明笔削之例者，实止中间二十六篇而已。"③

4. 唐陆淳《春秋集传微旨》。《四库全书总目提要》云："案陈振孙《书录解题》称《唐志》有淳《春秋集传》二十卷，今不存。又有《微旨》一卷，未见。袁桷作淳《春秋纂例后序》称：来杭，得《微旨》三卷，乃皇祐间汴本。盖其书刻于开封，故南渡之后，遂罕传本。至桷得北宋旧椠，乃复行于世也。"④

5. 唐陆淳《春秋集传辨疑》。《四库全书总目提要》云："唐陆淳所述啖、赵两家攻驳三《传》之言也。柳宗元作淳《墓志》，

---

① 《玉函山房藏书簿录》卷五，第一页。
② 《玉函山房藏书簿录》卷五，第二页。
③ 《四库全书总目提要》卷二十六，经部二十六，春秋类一。
④ 《四库全书总目提要》卷二十六，经部二十六，春秋类一。

称《辨疑》七篇。《唐书·艺文志》同。吴莱作《序》，亦称七卷。"①

6. 北宋孙觉《春秋经解》。《四库全书总目提要》云："《自序》称《左氏》多说事迹，《公》、《穀》以存梗概。今以三家之说，较其当否，而《穀梁》最为精深，且以《穀梁》为本。其说是非褒贬，则杂取三《传》及历代诸儒啖、赵、陆氏之说，长者从之。其所未闻，则以安定先生之说解之。今瑗《口义》五卷已佚，传其绪论，惟见此书。"②（通志堂本）

7. 南宋王应麟《春秋古文左氏传》。《玉函山房藏书簿录》云："宋王应麟辑汉晋诸儒刘歆、郑众、贾逵、服虔、颖容、王肃、董遇、孙毓等佚说。"③（林汲山房校抄红豆斋本）

8. 元程端学《春秋本义》。《四库全书总目提要》云："是书乃其在国学时所作。所采自三《传》而下凡一百七十六家，卷首具列其目。《宁波府志》及《千顷堂书目》均称所采一百三十家，未喻其故也。首为《通论》一篇、《问答》一篇、《纲领》一篇。其下依《经》附说，类次群言，间亦缀以案语。"④（通志堂本）

9. 元程端学《春秋或问》。《四库全书总目提要》云："端学既辑《春秋本义》，复历举诸说得失以明去取之意，因成此书。盖与《本义》相辅而行者也。"⑤（通志堂本）

---

① 《四库全书总目提要》卷二十六，经部二十六，春秋类一。
② 《四库全书总目提要》卷二十六，经部二十六，春秋类一。
③ 《玉函山房藏书簿录》卷五，第十二页。
④ 《四库全书总目提要》卷二十八，经部二十八，春秋类三。
⑤ 《四库全书总目提要》卷二十八，经部二十八，春秋类三。

10. 元郑玉《春秋经传阙疑》。《四库全书总目提要》云："其体例以《经》为纲，以《传》为目。叙事则专主《左氏》，而附以《公》、《穀》。立论则先以《公》、《穀》，而参以历代诸儒之说。《经》有残阙，则考诸《传》以补其遗。《传》有舛误，则稽于《经》以证其谬。大抵平心静气，得圣人之意者为多。"①

11. 《春秋穀梁传注疏》，晋范宁集解，唐杨士勋疏。《四库全书总目提要》云："《汉书·艺文志》载《公羊》、《穀梁》二家《经》十一卷，《传》亦各十一卷，则《经》、《传》初亦别编。范宁《集解》，乃并《经》注之，疑即宁之所合。……《晋书》本传称宁此书为世所重，既而徐邈复为之注，世亦称之。今考书中乃多引邈《注》，未详其故。又《自序》有'商略名例'之句，《疏》称宁别有《略例》百余条，此本不载。然《注》中时有'传例曰'字。或士勋割裂其文，散入《注》、《疏》中欤？士勋始末不可考。孔颖达《左传正义序》，称与故四门博士杨士勋参定，则亦贞观中人。其书不及颖达书之赅洽。然诸儒言《左传》者多，言《公》、《穀》者少，既乏凭藉之资。又《左传》成于众手，此书出于一人，复鲜佐助之力。详略殊观，固其宜也。其《疏》'长狄眉见于轼'一条，连缀于'身横九亩'句下，与《注》相离。盖邢昺刊正之时，又多失其原第，亦不尽士勋之旧矣。"②（汲古阁本）

12. 周公羊高《春秋公羊传》。《玉函山房藏书簿录》云："案《汉儒林传》，高受《春秋》于卜子夏，传其子平。平传其子地，地传其子敢，敢传其子寿。至汉景帝时乃与弟子董仲舒、胡毋子都著以竹帛。然则高初止口授，至其玄孙寿乃有成书，业

---

① 《四库全书总目提要》卷二十八，经部二十八，春秋类三。
② 《四库全书总目提要》卷二十八，经部二十八，春秋类三。

历六传，不无附益。然大义终有所受，谓《公羊》为卖饼家，亦门户之见则然耳。"①（文林阁三刻闵本）

13.《春秋公羊传注疏》，东汉何休解诂，唐徐彦疏。《四库全书总目提要》云："三《传》与《经》文，《汉志》皆各为卷帙。以《左传》附《经》始于杜预，《公羊传》附《经》则不知始自何人。观何休《解诂》但释《传》而不释《经》，与杜异例，知汉末犹自别行。今所传蔡邕《石经残字公羊传》，亦无《经》文，足以互证。今本以《传》附《经》，或徐彦作《疏》之时所合并欤？彦《疏》，《文献通考》作三十卷，今本乃止二十八卷，或彦本以《经》文并为二卷，别冠于前，后人又散入《传》中，故少此二卷，亦未可知也。彦《疏》，《唐志》不载。《崇文总目》始著录，称不著撰人名氏，或云徐彦。董逌《广川藏书志》亦称世传徐彦，不知时代，意其在贞元、长庆之后。考《疏》中'邲之战'一条，犹及见孙炎《尔雅注》完本，知在宋以前。又'葬桓王'一条，全袭用杨士勋《穀梁传疏》，知在贞观以后。中多自设问答，文繁语复，与邱光庭《兼明书》相近，亦唐末之文体。董逌所云，不为无理。故今从逌之说，定为唐人焉。"②（汲古阁本）

14. 西汉董仲舒《春秋繁露》。《四库全书总目提要》云："《春秋》比事属辞，立名或取诸此，亦以意为说也。其书发挥《春秋》之旨多主《公羊》，而往往及阴阳五行。"③（《汉魏丛书》本，又世恩堂本）

15.《国语》，周左丘明撰，三国吴韦昭注。《玉函山房藏书

---

① 《玉函山房藏书簿录》卷五，第二页。
② 《四库全书总目提要》卷二十六，经部二十六，春秋类一。
③ 《四库全书总目提要》卷二十九，经部二十九，春秋类四。

簿录》云:"《国语》分纪各国,不统于鲁。上包周穆,下迄鲁悼,亦不尽依十二公之次。而事迹实与《左传》相表里。《汉艺文志》入春秋家,《律历志》引称'春秋外传'。旧有郑众、贾逵、虞翻、唐固诸家注,尽佚。韦氏注独存,为最古。诸家说间称述之。"①(坊行本)

16. 北宋宋庠《国语补音》。《玉函山房藏书簿录》云:"因唐人旧《音》而补其未备,多所纠正。"②(微波榭本)

(十) 孝经类

《孝经正义》,唐李隆基注,北宋邢昺疏。《四库全书总目提要》云:"案《唐会要》:'开元十年六月,上注《孝经》,颁天下及国子学。天宝二年二月,上重注,亦颁天下。'《旧唐书·经籍志》,《孝经》一卷,玄宗注。《唐书·艺文志》'今上《孝经制旨》一卷',注曰'玄宗'。其称'制旨'者,犹梁武帝《中庸义》之称'制旨',实一书也。赵明诚《金石录》载《明皇注孝经》四卷。陈振孙《书录解题》亦称家有此刻,为四大轴。盖天宝四载九月,以《御注》刻石于太学,谓之《石台孝经》。今尚存西安府学中,为碑凡四,故拓本称四卷耳。玄宗《御制序》末称:'一章之中凡有数句,一句之内义有兼明,具载则文繁,略之则义阙。今存于《疏》,用广发挥。'《唐书·元行冲传》称:'玄宗自注《孝经》,诏行冲为《疏》,立于学官。'《唐会要》又载:'天宝五载诏,《孝经书疏》虽粗发明,未能该备,今更敷畅以广阙文,令集贤院写颁中外。'是《注》凡再修,《疏》亦再修。其《疏》,《唐志》作二卷,宋《志》则作三卷,殆续

---

① 《玉函山房藏书簿录》卷五,第一页。
② 《玉函山房藏书簿录》卷五,第七页。

增一卷欤？宋咸平中，邢昺所修之《疏》，即据行冲书为蓝本。然孰为旧文，孰为新说，今已不可辨别矣。"①（汲古阁本）

（十一）四书类

1. 《论语集解义疏》，三国魏何晏集解，南朝梁皇侃义疏。《四库全书总目提要》云："晏字平叔，南阳宛人，何进之孙，何咸之子也。侃，《梁书》作偘，盖字异文。吴郡人，青州刺史皇象九世孙。武帝时官国子助教，寻拜散骑侍郎，兼助教如故。大同十一年卒。事迹具《梁书·儒林传》。《传》称所撰《礼记义》五十卷、《论语义》十卷。《礼记义》久佚，此书宋《国史志》、《中兴书目》、晁公武《读书志》、尤袤《遂初堂书目》皆尚著录。《国史志》称侃《疏》虽时有鄙近，然博极群言，补诸书之未至，为后学所宗。盖是时讲学之风尚未甚炽，儒者说经亦尚未尽废古义，故史臣之论云尔。"②（知不足斋本）

2. 唐韩愈《论语笔解》。《四库全书总目提要》云："考《张籍集·祭韩愈》诗，有'《论语》未讫注，手迹今微茫'句。邵博《闻见后录》遂引为《论语》注未成之证。而李汉作《韩愈集序》，则称有《论语注》十卷，与籍诗异。王楙《野客丛谈》又引为已成之证。晁公武《读书志》称《四库》《邯郸书目》皆无之，独田氏《书目》有韩氏《论语》十卷、《笔解》两卷，是《论语注》外别出《笔解》矣。《新唐书·艺文志》载愈《论语注》十卷，亦无《笔解》。惟郑樵《通志》著录二卷，与今本同。意其书出于北宋之末。然唐李匡乂，宣宗大中时人也，所作《资暇录》一条云：'《论语》"宰予昼寝"，梁武帝读为寝室之

---

① 《四库全书总目提要》卷三十二，经部三十二，孝经类。
② 《四库全书总目提要》卷三十五，经部三十五，四书类一。

寝。昼作胡卦反，且云当为画字，言其绘画寝室。今人罕知其由，咸以为韩文公所训解。'又一条云：'"伤人乎不问马"，今亦谓韩文公读不为否。'然则大中之前已有此本，未可谓为宋人伪撰。且'昼寝'一条今本有之，'厩焚'一条今本不载，使作伪者剽掇此文，不应两条相连，撦其一而遗其一。又未可谓因此依托也。以意推之，疑愈注《论语》时，或先于简端有所记录，翱亦间相讨论，附书其间。迨书成之后，后人得其稿本，采注中所未载者，别录为二卷行之。"①（抄本）

3. 北宋邢昺《论语正义》。《四库全书总目提要》云："昺《疏》，《宋志》作十卷。今本二十卷，盖后人依《论语》篇第析之。晁公武《读书志》称其亦因皇侃所采诸儒之说，刊定而成。今观其书，大抵翦皇氏之枝蔓，而稍傅以义理。汉学、宋学，兹其转关。是《疏》出而皇《疏》微，迨伊、洛之说出而是《疏》又微。故《中兴书目》曰：'其书于章句训诂名物之际详矣。'盖微言其未造精微也。"②（汲古阁本）

4. 南宋朱熹《论语集注》。《四库全书总目提要》云："原本首《大学》，次《论语》，次《孟子》，次《中庸》。书肆刊本以《大学》、《中庸》篇页无多，并为一册，遂移《中庸》于《论语》前。明代科举命题，又以作者先后，移《中庸》于《孟子》前。然非宏旨所关，不必定复其旧也。《大学》古本为一篇。朱子则分别《经》、《传》，颠倒其旧次，补缀其阙文。《中庸》亦不从郑注分节。故均谓之'章句'。《论语》、《孟子》融会诸家之说，故谓之'集注'，犹何晏注《论语》，裒八家之说称《集解》也。惟晏《注》皆标其姓，朱子则或标或不标，例稍殊焉。"③（监

---

① 《四库全书总目提要》卷三十五，经部三十五，四书类一。
② 《四库全书总目提要》卷三十五，经部三十五，四书类一。
③ 《四库全书总目提要》卷三十五，经部三十五，四书类一。

本,与《大学章句》、《中庸章句》、《孟子集注》合刻)

5.《孟子正义》,东汉赵岐注,北宋孙奭疏。《四库全书总目提要》云:"是注即岐避难北海时在孙宾家夹柱中所作。汉儒注经,多明训诂名物,惟此注笺释文句,乃似后世之口义,与古学稍殊。"①(汲古阁本)

6. 北宋孙奭《孟子音义》。《四库全书总目提要》云:"奭奉敕校定赵岐《注》,因刊正唐张镒《孟子音义》及丁公著《孟子手音》二书,兼引陆善经《孟子注》以成此书。"②(通志堂刊李中麓宋本,又微波榭本)

7. 北宋刘敞《孟子外书》。《玉函山房藏书簿录》云:"《性善辩》、《文说》、《孝经》、《为政》四篇,篇为一卷。赵氏注《孟子》时以为依托而佚之。此本宋时复出,有熙时子注、碧梧老人马廷鸾序。熙时子即刘敞也。意其补缀而成欤?"③(《函海》本)

8. 清焦循《孟子正义》。《玉函山房藏书簿录》云:"搜讨古训,以汉高诱《孟子注》亡,乃取所注《吕氏春秋》、《淮南子》有与《孟子》通者,悉为采补。其诸引刘熙、綦母邃注者,皆收掇散佚,可谓笃志妮古者矣。"④(学海堂本)

9. 清张甄陶《四书翼注论文》。《玉函山房藏书簿录》云:

---

① 《四库全书总目提要》卷三十五,经部三十五,四书类一。
② 《四库全书总目提要》卷三十五,经部三十五,四书类一。
③ 《玉函山房藏书簿录》卷五,第三十七页。
④ 《玉函山房藏书簿录》卷五,第四十页。

"于书中曲折奥衍处,特有发明,引证史事,尤极淹贯。"① (浙湖竹下书堂本)

10. 清翟灏《四书考异》。《玉函山房藏书簿录》云:"取《四书》经注之异者备录之,极为详博。"② (学海堂本)

(十二)谶纬类

明孙瑴《古微书》。《四库全书总目提要》云:"瑴尝杂采旧文,分为四部,总谓之《微书》:一曰《焚微》,辑秦以前逸书。一曰《线微》,辑汉、晋间笺疏。一曰《阙微》,征皇古七十二代之文。一曰《删微》,即此书。今三书皆不传,惟此编在,遂独被《微书》之名,实其中之一种也。所采凡《尚书》十一种、《春秋》十六种、《易》八种、《礼》三种、《乐》三种、《诗》三种、《论语》四种、《孝经》九种、《河图》十种、《洛书》五种。以今所得完本校之,瑴不过粗存梗概。"③ (抄本)

(十三)群经总义类

1. 唐陆德明《经典释文》。《四库全书总目提要》云:"此书前有《自序》云:'癸卯之岁,承乏上庠,因撰集《五典》、《孝经》、《论语》及《老》、《庄》、《尔雅》等音。古今并录,经注毕详,训义兼辩,示传一家之学。'考癸卯为陈后主至德元年,岂德明年甫弱冠即能如是淹博耶?或积久成书之后,追纪其草创之始也。首为《序录》一卷,次《周易》一卷、《古文尚书》二

---

① 《玉函山房藏书簿录》卷六,第二十四页。
② 《玉函山房藏书簿录》卷六,第二十五页。
③ 《四库全书总目提要》卷三十三,经部三十三,五经总类。

卷、《毛诗》三卷、《周礼》二卷、《仪礼》一卷、《礼记》四卷、《春秋左氏》六卷、《公羊》一卷、《穀梁》一卷、《孝经》一卷、《论语》一卷、《老子》一卷、《庄子》三卷、《尔雅》二卷。其列《老》、《庄》于经典而不取《孟子》，颇不可解。盖北宋以前，《孟子》不列于经，而《老》、《庄》则自西晋以来为士大夫所推尚。"①（抱经堂本）

2. 北宋刘敞《七经小传》。《四库全书总目提要》云："是编乃其杂论经义之语。其曰'七经'者，一《尚书》，二《毛诗》，三《周礼》，四《仪礼》，五《礼记》，六《公羊传》，七《论语》也。然《公羊传》仅一条，又皆校正《传》文衍字，于《传》义无所辨正，后又有《左传》一条、《国语》一条，亦不应独以《公羊》标目。盖敞本欲作《七经传》，惟《春秋》先成。凡所札记，已编入《春秋传》、《意林》、《权衡》、《文权》、《说例》五书中。此三条一校衍字，一论都城百雉，一论禘郊祖宗报，于经文无所附丽，故其文仍在此书中。其标题当为《春秋》，故得兼及《外传》。传写者见第一条为《公羊》，第二条末亦有'公羊'字，遂题曰《公羊》而注曰'《国语》附'，失其旨矣。《论语》诸条，有与诸经一例者，又有直书《经》文而夹注句下如注疏体者，亦注《论语》而未成，以所注杂录其中也。"②（通志堂本）

3. 北宋贾昌朝《群经音辨》。《四库全书总目提要》云："此书，其侍讲天章阁时所上。凡群经之中一字异训、音从而异者，汇集为四门。卷一至卷五曰《辨字同音异》，仿唐张守节《史记正义发字例》，依许慎《说文解字》部目次之。卷六曰《辨字音

---

① 《四库全书总目提要》卷三十三，经部三十三，五经总类。
② 《四库全书总目提要》卷三十三，经部三十三，五经总类。

清浊》，曰《辨彼此异音》，曰《辨字音疑混》，皆即《经典释文序录》所举分立名目。卷七附《辨字训得失》一门，所辨论者仅九字。"①

4. 南宋毛居正《六经正误》。《四库全书总目提要》云："居正承其家学，研究六书。嘉定十六年，诏国子监刊正经籍，当事者聘居正司校雠。已厘定四经，会居正目疾罢归，其《礼记》及《春秋三传》遂未就。然所校四经，亦以工人惮烦，诡窜墨本以给有司，版之误字未改者犹十之二三。居正乃裒所校正之字，补成此编。"②（通志堂本）

5. 南宋郑樵《六经奥论》。《四库全书总目提要》云："今观其书，议论与《通志》略不合。樵尝上书自述其著作，胪列名目甚悉，而是书曾未之及，非樵所著审矣。后昆山徐氏刻《九经解》，仍题樵名。今检书中论《诗》，皆主毛、郑，已与所著《诗辨妄》相反。又'天文辨'一条引及樵说，称夹漈先生，足证不出樵手。又论《诗》一条引晦庵说《诗》。考《宋史》樵本传，卒于绍兴三十二年。朱子《诗传》之成在淳熙四年，而晦庵之号则始于淳熙二年，皆与樵不相及。论《书》一条并引《朱子语录》，且称朱子之谥，则为宋末人所作，具有明验。不知顾湄校《九经解》时，何未一检也。第相传既久，所论亦颇有可采，故仍录存之，缀诸宋人之末而樵之名则从删焉。"③（通志堂本）

6. 清余萧客《古经解钩沉》。《四库全书总目提要》云："是编采录唐以前诸儒训诂。首为《叙录》一卷，次《周易》一卷、《尚书》三卷、《毛诗》二卷、《周礼》一卷、《仪礼》二卷、《礼

---

① 《四库全书总目提要》卷四十，经部四十，小学类一。
② 《四库全书总目提要》卷三十三，经部三十三，五经总类。
③ 《四库全书总目提要》卷三十三，经部三十三，五经总类。

记》四卷、《左传》七卷、《公羊传》一卷、《穀梁传》一卷、《孝经》一卷、《论语》一卷、《孟子》二卷、《尔雅》三卷，共三十卷。"（《玉函山房藏书簿录》所载为吴中刊本，称叙录三卷）

7. 清臧琳《经义杂记》。《玉函山房藏书簿录》云："会通诸经，善寻根据，如以《尔雅》及王叔师《楚辞章句》所引《诗》不与韩、毛同，断为鲁《诗》之类，一经拈出，确不可易。"①（学海堂本）

8. 清臧庸《拜经日记》。《玉函山房藏书簿录》云："此亦与《经义杂记》为一家学。书名'拜经'，取南齐臧荣绪庚子陈《五经》而拜之事，亦臧氏故实也。"②（学海堂本）

9. 清阮元《十三经注疏》附校勘记。《玉函山房藏书簿录》云："《周易》十卷，《尚书》二十卷，《毛诗》七十卷，《春秋左传》六十卷，《公羊传》二十八卷，《穀梁传》二十卷，《周礼》四十二卷，《仪礼》五十卷，《礼记》六十三卷，《论语》二十卷，《孝经》九卷，《尔雅》十卷，《孟子》十四卷，并据宋本及石经各本校正。凡有脱误，旁加小圈，各卷下附校勘记详辨之。古今第一善本也。"③（南昌儒学刊本）

10. 日山井鼎《七经孟子考文补遗》。《四库全书总目提要》云："原本题'西条掌书记山井鼎撰，东都讲官物观校勘'，详其《序》文，盖鼎先为《考文》，而观补其遗也。二人皆不知何许人。……凡为《易》十卷、《书》二十卷附《古文考》一卷、

---

① 《玉函山房藏书簿录》卷六，第六页。
② 《玉函山房藏书簿录》卷六，第十一页。
③ 《玉函山房藏书簿录》卷六，第十四页。

《诗》二十卷、《左传》六十卷、《礼记》六十三卷、《论语》十卷、《孝经》一卷、《孟子》十四卷。别《孟子》于《七经》之外者，考日本自唐始通中国，殆犹用唐制欤？前有《凡例》，称其国足利学有宋版《五经正义》一通，又有《古文周易》三通、《略例》一通、《毛诗》二通、皇侃《论语义疏》一通、《古文孝经》一通、《孟子》一通，又有足利本《礼记》一通、《周易》、《论语》、《孟子》各一通，又有正德、嘉靖、万历、崇祯《十三经注疏》本。崇祯本即汲古阁本也。其例首《经》，次《注》，次《疏》，次《释文》，专以汲古阁本为主，而以诸本考其异同。凡有五目：曰《考异》，曰《补阙》，曰《补脱》，曰《谨案》，曰《存旧》。按所称古本为唐以前博士所传，足利本乃其国足利学印行活字版。今皆无可考信。"①（小琅嬛仙馆刊本）

（十四）小学类

1. 东汉许慎《说文解字》。《四库全书总目提要》云："是书成于和帝永元十二年。凡十四篇，合《目录》一篇为十五篇。分五百四十部，为文九千三百五十三，重文一千一百六十三，注十三万三千四百四十字。推究六书之义，分部类从，至为精密。"②（五松书屋校刊宋本）

2. 唐张参《五经文字》。《四库全书总目提要》云："《唐书·儒学传序》，称文宗定《五经》，剟之石，张参等是正讹文，误也。考《后汉书》，熹平四年春三月，诏诸儒正《五经》文字，刻石立于太学门外。参书立名，盖取诸此。凡三千二百三十五字，依偏旁为百六十部。刘禹锡《国学新修五经壁记》云：'大

---

① 《四库全书总目提要》卷三十三，经部三十三，五经总类。
② 《四库全书总目提要》卷四十一，经部四十一，小学类二。

历中名儒张参,为国子司业,始详定《五经》,书于讲论堂东、西厢之壁。积六十余载,祭酒皥、博士公肃再新壁书,乃析坚木负墉而比之。其制如版牍而高广,背施阴关,使众如一。'观此言,可以知《五经文字》初书于屋壁,其后易以木版,至开成间乃易以石刻也。"①(青照堂本)

3. 南朝梁顾野王《玉篇》。《四库全书总目提要》云:"梁大同九年黄门侍郎兼太学博士顾野王撰,唐上元元年富春孙强增加字,宋大中祥符六年陈彭年、吴锐、邱雍等重修。凡五百四十二部。今世所行凡三本。一为张士俊所刊,前有野王《序》一篇、《启》一篇,后有神珙《反纽图》及《分毫字样》。朱彝尊序之,称上元本。一为曹寅所刊,与张本一字无异,惟前多大中祥符《敕牒》一道,称重修本。一为明内府所刊,字数与二本同,而每部之中,次序不同,注文稍略,亦称大中祥符重修本。"②(《玉函山房藏书簿录》不载版本)

4. 北宋徐锴《说文系传》。《四库全书总目提要》云:"是书凡八篇。首《通释》三十卷,以许慎《说文解字》十五篇,篇析为二。凡锴所发明及征引经传者,悉加'臣锴曰'及'臣锴案'字以别之。继以《部叙》二卷,《通论》三卷,《祛妄》、《类聚》、《错综》、《疑义》、《系述》各一卷。《祛妄》斥李阳冰臆说。《疑义》举《说文》偏旁所有而阙其字及篆体笔画相承小异者。《部叙》拟《易序卦》传,以明《说文》五百四十部先后之次。《类聚》则举字之相比为义者,如一、二、三、四之类。《错综》则旁推六书之旨,通诸人事,以尽其意。终以《系述》,则犹《史记》之《自叙》也。"③(《龙威秘书》本)

---

① 《四库全书总目提要》卷四十一,经部四十一,小学类二。
② 《四库全书总目提要》卷四十一,经部四十一,小学类二。
③ 《四库全书总目提要》卷四十一,经部四十一,小学类二。

5. 北宋司马光《类篇》。《四库全书总目提要》云："旧本题'司马光撰'。景定癸亥，董南一作光《切韵指掌图序》，亦称光尝被命修纂《类篇》，古文奇字，搜猎殆尽。然书后有《附记》曰：'宝元二年十一月，翰林院学士丁度等奏，今修《集韵》，添字既多，与顾野王《玉篇》不相参协。欲乞委修韵官将新韵添入，别为《类篇》，与《集韵》相副施行。时修韵官独有史馆检讨王洙在职，诏洙修纂。久之，洙卒。嘉佑二年九月，以翰林学士胡宿代之。三年四月，宿奏乞光禄卿直秘阁掌禹锡、大理寺丞张次立同加校正。六年九月，宿迁枢密副使，又以翰林学士范镇代之。治平三年二月，范镇出镇陈州，又以龙图阁直学士司马光代之。时已成书，缮写未毕。至四年十二月上之。'然则光于是书特缮写奏进而已，传为光修，非其实也。"①

6. 北宋郭忠恕《汗简》。《四库全书总目提要》云："此本乃宋李建中得之秘府。大中祥符五年，李直方得之建中。初无撰人名字，建中以字下注文有'臣忠恕'字，证以徐铉所言，定为忠恕所作。其分部从《说文》之旧。所征引古文凡七十一家，前列其目，字下各分注之。时王球、吕大临、薛尚功之书皆未出，故钟鼎阙焉。其分隶诸字，即用古文之偏旁，与后人以真书分部、按韵系字者不同。"②（一隅草堂本）

7. 北宋郭忠恕《佩觿》。《四库全书总目提要》云："此书上卷备论形声讹变之由，分为三科：一曰造字，二曰四声，三曰传写。中、下二卷则取字画疑似者，以四声分十段：曰平声自相对，曰平声、上声相对，曰平声、去声相对，曰平声、入声相

---

① 《四库全书总目提要》卷四十一，经部四十一，小学类二。
② 《四库全书总目提要》卷四十一，经部四十一，小学类二。

对，曰上声自相对，曰上声、去声相对，曰上声、入声相对，曰去声自相对，曰去声、入声相对，曰入声自相对。末附与《篇》、《韵》音义异者十五字，又附辨证舛误者一百十九字。不署名字，不知何人所加。以其可资考证，仍并存之。"①（《玉函山房藏书簿录》不载版本）

8. 辽释行均《龙龛手镜》。《玉函山房藏书簿录》云："其书以平、上、去、入为次，随部复用四声列之，计二万六千四百三十余注十六万三千四百余字。《说文》、《玉篇》外多所搜采佛经字收入。"②（《函海》本）

9. 南宋戴侗《六书故》。《四库全书总目提要》云："是编大旨主于以六书明字义，谓字义明则贯通群籍，理无不明。凡分九部：一曰数，二曰天文，三曰地理，四曰人，五曰动物，六曰植物，七曰工事，八曰杂，九曰疑。"③

10. 明李如真《篇海》。《玉函山房藏书簿录》云："明上元李如真撰，长安赵新盘校定，南京吏部文选司郎中、北海张忻静山重订正。自金部至自部，凡一百十七目。"④（明崇祯刊本）

11. 北宋陈彭年等《广韵》。《四库全书总目提要》云："初，隋陆法言以吕静等六家韵书各有乖互，因与刘臻、颜之推、魏渊、卢思道、李若、萧该、辛德源、薛道衡八人撰为《切韵》五卷。书成于仁寿元年。唐仪凤二年，长孙讷言为之注。后郭知玄、关亮、薛峋、王仁煦、祝尚邱递有增加。天宝十载，陈州司

---

① 《四库全书总目提要》卷四十一，经部四十一，小学类二。
② 《玉函山房藏书簿录》卷七，第十九页。
③ 《四库全书总目提要》卷四十一，经部四十一，小学类二。
④ 《玉函山房藏书簿录》卷七，第十六页。

法孙愐重为刊定,改名《唐韵》。后严宝文、裴务齐、陈道固又各有添字。宋景德四年,以旧本偏旁差讹,传写漏落,又注解未备,乃命重修。大中祥符四年书成,赐名《大宋重修广韵》,即是书也。"①(《玉函山房藏书簿录》不载版本)

12. 北宋丁度《集韵》。《四库全书总目提要》云:"前有《韵例》,称:'景祐四年,太常博士直史馆宋祁、太常丞直史馆郑戬等建言:陈彭年、邱雍等所定《广韵》,多用旧文,繁略失当。因诏祁、戬与国子监直讲贾昌朝、王洙同加修定。刑部郎中知制诰丁度、礼部员外郎知制诰李淑为之典领。'晁公武《读书志》亦同。然考司马光《切韵指掌图序》称'仁宗皇帝诏翰林学士丁公度、李公淑增崇韵学,自许叔重而降凡数十家,总为《集韵》,而以贾公昌朝、王公洙为之属。治平四年,余得旨继纂其职,书成上之,有诏颁焉。尝因讨究之暇,科别清浊为二十图'云云,则此书奏于英宗时,非仁宗时,成于司马光之手,非尽出丁度等也。"②(江宁重刊本)

13.《礼部韵略》。《四库全书总目提要》云:"旧本不题撰人。晁公武《读书志》云'丁度撰'。今考所并旧韵十三部,与度所作《集韵》合,当出度手。"③

14. 南宋吴棫《韵补》。《四库全书总目提要》云:"武夷徐蒇为是书序,称与蒇本同里,而其祖后家同安。王明清《挥麈三录》则以为舒州人,疑明清误也。宣和六年第进士,召试馆职,不就。绍兴中为太常丞,以为孟仁仲草表忤秦桧,出为泉州通判以终。蒇《序》称所著有《书裨传》、《诗补音》、《论语指掌考异续解》、

---

① 《四库全书总目提要》卷四十二,经部四十二,小学类三。
② 《四库全书总目提要》卷四十二,经部四十二,小学类三。
③ 《四库全书总目提要》卷四十二,经部四十二,小学类三。

《楚辞释音》、《韵补》凡五种。陈振孙《书录解题·诗类》载棫《毛诗补音》十卷，注曰：'棫又别有《韵补》一书，不专为《诗》作。'《小学类》载棫《韵补》五卷，注曰：'棫又有《毛诗补音》一书，别见《诗类》。'今《补音》已亡，惟此书存。"①

15. 南宋欧阳德隆《押韵释疑》。《四库全书总目提要》云："《押韵释疑》，宋绍定庚寅庐陵进士欧阳德隆撰，景定甲子郭守正增修。守正字正己，自号紫云山民。《永乐大典》所引《紫云韵》，即此书也。初，德隆以《礼部韵略》有字同义异、义同字异者，与其友易有开因监本各为互注，以便程试之用。辰阳袁文熻为之序。后书肆屡为刊刻，多所窜乱。守正因取德隆之书，参以诸本，为删削增益各十余条，以成此书。"②

16.《古今韵会举要》，南宋黄公绍撰，元熊忠举要。《四库全书总目提要》云："案杨慎《丹铅录》谓蜀孟昶有《书林韵会》，元黄公绍举其大要而成书，故以为名。然此书以《礼部韵略》为主，而佐以毛晃、刘渊所增并，与孟昶书实不相关。旧本《凡例》首题'黄公绍编辑，熊忠举要'，而第一条即云'今以《韵会》补收阙遗，增添注释'，是《韵会》别为一书明矣。其前载刘辰翁《韵会序》，正如《广韵》之首载陆法言、孙愐《序》耳，亦不得指《举要》为公绍作也。自金韩道昭《五音集韵》始以七音、四等、三十六母颠倒唐宋之字纽，而韵书一变。南宋刘渊《淳祐壬子新刊礼部韵略》始合并通用之部分，而韵书又一变。忠此书字纽遵韩氏法，部分从刘氏例，兼二家所变而用之，而韵书旧第，至是尽变无遗。"③（明润州刊本）

---

① 《四库全书总目提要》卷四十二，经部四十二，小学类三。
② 《四库全书总目提要》卷四十二，经部四十二，小学类三。
③ 《四库全书总目提要》卷四十二，经部四十二，小学类三。

17.《尔雅注疏》，东晋郭璞注，北宋邢昺疏。《四库全书总目提要》云："案《大戴礼·孔子三朝记》称'孔子教鲁哀公学《尔雅》'，则《尔雅》之来远矣，然不云《尔雅》为谁作。据张揖《进广雅表》称'周公著《尔雅》一篇（案《经典释文》以揖所称一篇为《释诂》）。今俗所传三篇（案《汉志》，《尔雅》三卷，此三篇谓三卷也），或言仲尼所增，或言子夏所益，或言叔孙通所补，或言沛郡梁文所考。皆解家所说，疑莫能明也。'于作书之人，亦无确指。其余诸家所说，小异大同。今参互而考之，郭璞《尔雅注序》称'豹鼠既辨，其业亦显'，邢昺《疏》以为汉武帝时终军事。《七录》载犍为文学《尔雅注》三卷（案《七录》久佚，此据《隋志》所称梁有某书亡，知为《七录》所载），陆德明《经典释文》以为汉武帝时人。则其书在武帝以前。"①（汲古阁本）

18. 唐颜师古《匡谬正俗》。《四库全书总目提要》云："是书永徽二年其子符玺郎扬庭表上于朝，高宗敕录本付秘阁。卷首载扬庭《表》，称'稿草才半，部帙未终'，盖犹未竟之本。又称'谨遵先范，分为八卷，勒成一部'，则今本乃扬庭所编。宋人诸家书目多作《刊谬正俗》，或作《纠谬正俗》，盖避太祖之讳。钱曾《读书敏求记》作《列谬正俗》，则刻本偶误也。前四卷凡五十五条，皆论诸经训诂、音释。后四卷凡一百二十七条，皆论诸书字义、字音及俗语相承之异。考据极为精密。惟拘于习俗，不能知音有古今。"②（雅雨堂本）

19.《尔雅翼》，南宋罗愿撰，元洪焱祖音释。《四库全书总目提要》云："是书卷端有愿《自序》，又有王应麟《后序》、方回

---

① 《四库全书总目提要》卷四十，经部四十，小学类一。
② 《四库全书总目提要》卷四十，经部四十，小学类一。

《跋》及焱祖《自跋》。应麟《后序》称以咸淳庚午刻此书郡斋，而《玉海》所列《尔雅》诸本乃不著于录。据方回《跋》，称《序》见《鄂州小集》，世未见其书，回访得副本于其从孙裳。盖其出在《玉海》后也。越五十年为元延祐庚申，郡守朱霁重刻，乃属焱祖为之音释。而愿《序》及应麟《后序》隶事稍僻者亦并注焉。焱祖《跋》称《释草》八卷，凡一百二十名；《释木》四卷，凡六十名；《释鸟》五卷，凡五十八名；《释兽》六卷，凡七十四名；《释虫》四卷，凡四十名；《释鱼》五卷，凡五十五名。今勘验此本，名数皆合。惟《释兽》七十四名，此本内有八十五名，与原《跋》互异。岂字画传写有误欤？其书考据精博，而体例谨严，在陆佃《埤雅》之上。应麟《后序》称其即物精思，体用相涵，本末靡遗，殆非溢美。"①（《玉函山房藏书簿录》不载版本）

20. 南宋陆佃《埤雅》。《四库全书总目提要》云："史称其精于礼家名数之学，所著《埤雅》、《礼象》、《春秋后传》之类，凡二百四十二卷。王应麟《玉海》又记其修《说文解字》。其子宰作此书《序》，又称其有《诗讲义》、《尔雅注》。今诸书并佚。其《尔雅新义》仅散见《永乐大典》中，文句讹阙，亦不能排纂成帙。传于世者惟此书而已。凡《释鱼》二卷、《释兽》三卷、《释鸟》四卷、《释虫》二卷、《释马》一卷、《释木》二卷、《释草》四卷、《释天》二卷。"②（明武林郎奎金刊本）

21. 清臧镛堂《尔雅汉注》。《玉函山房藏书簿录》云："武进臧镛堂辑录，承德孙冯翼校刊。汉儒之学，萃于斯编，可与郭《注》互考。"③（问经堂本）

---

① 《四库全书总目提要》卷四十，经部四十，小学类一。
② 《四库全书总目提要》卷四十，经部四十，小学类一。
③ 《玉函山房藏书簿录》卷五，第四十二页。

22. 清王念孙《广雅疏证》。《玉函山房藏书簿录》云："博证通疏，并搜辑诸书所引《广雅》而今本佚之者，并为补入。视曹宪《音释》陋之如邾莒矣。"①（学海堂本）

二、史部

（一）正史类

1. 汉司马迁《史记》。《四库全书总目提要》云："汉司马迁撰，褚少孙补。迁事迹具《汉书》本传。少孙据张守节《正义》引张晏之说，以为颍川人，元、成间博士。又引《褚顗家传》，以为梁相褚大弟之孙，宣帝时为博士，寓居沛，事大儒王式，故号先生。二说不同。然宣帝末距成帝初不过十七八年，其相去亦未远也。案迁《自序》凡十二本纪、十表、八书、三十世家、七十列传，共为百三十篇。《汉书》本传称其十篇阙，有录无书。张晏注以为迁殁之后，亡《景帝纪》、《武帝纪》、《礼书》、《乐书》、《兵书》、《汉兴以来将相年表》、《日者列传》、《三王世家》、《龟策列传》、《傅靳列传》。刘知几《史通》则以为十篇未成，有录而已，驳张晏之说为非。今考《日者》、《龟策》二传，并有'太史公曰'，又有'褚先生曰'，是为补缀残稿之明证，当以知几为是也。"②（《玉函山房藏书簿录》不载版本）

2. 晋裴骃《史记集解》。《四库全书总目提要》云："骃以徐广《史记音义》粗有发明，殊恨省略，乃采九经诸史并《汉书音义》及众书之目，别撰此书。……原本八十卷，隋、唐《志》著

---

① 《玉函山房藏书簿录》卷五，第四十四页。
② 《四库全书总目提要》卷四十五，史部一，正史类一。

录并同。此本为毛氏汲古阁所刊,析为一百三十卷,原第遂不可考,然注文犹仍旧本。"①(汲古阁本)

3. 唐司马贞《史记索隐》。《四库全书总目提要》云:"贞初受《史记》于崇文馆学士张嘉会,病褚少孙补司马迁书多伤踳驳。又裴骃《集解》旧有《音义》,年远散佚。诸家《音义》延笃音隐、邹诞生、柳顾言等书亦失传,而刘伯庄、许子儒等又多疏漏。乃因裴骃《集解》,撰为此书。首注《骃序》一篇,载其全文。其注司马迁书,则如陆德明《经典释文》之例,惟标所注之字,盖经传别行之古法。"②(汲古阁本)

4. 唐张守节《史记正义》。《玉函山房藏书簿录》云:"征引赅博,较他注为详。"③(汲古阁本)

5. 东汉班固《汉书》。《玉函山房藏书簿录》云:"汉尚书郎元武护军扶风班固孟坚撰,八《表》并《天文志》女弟昭奉诏续成。唐秘书监京兆颜籀师古注。孟坚书多述旧文,《列传》因乎史迁,诸《志》本乎子骏,可谓善于取裁。至其原书次第,备详叙传中。梁刘之遴颠倒其篇目,谓别有《汉书》真本,实不可信也。"④(汲古阁本)

6. 南朝宋范晔《后汉书》。《四库全书总目提要》云:"《后汉书》,《本纪》十卷、《列传》八十卷,宋范蔚宗撰,唐章怀太子贤注。蔚宗事迹具《宋书》本传。贤事迹具《唐书》本传。考《隋志》载范《书》九十七卷,新、旧《唐书》则作九十二卷,

---

① 《四库全书总目提要》卷四十五,史部一,正史类一。
② 《四库全书总目提要》卷四十五,史部一,正史类一。
③ 《玉函山房藏书簿录》卷八,第二页。
④ 《玉函山房藏书簿录》卷八,第二页。

互有不同。惟《宋志》作九十卷，与今本合。然此书历代相传，无所亡佚。考《旧唐志》又载章怀太子注《后汉书》一百卷。今本九十卷，中分子卷者凡十。是章怀作注之时，始并为九十卷，以就成数。《唐志》析其子卷数之，故云一百。《宋志》合其子卷数之，故仍九十。其实一也。"①（汲古阁本）

7. 西晋陈寿《三国志》。《四库全书总目提要》云："凡《魏志》三十卷、《蜀志》十五卷、《吴志》二十卷。其书以魏为正统，至习凿齿作《汉晋春秋》，始立异议。自朱子以来，无不是凿齿而非寿。然以理而论，寿之谬万万无辞；以势而论，则凿齿帝汉顺而易，寿欲帝汉逆而难。盖凿齿时晋已南渡，其事有类乎蜀，为偏安者争正统，此孚于当代之论者也。寿则身为晋武之臣，而晋武承魏之统，伪魏是伪晋矣，其能行于当代哉？此犹宋太祖篡立近于魏，而北汉、南唐迹近于蜀，故北宋诸儒皆有所避而不伪魏。高宗以后偏安江左近于蜀，而中原魏地全入于金，故南宋诸儒乃纷纷起而帝蜀。此皆当论其世，未可以一格绳也。惟其误沿《史记》《周》、《秦》本纪之例，不托始于魏文，而托始曹操，实不及《魏书叙纪》之得体。是则诚可已不已耳。宋元嘉中，裴松之受诏为注，所注杂引诸书，亦时下己意。综其大致，约有六端：一曰引诸家之论以辨是非，一曰参诸书之说以核讹异，一曰传所有之事详其委曲，一曰传所无之事补其阙佚，一曰传所有之人详其生平，一曰传所无之人附以同类。其中往往嗜奇爱博，颇伤芜杂。"②（汲古阁本）

8. 唐房玄龄《晋书》。《玉函山房藏书簿录》云："多据用《世说新语》，崇尚浮华而略于典实。然虞预、孙盛、王隐、何法

---

① 《四库全书总目提要》卷四十五，史部一，正史类一。
② 《四库全书总目提要》卷四十五，史部一，正史类一。

盛、臧荣绪、谢灵运、朱凤诸家《晋史》皆亡，不得不以此为典午之文献也。"①（汲古阁本）

9. 梁沈约《宋书》。《玉函山房藏书簿录》云："进表称纪传合志表为七十卷。今本一百卷而无表。他卷多缺，炎宋时以《南史》补之。"②（汲古阁本）

10. 南朝梁萧子显《南齐书》。《玉函山房藏书簿录》云："原本六十卷，唐时已佚其一。晁公武《读书志》载有《进书表》，今本亦佚。《文学传》无《叙》，《州郡志》及《桂阳王传》皆有缺文。相承既久，无从校补。书中好言纬谶，与《宋书·符瑞志》同失，亦齐梁间风尚然也。"③（汲古阁本）

11. 隋姚思廉《梁书》。《四库全书总目提要》云："是书《旧唐书·经籍志》及思廉本传俱云五十卷，《新唐书》作五十六卷。考刘知几《史通》，谓'姚察有志撰勒，施功未周。其子思廉凭其旧稿，加以新录，述为《梁书》五十六卷'。则《新唐书》所据为思廉编目之旧，《旧唐书》误脱'六'字审矣。思廉本推其父意以成书，每卷之后，题陈吏部尚书姚察者二十五篇，题史官陈吏部尚书姚察者一篇。盖仿《汉书》卷后题班彪之例。其专称史官者，殆思廉所续纂欤。"④（汲古阁本）

12. 唐魏徵等《隋书》。《玉函山房藏书簿录》云："其书成非一手。书中十《志》本名《五代史志》，今以列于《隋书》，竟称《隋志》矣。《经籍志》本梁《七录》，注存亡书名目卷数，

---

① 《玉函山房藏书簿录》卷八，第四页。
② 《玉函山房藏书簿录》卷八，第四页。
③ 《玉函山房藏书簿录》卷八，第四页。
④ 《四库全书总目提要》卷四十五，史部一，正史类一。

最为善于存古。"①（汲古阁本）

13. 唐李延寿《北史》。《四库全书总目提要》云："延寿表进其书，称《本纪》十二卷、《列传》八十八卷，为《北史》，与今本卷数符合。《文献通考》作八十卷者误也。延寿既与修《隋书》十志，又世居北土，见闻较近。参核同异，于《北史》用力独深。故叙事详密，首尾典赡。如载元韶之奸利，彭乐之勇敢，郭琬、沓龙超诸人之节义，皆具见特笔。出《郦道元》于《酷吏》，附《陆法和》于《艺术》，离合编次，亦深有别裁。"②（南沙席氏本）

14. 后晋刘昫等《旧唐书》。《玉函山房藏书簿录》云："自《新唐书》出，此书遂微。然新书所短，实有不及旧书之长者。高宗纯皇帝以新旧二书并校颁布，诚千古之公论也。"③（《玉函山房藏书簿录》不载版本）

15. 北宋欧阳修等《新唐书》。《玉函山房藏书簿录》云："宋翰林学士庐陵欧阳修永叔、端明殿学士安陆宋祁子京同撰。《本纪》、《表》、《志》，欧所定。《列传》宋所定。大旨以事增文简，求胜前书。而事多采小说，文多成涩体，疵颣亦复不少也。"④（汲古阁本）

（二）编年类

1. 东汉荀悦《汉纪》。《四库全书总目提要》云："汉荀悦撰。

---

① 《玉函山房藏书簿录》卷八，第六页。
② 《四库全书总目提要》卷四十六，史部二，正史类二。
③ 《玉函山房藏书簿录》卷八，第七页。
④ 《玉函山房藏书簿录》卷八，第七页。

悦，字仲豫，颍阴人，献帝时官秘书监侍中，《后汉书》附见其祖《荀淑传》。称献帝好典籍，以班固《汉书》文繁难省，乃令悦依左氏传体为《汉纪》三十篇，词约事详，论辨多美。张璠《汉记》亦称其因事以明臧否，致有典要，大行于世。唐刘知几《史通·六家篇》，以悦书为《左传家》之首。其《二体篇》又称其历代宝之，有逾本传，班、荀二体，角力争先。其推之甚至。"①（《玉函山房藏书簿录》不载版本）

2. 东晋袁宏《后汉纪》。《四库全书总目提要》云："是书前有宏《自序》，称尝读《后汉书》，烦秽杂乱，聊以暇日，撰集为《后汉纪》。其所缀会《汉纪》（案：此《汉纪》盖指荀悦之书涉及东汉初事者，非张璠书也）、谢承书、司马彪书、华峤书、谢沈书、《汉山阳公记》、《汉灵献起居注》、《汉名臣奏》，旁及诸部《耆旧先贤传》，凡数百卷。前史阙略，多不次序。错缪同异，谁使正之。经营八年，疲而不能定，颇有传者。始见张璠所撰书，其言汉末之事差详，故复探而益之云云。盖大致以《汉纪》为准也。"②（《玉函山房藏书簿录》不载版本）

3. 北宋刘恕《通鉴外纪》。《玉函山房藏书簿录》云："刘与司马温公同修《资治通鉴》，欲作《前纪》、《后纪》而不果，病垂没，乃口授其子羲仲为此书。自包羲之周威烈王二十三年，与《通鉴》相接。目录亦仿温公之体例。"③（《玉函山房藏书簿录》不载版本）

4. 南宋王应麟《通鉴地理通释》。《玉函山房藏书簿录》云："此释《通鉴》地理而括以四类。首州城，次都邑，次山川，次

---

① 《四库全书总目提要》卷四十七，史部三，编年类。
② 《四库全书总目提要》卷四十七，史部三，编年类。
③ 《玉函山房藏书簿录》卷八，第十二页至十三页。

形势。以唐河湟十一州、石晋燕云十六州附于末，用杜预《春秋地名》例也。大致主于淹博。"①（附刊《玉海》本）

5. 南宋金履祥《通鉴前编》。《玉函山房藏书簿录》云："断自唐尧，下接《通鉴》之前，以《尚书》为主，下及《诗》、《礼》、《春秋》，旁采诸子。表年系事，复加训释。别为《举要》，以明纲领。"②（明新安吴氏刊本）

6. 元胡三省《资治通鉴音注》。

（三）纪事本末类

清马骕《绎史》。《四库全书总目提要》云："是编纂录开辟至秦末之事。首为《世系图》、《年表》，不入卷数。次《太古》十卷，次《三代》二十卷，次《春秋》七十卷，次《战国》五十卷，次《别录》十卷。仿袁枢《纪事本末》之例，每一事各立标题，详其始末。惟枢书排纂年月，镕铸成篇。此书则惟篇末论断，出骕自作。其事迹皆博引古籍，排比先后，各冠本书之名。其相类之事则随文附注，或有异同讹舛以及依托附会者，并于条下疏通辨证。与朱彝尊《日下旧闻》义例相同。"③（《玉函山房藏书簿录》不载版本）

（四）别史类

1. 周孔晁注《逸周书》。《四库全书总目提要》云："旧本题

---

① 《玉函山房藏书簿录》卷八，第十三页。
② 《玉函山房藏书簿录》卷八，第十三页至十四页。
③ 《四库全书总目提要》卷四十九，史部五，纪事本末类。

曰《汲冢周书》。考《隋经籍志》、《唐艺文志》，俱称此书以晋太康二年得于魏安釐王冢中。则汲冢之说，其来已久。然《晋书武帝纪》及《荀勖》、《束皙传》，载汲郡人不准所得《竹书》七十五篇，具有篇名，无所谓《周书》。杜预《春秋集解后序》，载汲冢诸书，亦不列《周书》之目。是《周书》不出汲冢也。考《汉书·艺文志》先有《周书》七十一篇，今本比班固所纪惟少一篇。陈振孙《书录解题》称，凡七十篇，《叙》一篇在其末。京口刊本始以《序》散入诸篇，则篇数仍七十有一，与《汉志》合。"① （明黄嘉惠校本，又新安汪氏本。《玉函山房藏书簿录》入尚书类）

2. 东汉班固、刘珍、蔡邕、杨彪等《东观汉记》。《四库全书总目提要》云："案：《范书·班固传》云，明帝始诏班固与睢阳令陈宗、长陵令尹敏、司隶从事孟异共成《世祖本纪》。固又撰功臣、平林、新市、公孙述事，作《列传》、《载记》二十八篇。此《汉记》之初创也。刘知几《史通·古今正史篇》云，安帝诏史官谒者仆射刘珍、谏议大夫李尤杂作《纪》、《表》、《名臣》、《节士》、《儒林》、《外戚》诸传，起建武，讫永初。《范书·刘珍传》亦称，邓太后诏珍与刘騊駼作《建武以来名臣传》。此《汉记》之初续也。《史通》又云，珍、尤继卒，复命侍中伏无忌与谏议大夫黄景作《诸王》、《王子》、《功臣恩泽侯表》与《单于》、《西羌传》、《地理志》。元嘉元年，复令大中大夫边韶，大军营司马崔寔，议郎朱穆、曹寿杂作《孝穆崇》二皇及《顺烈皇后传》。又增《外戚传》入安思等后。《儒林传》入崔篆诸人。寔、寿又与议郎延笃杂作《百官表》，顺帝功臣《孙程》、《郭愿》、《郑众》、《蔡伦》等传凡百十有四篇，号曰《汉记》。《范书·伏湛传》亦云，元嘉中，桓帝诏伏无忌与黄景、崔寔等共撰

---

① 《四库全书总目提要》卷五十，史部六，别史类。

《汉纪》。《延笃传》亦称，笃与朱穆、边韶共著作《东观》。此《汉记》之再续也。盖至是而史体粗备，乃肇有《汉记》之名。"①

3. 唐许嵩《建康实录》。《四库全书总目提要》云："唐许嵩撰。嵩自署曰高阳，盖其郡望。其始末则不可考。书中备记六朝事迹，起吴大帝，迄陈后主，凡四百年，而以后梁附之。六朝皆都建康，故以为名。其积算年数，迄唐至德元年丙申而止，则肃宗时人也。前有《自序》，谓今质正传，旁采遗文，具君臣行事。事有详简，文有机要，不必备举。若土地山川、城池宫苑，各明处所，用存古迹。其异事别闻，辞不相属，则皆注记以益见知，使周览而不烦，约而无失云云。盖其义例主于类叙兴废大端，编年纪事，而尤加意于古迹。其间如晋以前诸臣事实，皆用实录之体，附载于薨卒条下。而宋以后复沿本史之例，各为立传，为例未免不纯。又往往一事而重复抵牾。至于名号称谓，略似《世说新语》，随意标目，漫无一定。于史法尤乖。然引据广博，多出正史之外。唐以来考六朝遗事者，多援以为征。"②

4. 南宋郑樵《通志》。《玉函山房藏书簿录》云："此书《纪传》一百四十五卷、《谱》四卷、《略》五十一卷，大抵剿袭旧文。其二十略贯穿，具见精力。故世与杜氏《通典》、马氏《文献通考》称'三通'云。"③（《玉函山房藏书簿录》不载版本）

5. 南宋罗泌撰，罗苹注《路史》。《四库全书总目提要》云："凡《前纪》九卷，述初三皇至阴康无怀之事；《后纪》十四卷，述太昊至夏履癸之事；《国名纪》八卷，述上古至三代诸国姓氏

---

① 《四库全书总目提要》卷五十，史部六，别史类。
② 《四库全书总目提要》卷五十，史部六，别史类。
③ 《玉函山房藏书簿录》卷八，第四十三页。

地理，下逮两汉之末；《发挥》六卷、《余论》十卷，皆辨难考证之文。其《国名纪》第八卷，载《封建后论》一篇、《究言》一篇、《必正札子》一篇、《国姓衍庆纪原》一篇，盖以类相附。惟归愚子《大衍数》一篇、《大衍说》一篇、《四象说》一篇，与《封建》渺无所涉。考《发挥》第一卷之首，有《论太极》一篇、《明易象象》一篇、《易之名》一篇，与《大衍》等三篇为类。疑本《发挥》之文，校刊者以卷帙相连，误窜入《国名纪》也。泌《自序》谓：皇甫谧之《世纪》、谯周之《史考》、张愔之《系谱》、马总之《通历》、诸葛耽之《帝录》、姚恭年之《历帝纪》、小司马之《补史》、刘恕之《通鉴外纪》，其学浅狭，不足取信；苏辙《古史》，第发明索隐之旧，未为全书；因著是编。《余论》之首释名书之义，引《尔雅》训路为大，所谓《路史》，盖曰大史也。句下注文，题其子萃所撰。核其词义，与泌书详略相补，似出一手，殆自注而嫁名于子𫚈。"①（《玉函山房藏书簿录》不载版本）

（五）杂史类

《战国策》，西汉刘向校定，东汉高诱注。《玉函山房藏书簿录》云："宋删定官剡（川）姚宏伯声补此书，或曰《国策》，或曰《国事》，或曰《短长》，或曰《事语》，或曰《长书》，或曰《修书》。子政校定，以为战国时游士辅所用之国，为之策谋，宜为《战国策》。"②（雅雨堂本）

---

① 《四库全书总目提要》卷五十，史部六，别史类。
② 《玉函山房藏书簿录》卷八，第二十页。

（六）传记类

1.《列女传》，西汉刘向撰，清王照圆补注。《玉函山房藏书簿录》云："汉光禄大夫、宗室刘向子政撰；《续传》一卷，或曰班昭，或曰项原，皆不可考。旧合一编，宋王回乃以有颂无颂离析其文。书凡七目，曰《母仪》、《贤明》、《仁智》、《贞慎》、《节义》、《辩通》、《孽嬖》。盖为当时后党宠盛而作也。嘉庆中户部郎中栖霞郝懿行兰皋宜人福山王照圆婉佺补注，凡曹大家注、綦母邃注散句佚文，并引附其下。"①（双莲书屋刊本）

2. 西晋皇甫谧《高士传》。《四库全书总目提要》云："案南宋李石《续博物志》曰：'刘向传列仙七十二人，皇甫谧传高士亦七十二人。'知谧书本数仅七十二人。此本所载乃多至九十六人。然《太平御览》五百六卷至五百九卷全收此书，凡七十一人，其七十人与此本相同。又东郭先生一人，此本无而《御览》有，合之得七十一人，与李石所言之数仅佚其一耳。盖《御览》久无善本，传刻偶脱也。此外子州支父、石户之农、小臣稷、商容、荣启期、长沮、桀溺、荷丈人、汉阴丈人、颜斶十人，皆《御览》所引嵇康《高士传》之文。闵贡、王霸、严光、梁鸿、台佟、韩康、矫慎、法真、汉滨老父、庞公十人，则《御览》所引《后汉书》之文。惟披衣、老聃、庚桑楚、林类、老商氏、庄周六人为《御览》此部所未载。当由后人杂取《御览》，又稍摭他书附益之耳。考《读书志》亦作九十六人，而《书录解题》称今自披衣至管宁惟八十七人。是宋时已有二本，窜乱非其旧矣。流传既久，未敢轻为删削。然其非七十二人之旧，则不可以不知

---

① 《玉函山房藏书簿录》卷九，第二十二页。

也。"①（明张遂辰本，又汪士汉本）

（七）载记类

1. 东汉赵煜《吴越春秋》。《四库全书总目提要》云："是书前有旧《序》，称隋、唐《经籍志》皆云十二卷，今存者十卷，殆非全书。又云杨方撰《吴越春秋削繁》五卷，皇甫遵撰《吴越春秋传》十卷。此二书，今人罕见，独煜书行于世。"②（明武林钱敬臣本，又新安汪氏本）

2. 东汉袁康《越绝书》。《玉函山房藏书簿录》云："汉袁康撰，其友吴平同定。《隋志》题'自贡撰'，《唐志》因之，未尝详绎本书也。原本二十五篇，今佚其五。书与《吴越春秋》相出入，而博奥伟丽胜之，或又称《越纽》云。"③（明山阴王氏校本）

（八）时令类

南宋陈元靓《岁时广记》。《四库全书总目提要》云："其书《宋志》不著录，惟见于钱曾《读书敏求记》，称前列《图说》，分四时，为四卷。今此本乃曹溶《学海类编》所载，卷首并无《图说》，盖传抄者佚之。书中摭《月令》、《孝经纬》、《三统历》诸书为纲，而以杂书所记关于节序者按月分隶，凡春令四十六条、夏令五十条、秋令三十二条、冬令三十八条。大抵为启札应

---

① 《四库全书总目提要》卷五十七，史部十三，传记类一。
② 《四库全书总目提要》卷六十六，史部二十二，载记类五。
③ 《玉函山房藏书簿录》卷八，第二十一页。

用而设,故于稗官说部多所征据。"①

(九) 地理类

1. 北魏郦道元《水经注》。《四库全书总目提要》云:"今惟道元所注存。《崇文总目》称其中已佚五卷,故《元和郡县志》、《太平寰宇记》所引滹沱水、洛水、泾水,皆不见于今书。然今书仍作四十卷,盖宋人重刊,分析以足原数也。是书自明以来,绝无善本。惟朱谋㙔所校盛行于世,而舛谬亦复相仍。今以《永乐大典》所引,各案水名,逐条参校。非惟字句之讹,层出叠见;其中脱简错简,有自数十字至四百余字者。其道元自序一篇,诸本皆佚,亦惟《永乐大典》仅存。盖当时所据,犹属宋椠善本也。谨排比原文,与近代本钩稽校勘,凡补其阙漏者二千一百二十八字,删其妄增者一千四百四十八字,正其臆改者三千七百一十五字。"②(武英殿聚珍板本)

2. 南朝梁宗懔《荆楚岁时记》。《玉函山房藏书簿录》云:"懔本楚人,故述其乡之风土,犹劝梁元帝都渚宫意也。《唐志》作杜公瞻《荆楚岁时记》二卷,以《注》出杜氏故也。"③(明武林徐氏校本)

3. 唐李吉甫《元和郡县图志》。《玉函山房藏书簿录》云:"《自序》谓辨州域之疆界,起京兆府,尽陇西道,凡四十七镇,成四十七卷。每镇皆有图在篇首,并《目录》二卷。图录久佚,今本缺七卷有半。后有程大昌、洪迈、张子颜三跋。据程跋,宪

---

① 《四库全书总目提要》卷六十七,史部二十三,时令类。
② 《四库全书总目提要》卷六十九,史部二十五,地理类二。
③ 《玉函山房藏书簿录》卷十,第九页。

宗经略诸镇，吉甫实赞成之。其于河北、淮西悉尝图上地形，宪宗得以坐览要害而阴定策画者，图之助多也。惜乎不存。"①（林汲山房藏本）

4. 唐余知古《渚宫旧事》。《玉函山房藏书簿录》云："《唐志》、《郡斋读书志》并十卷。此本五卷，与陈氏《书录解题》所载卷数合，则书自南宋时佚其半矣。书记楚中故事人物，取郢都南渚宫以为名。事起周，止于晋代，则所失盖后五卷也。"②（平津馆本）

5. 唐段公路《北户录》。《玉函山房藏书簿录》云："书载岭南风土物产极赅备，引证尤博。"③（仁和王氏本）

6. 北宋乐史《太平寰宇记》。《四库全书总目提要》云："宋太宗时，始平闽、越并北汉，史因合舆图所隶，考寻始末，条分件系，以成此书。始于东京，迄于四裔。然是时幽、妫、营、檀等十六州，晋所割以赂辽者，实未入版章。史乃因贾耽《十道志》、李吉甫《元和郡县志》之旧，概列其名。盖太宗置封桩库，冀复燕、云，终身未尝少置。史亦预探其志，载之于篇，非无所因而漫录也。史进书序讥贾耽、李吉甫为漏阙，故其书采摭繁富，惟取赅博。于列朝人物，一一并登。至于题咏古迹若张祐《金山诗》之类，亦皆并录。后来方志必列人物、艺文者，其体皆始于史。"④（明刊本）

7. 北宋宋敏求《长安志》。《四库全书总目提要》云："是编

---

① 《玉函山房藏书簿录》卷十，第十页至十一页。
② 《玉函山房藏书簿录》卷十，第十一页至十二页。
③ 《玉函山房藏书簿录》卷十，第十二页。
④ 《四库全书总目提要》卷六十八，史部二十四，地理类一。

皆考订长安古迹，以唐韦述《西京记》疏略不备，因更博采群籍，参校成书。凡城郭、官府、山川、道里、津梁、邮驿，以至风俗、物产、宫室、寺院，纤悉毕具。其坊市曲折及唐盛时士大夫第宅所在，皆一一能举其处，粲然如指诸掌。司马光尝以为考之韦《记》，其详不啻十倍。今韦氏之书久已亡佚，而此《志》精博宏赡，旧都遗事藉以获传，实非他地志所能及。"①（《玉函山房藏书簿录》不载版本）

8. 南宋史能之《咸淳毗陵志》。

9. 元于钦《齐乘》。《四库全书总目提要》云："是书专记三齐舆地，凡分八类，曰《沿革》，曰《分野》，曰《山川》，曰《郡邑》，曰《古迹》，曰《亭馆》，曰《风土》，曰《人物》。叙述简核而淹贯，在元代地志之中最有古法。"②（《玉函山房藏书簿录》不载版本）

10. 元孛兰肹《大元一统志》。

（十）政书类

1. 东汉蔡邕《独断》。《玉函山房藏书簿录》云："此书讨论典故，于舆服礼乐尤详尽。尝撰《汉书》，故博通古代之制而论断之也。"③（明金维垣校本）

2. 唐杜佑《通典》。《四库全书总目提要》云："先是，刘秩仿《周官》之法，摭拾百家，分门诠次，作《政典》三十五卷。

---

① 《四库全书总目提要》卷七十，史部二十六，地理类三。
② 《四库全书总目提要》卷六十八，史部二十四，地理类一。
③ 《玉函山房藏书簿录》卷八，第三十九页。

佑以为未备，因广其所阙，参益新礼，勒为此书。凡分八门：曰《食货》，曰《选举》，曰《职官》，曰《礼》，曰《乐》，曰《兵刑》，曰《州郡》，曰《边防》。每门又各分子目。序谓：既富而教，故先《食货》；行教化在设官，任官在审才，审才在精选举，故《选举》、《职官》次焉；人才得而治以理，乃兴礼乐，故次《礼》、次《乐》；教化隳则用刑罚，故次《兵》、次《刑》；设《州郡》分领，故次《州郡》，而终之以《边防》。所载上溯黄、虞，讫于唐之天宝。肃、代以后，间有沿革，亦附载注中。"①（《玉函山房藏书簿录》不载版本）

3. 北宋王溥《唐会要》。《四库全书总目提要》云："初，唐苏冕尝次高祖至德宗九朝之事为《会要》四十卷，宣宗大中七年，又诏杨绍复等次德宗以来事为《续会要》四十卷，以崔铉监修。段公路《北户录》所称《会要》，即冕等之书也。惟宣宗以后，记载尚阙，溥因复采宣宗至唐末事续之，为新编《唐会要》一百卷。建隆二年正月奏御，诏藏史馆。书凡分目五百十有四，于唐代沿革损益之制，极其详核。官号内有识量、忠谏、举贤、委任、崇奖诸条，亦颇载事迹。其细琐典故，不能概以定目者，则别为杂录，附于各条之后。又间载苏冕驳议，义例该备，有裨考证。"②

4. 北宋王溥《五代会要》。《四库全书总目提要》云："五代干戈俶攘，百度凌夷。故府遗规，多未暇修举。然五十年间法制典章，尚略具于累朝《实录》。溥因检寻旧史，条分件系，类辑成编。于建隆二年与《唐会要》并进，诏藏史馆。"③

5. 北宋郑居中等《政和五礼新仪》。《四库全书总目提要》

---

① 《四库全书总目提要》卷八十一，史部三十七，政书类一。
② 《四库全书总目提要》卷八十一，史部三十七，政书类一。
③ 《四库全书总目提要》卷八十一，史部三十七，政书类一。

云："前列局官随时酌议科条，及逐事御笔指挥；次列《御制冠礼》，盖当时颁此十卷为格式，故以冠诸篇；次为《目录》六卷；次为《序例》二十四卷，礼之纲也；次为《吉礼》一百一十一卷；次为《宾礼》二十一卷；次为《军礼》八卷；次为《嘉礼》四十二卷，升婚仪于冠仪前，徽宗所定也；次为《凶礼》十四卷，惟官民之制特详焉。"①

6. 元马端临《文献通考》。《四库全书总目提要》云："是书凡《田赋考》七卷，《钱币考》二卷，《户口考》二卷，《职役考》二卷，《征榷考》六卷，《市籴考》二卷，《土贡考》一卷，《国用考》五卷，《选举考》十二卷，《学校考》七卷，《职官考》二十一卷，《郊祀考》二十三卷，《宗庙考》十五卷，《王礼考》二十二卷，《乐考》十五卷，《兵考》十三卷，《刑考》十二卷，《经籍考》七十六卷，《帝系考》十卷，《封建考》十八卷，《象纬考》二十七卷，《物异考》二十卷，《舆地考》九卷，《四裔考》二十五卷。其书以杜佑《通典》为蓝本，《田赋》等十九门皆因《通典》而离析之。《经籍》、《帝系》、《封建》、《象纬》、《物异》五门，则广《通典》所未及也。"②（梅墅石渠阁本）

（十一）目录类

1. 南宋晁公武《郡斋读书志》。《玉函山房藏书簿录》云："宋尚书直敷文阁彭城晁公武子止撰。《考异》、《附志》，江西漕贡进士秘书省校勘宜春赵希弁撰。南阳井氏聚书于庐山之阳，既而归晁，徙置三峨之下，校录书目。至南渡而至赵氏。《附志》兼及庆元以后。三志并以经、史、子、集分部，各有解题。"③

---

① 《四库全书总目提要》卷八十二，史部三十八，政书类二。
② 《四库全书总目提要》卷八十一，史部三十七，政书类一。
③ 《玉函山房藏书簿录》卷十，第四十九页。

（海宁陈师曾刊本）

2. 南宋陈振孙《直斋书录解题》。《玉函山房藏书簿录》云："分五十四类，不标经、史、子、集之名，而次第仍依四部。解题与晁《志》相类。《文献通考·经籍考》一门实以二书为本。原书佚，四库馆从《永乐大典》录出刊行。"① （武英殿聚珍板本）

3. 南宋王应麟《汉艺文志考证》。《玉函山房藏书簿录》云："以《汉书·艺文志》班固自注及颜师古注未能赅备，乃捃摭而为补注。有考订者，摘录具有根据。《汉志》外增入古书二十六种。"② （附刊《玉海》本）

4. 清朱彝尊《经义考》。《四库全书总目提要》云："是编统考历朝经义之目，初名《经义存亡考》，惟列存亡二例。后分例曰存，曰阙，曰佚，曰未见，因改今名。凡御注敕撰一卷，《易》七十卷，《书》二十六卷，《诗》二十二卷，《周礼》十卷，《仪礼》八卷，《礼记》二十五卷，《通礼》四卷，《乐》一卷，《春秋》四十三卷，《论语》十一卷，《孝经》九卷，《孟子》六卷，《尔雅》二卷，群经十三卷，四书八卷，逸经三卷，毖纬五卷，拟经十三卷，承师五卷，宣讲、立学共一卷，刊石五卷，书壁、镂版、著录各一卷，通说四卷，家学、自述各一卷。其宣讲、立学，家学，自述三卷，皆有录无书，盖撰辑未竟也。每一书前，列撰人姓氏、书名卷数。其卷数有异同者，则注某书作几卷。次列存、佚、阙、未见字。次列原书序跋、诸儒论说及其人之爵里。彝尊有所考正者，即附列案语于末。"③ （曝书亭本）

---

① 《玉函山房藏书簿录》卷十，第五十页。
② 《玉函山房藏书簿录》卷十，第五十页。
③ 《四库全书总目提要》卷八十五，史部四十一，目录类一。

（十二）金石类

1. 北宋赵明诚《金石录》。《四库全书总目提要》云："是书以所藏三代彝器及汉唐以来石刻，仿欧阳修《集古录》例，编排成帙。绍兴中，其妻李清照表上于朝。"①

2. 南宋洪适《隶释》。《玉函山房藏书簿录》云："前十九卷以所藏汉碑一百八十九录其全文，疏通假借字义，后八卷汇载诸家碑目。考证精详，于字学、史学皆有裨益。"②（《玉函山房藏书簿录》不载版本）

3. 南宋洪适《隶续》。《玉函山房藏书簿录》云："洪适撰。既成《隶释》，以续得诸碑补其遗。中载有汉石经残碑，尤资经考。"③（《玉函山房藏书簿录》不载版本）

（十三）史评类

1. 唐刘知几《史通》。《玉函山房藏书簿录》云："刘官秘书监时，与萧至忠、宗楚客争论史事而作此书。内篇论史家体例，凡三十九篇，今佚其三。外篇述史籍源流得失，凡十三篇，词议稍激而驳诘悉折衷谛当。"④（明刊本）

2. 南宋吴仁杰《两汉刊误补遗》。《玉函山房藏书簿录》云："此书补刘攽《西汉刊误》、《东汉刊误》二书之遗而兼及刘敞、

---

① 《四库全书总目提要》卷八十六，史部四十二，目录类二。
② 《玉函山房藏书簿录》卷十七，第二页。
③ 《玉函山房藏书簿录》卷十七，第二页。
④ 《玉函山房藏书簿录》卷十，第五十三页。

刘奉世之说。引证详确，实出三刘之上。《直斋书录解题》、《延令宋板书目》并作十七卷。此本十卷，与《宋志》合，当日或有二刻乎？卷首有淳熙己酉古汴曾绛引，卷末附录《吴中旧事》、《昆山县志》各一则。"①（知不足斋本）

三、子部

（一）儒家类

1. 魏王肃注《孔子家语》。《玉函山房藏书簿录》云："案《汉志》有《孔子家语》二十七卷，颜师古曰非今所有《家语》，亦以后出者为疑。然王肃注本虽非原书，要皆采自古籍，具存先训，非凿空补拟也。"②（宝翰楼刊汲古阁校本）

2. 《荀子》，战国赵荀况撰，唐杨倞注。《玉函山房藏书簿录》云："凡三十三篇，大旨以劝学为主。恐人恃质而废学，故激为性恶之说，大醇小疵，昌黎评之当矣。唐大理评事杨倞注，简实多古义。"③（聚文堂本）

3. 战国孔鲋《孔丛子》。《玉函山房藏书簿录》云："搜辑仲尼而下，子思、子上、子高、子顺之言行，凡二十一篇。末附《连丛子》上下篇，则汉太常蓼侯孔臧所著也。"④（潜庵子本，又孔毓圻校本）

---

① 《玉函山房藏书簿录》卷十，第五十四页。
② 《玉函山房藏书簿录》卷十一，第一页。
③ 《玉函山房藏书簿录》卷十一，第二页。
④ 《玉函山房藏书簿录》卷十一，第二页至三页。

4. 西汉贾谊《新书》。《玉函山房藏书簿录》云："原书七十二篇，刘向定为五十八篇，今佚其三。以《汉书》本传文校之，次序多乖，意后人割裂章段而加篇题欤？"①（明钱震泷校本）

5. 西汉桓宽《盐铁论》。《玉函山房藏书簿录》云："记始元六年郡国所举文学之士与桑弘羊等论盐铁榷酤事，凡六十篇。明浙江按察司知事华亭张之象月鹿注，叙述汉事甚详。"②（明徐仁毓校本）

6. 西汉刘向《新序》。《玉函山房藏书簿录》云："录春秋至汉轶事，著为法戒。传闻多异辞，大指一归于正。隋、唐《志》并三十卷。《太平御览》引《新序》，今本或无，则十卷非完帙也。"③（明翁立环校本）

7. 东汉王符《潜夫论》。《玉函山房藏书簿录》云："凡三十五篇，叙录一篇。符遭世乱，耿介忤俗，发愤成此编。通达治体，切中时弊。《范书》多采入本传，珍其语也。"④（明武林黄嘉惠校本）

8. 北齐颜之推《颜氏家训》。《玉函山房藏书簿录》云："此书训诫其子思鲁、愍楚辈，凡二十篇。辞质义直，本之孝弟，辨晰据证处尤博洽，惟《归心》等篇推论佛法，不能醇于儒理，亦是书之疵类也。"⑤（知不足斋本）

---

① 《玉函山房藏书簿录》卷十一，第四页。
② 《玉函山房藏书簿录》卷十一，第四页。
③ 《玉函山房藏书簿录》卷十一，第四页。
④ 《玉函山房藏书簿录》卷十一，第六页。
⑤ 《玉函山房藏书簿录》卷十一，第九页。

9. 南宋黄震《黄氏日抄》。《玉函山房藏书簿录》云："原书九十七卷，今佚其二卷。自一卷至六十八卷，皆读经史子集摘要论辨。六十九卷以下，自著杂文。其学以朱子为宗，而补缺订误，未尝曲意阿附，亦犹朱子之学程子也。"①（《玉函山房藏书簿录》不载版本）

10. 宋薛据《孔子集语》。《玉函山房藏书簿录》云："辑各书所载孔子之言，类为二十篇，以拟《论语》。"②（《玉函山房藏书簿录》入经编拟经类，林汲山房藏曲阜孔氏刊本）

11. 清曹廷栋《逸语》。《玉函山房藏书簿录》云："集诸书所引孔子之言，仿《论语》编为二十卷，注亦仿朱子《集注》体式。中引书多世所未见者，搜罗颇为宏富。"③（林汲山房藏本）

（二）道家类

1. 《列子》，周列御寇撰，晋张湛注。《玉函山房藏书簿录》云："《列子》旨趣多与《南华》相似。书中有御寇以后事，柳宗元谓后人窜增。湛注具有名理，可伯仲乎郭象之注《庄》云。"④（《玉函山房藏书簿录》不载版本）

2. 《庄子》，战国庄周撰，晋郭象注。《玉函山房藏书簿录》云："《汉志》《庄子》五十二篇，今本存内篇七、外篇十五、杂篇十一。文多寓言，史迁称其洸洋自恣，以适己意。象注据《世说新语》，以为攘窃向秀注，然象亦有所补缀改定，故唐时向、

---

① 《玉函山房藏书簿录》卷十一，第十八页。
② 《玉函山房藏书簿录》卷六，第三十七页。
③ 《玉函山房藏书簿录》卷六，第三十七页。
④ 《玉函山房藏书簿录》卷十二，第九页。

郭两本并行。"①（《玉函山房藏书簿录》不载版本）

3. 东晋葛洪《抱朴子》。《玉函山房藏书簿录》云："此书内篇言神仙、修炼、符箓、劾治诸事，纯为道家言。外篇则论时政得失、人事臧否，词旨辩博，具有名理。隋、唐《志》均以内篇入道家，外篇入杂家。今其书合编，且外篇亦宗本黄老，故并入道家，与庄子书同例。"又云："国朝孙星衍编次，以《道藏》本、天一阁抄本、卢抱经校本、明刻本、叶林宗家抄本、明藩藩刊本互校，区内篇、外篇为二部，以符洪《自序》及隋、唐《志》之旧。"②（八卷本，《玉函山房藏书簿录》不载版本，孙星衍编本为《平津馆丛书》本）

4. 《亢仓子》。《玉函山房藏书簿录》云："唐处士襄阳王士元撰。《唐志》二卷，注云：'天宝元年诏号《庄子》为《南华真经》，《列子》为《冲虚真经》，《文子》为《通元真经》，《亢桑子》为《洞灵真经》。'然《亢桑子》，求之不获。襄阳处士王士元谓庄子作庚桑子，太史公、列子作《亢仓子》，其实一也。取诸子文义类者补其亡。士元作《孟浩然集序》亦自述其事。凡九篇，其农道篇取《吕氏春秋·上农篇》而小易其字句，他篇当类此。"③（《玉函山房藏书簿录》作《亢桑子》，不载版本）

（三）法家类

1. 春秋管仲《管子》。《玉函山房藏书簿录》云："《汉志》道家《筦子》八十六篇，师古曰，筦读与管同。隋、唐《志》十九

---

① 《玉函山房藏书簿录》卷十二，第九页。
② 《玉函山房藏书簿录》卷十二，第十五页至十六页。
③ 《玉函山房藏书簿录》卷十二，第十八页至十九页。

卷，改入法家。今本二十四卷，与《宋志》合，而较《汉志》佚十篇。其标题有经言、外言、内言、短语、区言、杂篇、管子解、管子轻重诸名，今混同，不可分别。"①（《玉函山房藏书簿录》不载版本）

2. 战国韩非《韩非子》。《玉函山房藏书簿录》云："周韩公子非撰。《史记》与老、庄、申不害同传，谓喜刑名法术之学，而其归本于黄老。又谓韩子引绳墨，切事情，明是非，其极惨礉少恩。其书凡五十篇，此本校刻最完善。"②（经训堂校刊本）

（四）农家类

北魏贾思勰《齐民要术》。《玉函山房藏书簿录》云："凡九十二篇，于农圃衣食及六畜牧养之术纤悉备至，多引秦汉古书，典据更极明晰。"③（汲古阁本，又三原张氏写本）

（五）医家类

1. 唐陈藏器《本草拾遗》。

2. 北宋寇宗奭《本草衍义》。《直斋书录解题》云："援引辩证，颇可观采。"④

3. 明李时珍《本草纲目》。《玉函山房藏书簿录》云："取诸家《本草》删补，汇为一编。凡十六部六十二类，所收诸药一千

---

① 《玉函山房藏书簿录》卷十二，第三十五页。
② 《玉函山房藏书簿录》卷十二，第三十五页。
③ 《玉函山房藏书簿录》卷十三，第四十二页。
④ 〔宋〕陈振孙：《直斋书录解题》卷十三，《丛书集成初编》本，第370页。

八百九十二类，冠以图二卷、序例二卷、百病主治二卷。考证精博，医学之渊薮也。"①（衣德堂本）

（六）天文类

1. 《周髀算经》。《玉函山房藏书簿录》云："汉赵爽君卿注，后周汉中郡守前司隶甄鸾述，唐太史令上轻车都尉岐州李淳风释。隋、唐《志》并作赵婴注。婴即爽，传写误也。《周髀》者，古盖天之学。髀者，股也。以勾股法度天地之高厚，日月之运行。其书自周公受于商高，周人志之，故云'周髀'也。隋、唐《志》皆一卷，此本二卷，与宋《崇文总目》、《中兴馆阁书目》合。"②（微波榭本）

2. 南宋王应麟《六经天文编》。《玉函山房藏书簿录》云："宋王应麟采六经中言天文者，参以阴阳五行卦气，互取史志为证。三代以上推步之法借存梗概。"③（《玉函山房藏书簿录》不载版本）

（七）术数类

1. 南朝梁庾季才《灵台秘苑》。《四库全书总目提要》云："北周太史中大夫新野庾季才原撰，而宋人所重修也。季才之书见于《隋志》者一百十五卷，《周书》季才本传又作一百十卷。此为北宋时奉敕删订之本，只存十五卷。……今观所辑，首以《步天歌》及图，次释星验，次分野土圭，次风雷云气之占，次

---

① 《玉函山房藏书簿录》卷十六，第三十一页。
② 《玉函山房藏书簿录》卷十五，第三十一页。
③ 《玉函山房藏书簿录》卷十五，第三十二页。

取日月五星三垣列宿，逐次详注。大抵颇涉占验之说，不尽可凭。又笃信分野次舍，以州郡强为分析，亦失之穿凿附会。然其所条列，首尾详贯，亦尚能成一家之言。"①

2. 隋萧吉《五行大义》。《玉函山房藏书簿录》云："原书久佚，嘉庆中德清许宗彦天瀑从日本国人所刻《佚存丛书》得而刊之，有许序跋。"②（抄本）

3. 唐瞿昙悉达《唐开元占经》。《玉函山房藏书簿录》云："书虽主于占候，而于日月五星经纬躔度加详所载。"③（《玉函山房藏书簿录》入子编天文类，抄本）

4. 麻衣道者《火珠林》。《玉函山房藏书簿录》云："旧传麻衣道者撰。《直斋书录解题》云无名氏。今卖卜、掷钱、占卦悉用此书。《朱子语类》云：'今人以三钱当揲蓍，乃汉焦赣、京房之学。'又云：'卜卦之钱用甲子起卦始于京房。'项安世《周易玩辞》亦云以京《易》考之，世所传《火珠林》即其遗法。《隋志》已有此书一卷，是本题麻衣道者，未知何据。《宋志》蓍龟类有《六十四卦火珠林》一卷，即此书。法虽本于焦、京，而掷钱非用蓍龟，故改入杂占类焉。"④（百二汉镜斋本）

5. 北宋释赞宁《物类相感志》。《四库全书总目提要》云："十八卷，旧本题东坡先生撰，然苏轼不闻有此书。又题僧赞宁编次。按晁公武《读书志》及郑樵《通志艺文略》皆载《物类相感志》十卷，僧赞宁撰。是书分十八卷，既不相符。又赞宁为

---

① 《四库全书总目提要》卷一百〇八，子部十八，术数类一。
② 《玉函山房藏书簿录》卷十六，第二页。
③ 《玉函山房藏书簿录》卷十五，第三十一页。
④ 《玉函山房藏书簿录》卷十六，第八页。

宋初人，轼为熙宁、元佑间人，岂有轼著此书而赞宁编次之理？其为不通坊贾伪撰售欺审矣。且书以物类相感为名，自应载琥珀拾芥、磁石引针之属，而分天、地、人、鬼、鸟、兽、草、木、竹、虫、鱼、宝器十二门隶事，全似类书，名实乖舛，尤征其妄也。"①（《玉函山房藏书簿录》著录三卷，题"宋吴郡释赞宁撰"，抄本）

（八）算书类

《数术记遗》，东汉徐岳撰，北周甄鸾注。《四库全书总目提要》云："《晋书·律历志》所称吴中书令阚泽受刘淇《乾象法》于东莱徐岳者是也。《隋书·经籍志》具列岳及甄鸾所撰《九章算经》、《七曜术算》等目，而独无此书之名，至《唐艺文志》始著于录。"②

（九）杂家类

1. 战国尸佼《尸子》。《玉函山房藏书簿录》云："《汉志》《尸子》二十篇，名佼，鲁人，秦相商君师之。鞅死，佼逃入蜀。《史记集解》引刘向《别录》曰：'楚有尸子，《汉书》云晋人。'按佼本鲁人，后入蜀，故刘向以为楚人。《汉书》言晋人，传闻误也。《隋志》二十卷《目》一卷，注'梁十九卷'。又云九篇亡，魏黄初中续。《唐志》亦二十卷，今佚。乾隆中震泽任兆麟得元大德中吴淞任仁发抄藏来青楼本三卷，合惠栋附录及兆麟补逸一卷，校刊其书。"③（任氏忠敏家塾本）

---

① 《四库全书总目提要》卷一百三十，子部四十，杂家类存目七。
② 《四库全书总目提要》卷一百〇七，子部十七，天文算法类二。
③ 《玉函山房藏书簿录》卷十三，第一页。

2.《吕氏春秋》，秦吕不韦撰，东汉高诱注。《玉函山房藏书簿录》云："不韦集诸宾客，杂采古书，为之十二纪、八览、六纪，凡百六十篇，以月纪为首，故名《春秋》。书非成于一人之手，故儒、道、名、法群言杂揉（糅）。"①（灵岩山馆本）

3. 东汉班固《白虎通德论》。《玉函山房藏书簿录》云："显宗仿石渠故事，召集诸儒于白虎观讲五经同异，使固撰定。汉代经师之说，借此书以存其略。"②（《汉魏丛书》本，又汲古阁本，又明王道焜校本，又抱经堂本）

4.《淮南子》，西汉刘安撰，东汉高诱注。《玉函山房藏书簿录》云："《汉志》《淮南》二十一篇，《淮南外》三十三篇。今所存二十一卷，盖内篇也。书号'鸿烈'，鸿，大也，烈，明也，以为大明道之言也。淮南召致宾客，八公大山小山之徒共成此书，事类吕不韦而书亦与《吕览》相伯仲。"③（明刊本，又庄氏校本）

5. 东汉王充《论衡》。《玉函山房藏书簿录》云："书凡八十五篇，今佚其一。充生汉末乱世，愤激而为此书，辨斥虚谬，欲挽风俗。其辞烦而不杀，惟恐人之不喻，意良善也。"④（明钱震泷校本，又凝香阁本）

6. 东汉应劭《风俗通义》。《玉函山房藏书簿录》云："此本从《后汉书》劭本传，省文作《风俗通》。隋、唐《志》并作《风俗通义》。《隋志》三十二卷录一卷，又云梁三十卷。《唐志》

---

① 《玉函山房藏书簿录》卷十三，第二页。
② 《玉函山房藏书簿录》卷六，第一页。
③ 《玉函山房藏书簿录》卷十三，第二页。
④ 《玉函山房藏书簿录》卷十三，第三页至四页。

卷与梁《七录》合。今本十卷，以缺《姓氏篇》推之，必多散佚也。书仿刘向《说苑》体例，凡十篇，大指以通于流俗之过谬，而事该之于义理，故名《风俗通义》焉。"①（明严于鈇校本）

7. 西晋张华《博物志》。《玉函山房藏书簿录》云："《拾遗记》谓据采天下遗逸，自书契之始，考验神怪及世间间里所说，造《博物志》四百卷，奏于武帝。又谓帝诏芟截浮疑，分为十卷。原本散佚，后人撷其遗文补缀，而搜辑疏略，故诸书所引，此本恒无之也。"②（明翁立环校本，又汪士汉本，又五峰阁本）

8. 唐李匡乂《资暇集》。《玉函山房藏书簿录》云："《自序》谓世俗之谈类多讹误，故著此书。上篇正误，中篇谈原，下篇本物，书皆以此目编叙。"③（《顾氏丛书》本）

9. 唐封演《封氏闻见记》。《玉函山房藏书簿录》云："前六卷多陈掌故，七卷、八卷多记古迹杂论，后二卷记唐代轶事。"④（雅雨堂本）

10. 唐马总《意林》。《玉函山房藏书簿录》云："其书本梁庾仲容《子钞》增损成之，有贞元间戴叔伦、柳伯存二序。《唐志》只载一卷，戴序云三轴，柳序云六卷，皆视《唐志》卷数为多。今书五卷，则较旧为少。考《子钞》原目，凡一百七家，此本止七十一家，又或有录无书，卷帙散亡，正复不少。然观所采诸子，今多不传，而《孟子》及《老》、《庄》、《管》、《列》诸

---

① 《玉函山房藏书簿录》卷十三，第四页。
② 《玉函山房藏书簿录》卷十三，第五页。
③ 《玉函山房藏书簿录》卷十三，第八页。
④ 《玉函山房藏书簿录》卷十三，第八页。

书存者,字句亦复与今本多异,皆足为考证之助焉。"①(抄本)

11. 五代邱光庭《兼明书》。《玉函山房藏书簿录》云:"订证诸经及《文选》字义,考辨详核。"②(抄本)

12. 北宋李石《续博物志》。《玉函山房藏书簿录》云:"旧题'晋李石'。以书称宋太祖为'今上',则石当仕晋,后入宋而作此书也。书补张华之缺。"③(明汪士贤刊本)

13. 北宋王得臣《麈史》。《四库全书总目提要》云:"所纪凡二百八十四事,分四十四门,凡朝廷掌故、耆旧遗闻、耳目所及,咸登编录。其间参稽经典,辨别异同,亦深资考证,非他家说部惟载琐事者比。"④

14. 北宋马永卿《元城语录》。《玉函山房藏书簿录》云:"皆述其师待制元城刘安世器之语,行录则明崔铣所辑也。谓之'行录'者,《宋志》有《刘安世言行录》二卷,早佚。马氏既辑《语录》,故文敏作是书以补其缺。其书虽以语录命名,而纪述旁闻,兼及琐事。"⑤(惜阴轩本)

15. 北宋宋黄朝英《靖康缃素杂记》。《四库全书总目提要》云:"晁公武《读书志》曰,朝英,建州人。绍圣后举子。又曰,所记凡二百事。今本卷数与公武所记同,而只有九十事。观程大昌《演繁露》辨其误引麦秋一条,此本无之。考王楙《野客丛

---

① 《玉函山房藏书簿录》卷十三,第九页。
② 《玉函山房藏书簿录》卷十三,第十页。
③ 《玉函山房藏书簿录》卷十三,第十页。
④ 《四库全书总目提要》卷一百二十,子部三十,杂家类四。
⑤ 《玉函山房藏书簿录》卷十三,第十四页。

书》，亦具载麦秋之说，称《缃素杂记》，知非大昌误引。又《野客丛书》载其辨李贺《金铜仙人辞汉歌序》，误以折露盘为青龙九年一条，麻胡仅得二事一条，袁文《瓮牖闲评》载其辨谷阳一条，辨芦菔一条。此本亦无之，盖明人妄有删削，已非完书矣。袁文、王楙于此书颇有驳正，然考证之学，大抵后密于前，不足为病。晁公武讥其为王安石之学，又讥其解诗芍药握椒为鄙亵，刘敞《七经小传》亦摭此条为谐笑，虽不出姓字，殆亦指朝英。今观其书，颇引《新经义》及《字说》，而尊安石为舒王，解诗绿竹一条，于安石之说尤委曲回护，诚为王氏之学者。然所说自芍药握椒一条外，大抵多引据详明，皆有资考证，固非漫无根柢、徒为臆断之谈。敞本与安石异趣，公武又自以元祐党家，世与新学相攻击，故特摭其最谬一条，以相排抑耳。"①

16. 南宋洪迈《容斋随笔》、《容斋续笔》。《玉函山房藏书簿录》云："随笔札记，不分门类，皆考辨经典文艺，无所不该。《宋史》本传以博洽称之。"②（《玉函山房藏书簿录》不载版本）

17. 南宋龚颐正《芥隐笔记》。《玉函山房藏书簿录》云："书主考据，卷帙虽少，而博洽足称。每条多有附注，不知谁氏所加。"③（汲古阁本，又《顾氏丛书》本）

18. 南宋王楙《野客丛书》。《玉函山房藏书簿录》云："于经典异同，多所辨正，考据详博，与《容斋随笔》可称伯仲。"④（五峰阁本）

---

① 《四库全书总目提要》卷一百十八，子部二十八，杂家类二。
② 《玉函山房藏书簿录》卷十三，第十八页。
③ 《玉函山房藏书簿录》卷十三，第二十页。
④ 《玉函山房藏书簿录》卷十三，第二十页至二十一页。

19. 南宋王应麟《困学纪闻》。《玉函山房藏书簿录》云："凡说经八卷，天道、地理、诸子二卷，考史六卷，评诗文三卷，杂识一卷。援引征据既博且精。"①（桐华书塾本）

20. 清万希槐《困学纪闻五笺集证》。《玉函山房藏书簿录》云："国朝黄冈万希槐蔚亭取阎若璩、何焯、全祖望、方婺如、程瑶田五家评注为五笺，而自为之集证。此书乃无不发之覆。"②（经正堂本）

21. 明杨慎《丹铅总录》。《玉函山房藏书簿录》云："慎以博洽擅名当代。然往往有托名古书以佐其辨论者，遂致陈耀文、胡应麟等纷然攻诘。究其学力，根柢之深厚，二家不及也。"③（九思堂本，又有《函海》本十卷）

22. 明周循宜《管浅子》。《玉函山房藏书簿录》云："原书分天、地、人、物四卷，今惟存人部一卷。"④（明刊本）

23. 明董斯张《广博物志》。《玉函山房藏书簿录》云："书欲广张华、李石二书之所未备，凡二十二门，一百六十七子目。引据古书，皆取材唐宋巨部，首尾详具。"⑤（高晖堂本）

24. 清高士奇《天禄识余》。《四库全书总目提要》云："是书杂采宋明人说部，缀辑成编。辗转稗贩，了无新解，舛误之处尤多。杭世骏《道古堂集》有是书跋，曰：钱塘高侍郎以儒臣获

---

① 《玉函山房藏书簿录》卷十三，第二十三页。
② 《玉函山房藏书簿录》卷十三，第二十四页。
③ 《玉函山房藏书簿录》卷十三，第二十八页。
④ 《玉函山房藏书簿录》卷十三，第二十九页。
⑤ 《玉函山房藏书簿录》卷十三，第二十九页。

侍先皇禁幄，退而著书二册，题曰《天禄识余》。意谓延阁广内秘室之藏，有非穷巷陋儒所得窥见者。今观其书，则笑滕言鲭，岂足以当天厨一脔也。迹其所征引辨说，大半皆袭前人之旧。一二偏解，时有抵牾。"①

（十）类书类

1. 东晋陶潜《圣贤群辅录》。《玉函山房藏书簿录》云："此书亦作四七目，或疑非靖节手制。"② （明武林徐仁毓校本，又《龙威秘书》本）

2. 唐欧阳询等《艺文类聚》。《玉函山房藏书簿录》云："凡四十八门，事实居前，诗文列后。引据宏博，体例亦最善。中有苏味道、李峤、宋之问、沈佺期诗，后人窜入也。"③ （明山西刊本）

3. 唐虞世南《北堂书钞》。《玉函山房藏书簿录》云："北堂者，隋秘书省之后堂，未入唐时所作也。凡八百一类，多摘录字句而不尽详注。"④ （明刊本）

4. 唐徐坚《初学记》。《玉函山房藏书簿录》云："凡三十二部，前为叙事，次事对，次诗文，与《艺文类聚》体例少异，并为唐代类书之佳构焉。"⑤ （明刊本，又古香斋本）

---

① 《四库全书总目提要》卷一百二十六，子部三十六，杂家类存目三。
② 《玉函山房藏书簿录》卷九，第二十六页。
③ 《玉函山房藏书簿录》卷十六，第四十四页。
④ 《玉函山房藏书簿录》卷十六，第四十四页。
⑤ 《玉函山房藏书簿录》卷十六，第四十四页。

5. 唐白居易、北宋孔传《白孔六帖》。《玉函山房藏书簿录》云："《六帖》三十卷，唐白居易撰。《续六帖》亦三十卷，宋曲阜孔传撰。后人合二书为一，析成百卷。首有陵阳韩驹子苍序。书仿《北堂书钞》，孔较白为详。名'六帖'者，唐制帖经以得六为通也。"①（明刊本）

6. 北宋吴淑《事类赋》。《玉函山房藏书簿录》云："此赋凡百篇，隶事渊博，注亦详明。"②（《玉函山房藏书簿录》不载版本）

7. 北宋李昉等《太平御览》。《玉函山房藏书簿录》云："凡五十五门，所采书一千六百九十种。考《隋志》有《圣寿堂御览》三百六十卷，《宋志》有祖孝征《修文殿御览》三百六十卷。昉因而修之，故所引唐以前书，时出《艺文类聚》、《北堂书钞》、《初学记》三书之外也。"③（歙县鲍氏仿宋本）

8. 北宋王钦若等《册府元龟》。《玉函山房藏书簿录》云："凡三十一部，部有总序。一千一百四门，门有小序。采摭繁富，不取小说，义例特为谨严。"④（《玉函山房藏书簿录》不载版本）

9. 北宋高承《事物纪原》。《玉函山房藏书簿录》云："明成化中，平阳府通判成安李果序，谓是书乃祭酒江右胡先生所传，南平赵弼先生所删定者，李因据其旧本，略加增订而梓之。载有阎敬序，云：'凡纪事一千八百四十有一，作者逸其姓氏，不可考。'按赵希弁《读书附志》云：'《事物纪原》十卷，高承编，

---

① 《玉函山房藏书簿录》卷十六，第四十四页至四十五页。
② 《玉函山房藏书簿录》卷十六，第四十五页。
③ 《玉函山房藏书簿录》卷十六，第四十五页。
④ 《玉函山房藏书簿录》卷十六，第四十六页。

自天地生植与夫礼乐刑政、经籍器用,下至博弈、嬉戏之微,虫鱼飞走之类,无不考其所自来。'与此书合。阎、李并失考耳。"①(惜阴轩本)

10. 北宋叶廷珪《海录碎事》。《四库全书总目提要》云:"是编乃其类事之书。《闽书》称:'廷圭性喜读书,每闻士大夫家有异书,无不借读,读即无不终卷。常恨无资,不能尽写。因作数十大册,择其可用者手抄之,名曰《海录》。既知泉州,公余无事,因取类之。为门七十五,为卷二十有二。事多新奇,未经前人引用。'即指此本。"②

11. 北宋林駉、黄履翁《源流至论》。《四库全书总目提要》云:"《前集》十卷、《后集》十卷、《续集》十卷,宋林駉撰。《别集》十卷,宋黄履翁撰。……是编于经史百家之异同,历代制度之沿革,条列件系,亦尚有体要。虽其书亦专为科举而设。然宋一代之朝章国典,分门别类,序述详明,多有诸书不载者,实考证家所取资,未可以体例近俗废也。"③

12. 南宋祝穆《事文类聚》。《玉函山房藏书簿录》云:"其书每类皆始以群书要语,次古今事实,次古今文集,略仿《艺文类聚》体例。"④(德寿堂本)

13. 南宋王应麟《玉海》。《玉函山房藏书簿录》云:"凡二十一类。本为词科而作,故所录皆鸿章钜典,故实则取吉祥善事,与他类书体例迥殊。《词学指南》附刊书末,则示人以用事

---

① 《玉函山房藏书簿录》卷十六,第四十六页。
② 《四库全书总目提要》卷一百三十五,子部四十五,类书类一。
③ 《四库全书总目提要》卷一百三十五,子部四十五,类书类一。
④ 《玉函山房藏书簿录》卷十六,第四十七页。

之圭臬矣。"① （《玉函山房藏书簿录》不载版本）

14. 南宋王应麟《小学绀珠》。《玉函山房藏书簿录》云："分门隶事，以数为纲。题'小学'者，亦取教数与方名之义也。"② （《玉函山房藏书簿录》入经编小学类礼教之属，附刊《玉海》本）

15. 南宋章如愚《山堂考索》。《四库全书总目提要》云："凡分四集。《前集》六十六卷，分六经、诸子、百家、诸经、诸史、圣翰、书目、文章、礼乐、律吕、历数、天文、地理十三门。《后集》六十五卷，分官制、学制、贡举、兵制、食货、财用、刑法七门。《续集》五十六卷，分经籍、诸史、文章、翰墨、律历、五行、礼乐、封建、官制、兵制、财用、诸路、君道、臣道、圣贤十五门。《别集》二十五卷，分图书、经籍、诸史、文章、律历、人臣、经艺、财用、兵制、四裔、边防十一门。宋自南渡以后，通儒尊性命而薄事功，文士尚议论而鲜考证。如愚是编，独以考索为名，言必有征，事必有据，博采诸家而折衷以己意，不但淹通掌故，亦颇以经世为心，在讲学之家，尚有实际。惟其书卷帙浩繁，又四集不作于一时，不免有重复抵牾之处。"③

16. 南宋潘自牧《记纂渊海》。《四库全书总目提要》云："是书分门隶事，与诸家略同。惟一百卷中叙天道者五卷，叙地理者二十卷，叙人事者六十四卷，叙物类者仅十一卷，详其大而略其细，与他类书小异。其郡县一部，以临安为首，盖据南渡割裂之余。而五岭两川之后，更及开封诸府，存东京全盛之旧，亦与《方舆胜览》诸书删淮以北不载者，体例有殊。其中性行议

---

① 《玉函山房藏书簿录》卷十六，第四十七页至四十八页。
② 《玉函山房藏书簿录》卷七，第四页。
③ 《四库全书总目提要》卷一百三十五，子部四十五，类书类一。

论，诸部子目，未免琐碎，然亦不失为赅备也。"①

17. 明陈耀文《天中记》。《玉函山房藏书簿录》云："天中，汝南山名，取著作藏名山之意以名。起天文，终鸟兽，分类颇详。陈以博洽擅名，与杨慎、胡应麟抗衡当代，故所辑类书实有根据。"②（《玉函山房藏书簿录》不载版本）

18. 明杨信民《姓源珠玑》。《四库全书总目提要》云："是编以《洪武正韵》分隶诸姓，而各系古之名人于姓下。分为八十一类，各以四字标题，别为编目于卷首。书与录绝不相符，体例极为丛脞，其中乖舛，尤不胜摘。"③

19. 清陈元龙《格致镜原》。《玉函山房藏书簿录》云："分三十门，每物必溯其源委，足资博识。"④（《玉函山房藏书簿录》不载版本）

（十一）小说家类

1. 东晋郭璞注《山海经》。《玉函山房藏书簿录》云："《汉志》十三篇，隋、唐皆二十三卷。《唐志》《音》二卷。宋无锡尤袤校定为十八卷。其书谬悠荒怪，虽负贰之尸，古有征验，似亦难以尽信。然自是周秦古书，历代承用之。郭注亦不似注《尔雅》之谨严，而博奥与书相称。"⑤（《玉函山房藏书簿录》入子编形法类，不载版本）

---

① 《四库全书总目提要》卷一百三十五，子部四十五，类书类一。
② 《玉函山房藏书簿录》卷六，第四十八页。
③ 《四库全书总目提要》卷一百三十七，子部四十七，类书类存目一。
④ 《玉函山房藏书簿录》卷十六，第五十页。
⑤ 《玉函山房藏书簿录》卷十六，第十二页。

2. 《神异经》，西汉东方朔撰，西晋张华注。《玉函山房藏书簿录》云："所载皆八荒外事，不可究诘。《隋志》入地理类，《唐志》入神仙类，均非其实。兹依陈氏《书录解题》改隶小说。"①（明孙士鑨校本，又《龙威秘书》本）

3. 东晋干宝《搜神记》。《玉函山房藏书簿录》云："《晋书》本传载宝父侍婢再生事，又云宝兄尝病气绝，积日不冷，后遂悟，云见天地间鬼神事如梦觉，不自知死。宝以此遂撰集古今神祇灵异人物变化，名为《搜神记》。凡二十卷，以示刘惔。……《隋志》入杂传记，《唐志》入小说，并三十卷。《宋志》小说家有干宝《搜神总纪》十卷，则在宋已非完帙。"②（明武林沈春涛校本，又五峰阁本）

4. 《世说新语》，南朝宋刘义庆撰，南朝梁刘孝标注。《玉函山房藏书簿录》云："本名《世说新书》。《宋书》本传云所著《世说》十卷。《隋志》云《世说》八卷，刘孝标注十卷。《唐志》亦八卷。宋《世说新语》三卷。兹本与《宋志》合，后人所并。书取汉晋琐语，分三十八门，叙述名隽，《晋书》多所采取。孝标注征引极博赡。"③（《玉函山房藏书簿录》不载版本）

5. 唐韦绚《刘宾客嘉话录》。《玉函山房藏书簿录》云："追述长庆元年在白帝城与刘禹锡所谈。《书录解题》作《刘公佳话》。其文多与《尚书故实》同，疑后人羼入也。"④（明长洲顾氏本，又仁和王氏本）

---

① 《玉函山房藏书簿录》卷十四，第二页。
② 《玉函山房藏书簿录》卷十四，第二页至三页。
③ 《玉函山房藏书簿录》卷十四，第三页。
④ 《玉函山房藏书簿录》卷十四，第七页至八页。

6. 唐段成式《酉阳杂俎》。《玉函山房藏书簿录》云："此书作记多荒怪不经，而广搜佚文秘典，文笔亦奇伟，唐说家之翘楚也。书名取梁元帝访酉阳之逸典语，谓二酉山也。"①（五峰阁本，又明刊本）

7. 北宋李昉等《太平广记》。《玉函山房藏书簿录》云："宋左仆射饶阳李昉明远与吕文仲、吴淑、陈鄂、赵邻几、董淳、张洎、宋白、徐铉、汤悦、李穆、扈蒙太平兴国三年奉敕撰。是时既得诸国图籍，而降王诸臣皆海内名士，乃厚其廪饩，使修群书。既编成《御览》一千卷，复以野史传记小说诸家编成此书。分五十五部，凡采书三百四十七种，奇文秘笈，咸萃说部之渊海也。"②（天都黄氏槐荫草堂本）

8. 北宋钱易《南部新书》。《四库全书总目提要》云："皆记唐时故事，间及五代，多录轶闻琐语，而朝章国典、因革损益，亦杂载其中。故虽小说家言，而不似他书之侈谈迂怪，于考证尚属有裨。晁公武《读书志》作五卷，焦竑《国史经籍志》作十卷。今考其标题，自甲至癸，以十干为记，则作十卷为是。公武所记，殆别一合并之本也。世所行本，传写者以意去取，多寡不一。别有一本，从曾慥《类说》中摘录成帙，半经删削，阙漏尤甚。此本共八百余条，首尾完具，以诸本兼校，皆不及其全备，当为足本矣。"③

9. 南宋史绳祖《学斋占毕》。《玉函山房藏书簿录》云："此本题宋沈括。李孝源云，存中为北宋人，而篇中引用朱文公、魏

---

① 《玉函山房藏书簿录》卷十四，第十一页。
② 《玉函山房藏书簿录》卷十四，第十九页。
③ 《四库全书总目提要》卷一百四十，子部五十，小说家类一。

鹤山，岂得为沈作耶？考正经史，具有根据。原书四卷，此非完帙，姑依录之。"①（《玉函山房藏书簿录》入子编杂家类，五峰阁本）

（十二）谱录类

1. 北宋释赞宁《笋谱》。《玉函山房藏书簿录》云："一之名，二之出，三之食，四之事，五之说。体仿陆羽《茶经》，援据博奥亦似之。"②（抄本）

2. 北宋傅肱《蟹谱》。《玉函山房藏书簿录》云："录蟹之故实，述旧及自记，皆雅驯可喜。"③（《玉函山房藏书簿录》不载版本）

（十三）艺术类

1. 唐张怀瓘《书断》。《四库全书总目提要》云："上卷列古文、大篆、籀文、小篆、八分、隶书、章草、行书、飞白、草书十体，各述其源流，系之以赞。末为总论一篇。中卷、下卷分神、妙、能三品，每品各以体分。凡神品二十五人，除各体重复，得十二人。妙品九十八人，除各体重复，得三十九人。能品一百七人，除各体重复，得三十五人。前列姓名，后为小传，传中附录又三十八人。其记述颇详，评论亦允。张彦远《法书要录》全载其文，盖当代以为精鉴矣。"④

---

① 《玉函山房藏书簿录》卷十三，第二十一页至二十二页。
② 《玉函山房藏书簿录》卷十七，第四十四页。
③ 《玉函山房藏书簿录》卷十七，第五十二页。
④ 《四库全书总目提要》卷一百十二，子部二十二，艺术类一。

2. 北宋黄伯思《东观余论》。《玉函山房藏书簿录》云："合《法帖刊误》及《古器说》，又益以伯思所作论辨题跋，为此书。本传三卷，此本与《宋志》合。伯思官秘书，故称东观云。"①（汲古阁本）

3. 北宋董逌《广川书跋》。《玉函山房藏书簿录》云："逌阿夫张邦昌，其人不足道。而赏鉴书画，独具只眼。此编所载多钟鼎款识及汉唐碑刻，末附宋人数帖，论断典核。"②（汲古阁本）

（十四）佛教类

1. 南朝梁释僧祐《弘明集》。《四库全书总目提要》云："《唐书·艺文志》载僧佑《宏明集》十四卷，此本卷数相符，盖犹释藏之旧。末有僧佑后序，而首无前序，疑传写佚之。所辑皆东汉以下至于梁代阐明佛法之文。其学主于戒律，其说主于因果，其大旨则主于抑周、孔，排黄、老，而独伸释氏之法。"③

2. 唐释道宣《广弘明集》。《四库全书总目提要》云："《唐志》载《广宏明集》三十卷，与此本合，然二十七卷以后每卷各分上下，实三十四卷也。其书续梁僧佑《宏明集》而体例小殊，分为十篇：一曰归正，二曰辨惑，三曰佛德，四曰法义，五曰僧行，六曰慈济，七曰戒功，八曰启福，九曰悔罪，十曰统归。每篇各为小序，大旨排斥道教，与僧佑书相同。"④

3. 唐释道世《法苑珠林》。《四库全书总目提要》云："是书

---

① 《玉函山房藏书簿录》卷十七，第一页。
② 《玉函山房藏书簿录》卷十七，第十二页。
③ 《四库全书总目提要》卷一百四十五，子部五十五，释家类。
④ 《四库全书总目提要》卷一百四十五，子部五十五，释家类。

成于高宗总章元年，朝散大夫兰台侍郎陇西李俨为之序，称事总百篇，勒成十帙。此本乃一百二十卷，盖百篇乃其总纲。书中则约略篇页而分卷帙，如千佛篇、十恶篇则一篇分七八卷，善友篇、恶友篇、择交篇则两三篇共一卷。故书凡一百一十八卷，而目录二卷，亦入卷数，与陆德明《经典释文》例同，合之共为百二十也。每篇各有述意，如史传之序。子目之首则或有述意，或无述意，为例不一。大旨以佛经故实分类编纂，推明罪福之由，用生敬信之念。"①

4. 唐释玄应《一切经音义》。阮元《宛委别藏》收录释玄应《一切经音义》，马国翰辑小学类诸佚书用此书颇繁。

四、集部

（一）楚辞类

1. 东汉王逸《楚辞章句》。《玉函山房藏书簿录》云："刘向辑屈原、宋玉、景差诸赋，附以贾谊、淮南小山、东方朔、严忌、王褒及向自作《九叹》为《楚辞》十六篇。逸又自作《九思》及班固二《叙》，定为十七卷，并作章句，训义古奥，引《诗》多与毛、郑异。"②（大小雅堂本）

2. 南宋吴仁杰《离骚草木疏》。《玉函山房藏书簿录》云："取《离骚》所用草木，一一诠释，引征宏富，寄托遥深。"③（知不足斋重雕宋本，又《龙威秘书》本）

---

① 《四库全书总目提要》卷一百四十五，子部五十五，释家类。
② 《玉函山房藏书簿录》卷十八，第一页。
③ 《玉函山房藏书簿录》卷十八，第二页。

(二) 别集类

1. 西汉东方朔《东方大中集》。《玉函山房藏书簿录》云："隋、唐《志》并二卷。朔《戒子诗》云'首阳为拙，柳下为工'，知其生平取法和圣，谏猎一疏，亦朔之直道事人也。"① (张溥本，又河东吕兆禧辑本)

2. 东汉蔡邕《蔡中郎集》。《玉函山房藏书簿录》云："《隋志》十二卷，注梁有二十卷录一卷。《唐志》二十卷。邕宏才博学，推重一时，惟坐董卓党，为王允所杀。集中《荐卓表》亦颇为文章之玷。"② (张溥本)

3. 南朝梁萧衍《梁武帝集》。《玉函山房藏书簿录》云："《隋志》二十六卷，注梁三十二卷，又《诗赋集》二十卷、《杂文集》九卷、《别集目录》二卷、《净业赋》三卷。《唐志》十卷。"③ (《汉魏六朝百三名家集》本)

4. 元吴莱《渊颖集》。《玉函山房藏书簿录》云："吴与黄溍、柳贯并受学于宋方凤，学者称渊颖先生。其文崭绝雄深，规摹秦汉，诗亦刻意锻炼，句奇语重。"④ (存心堂本)

(三) 总集类

1. 《昭明文选》，南朝梁萧统编，唐李善注。《玉函山房藏书

---

① 《玉函山房藏书簿录》卷十八，第六页。
② 《玉函山房藏书簿录》卷十八，第十页至十一页。
③ 《玉函山房藏书簿录》卷十八，第二十八页。
④ 《玉函山房藏书簿录》卷二十，第三十一页。

簿录》云："昭明于贵池筑文选楼，宏搜七代篇章，成《文选》三十卷，文章之渊薮也。李注分为六十卷，敷析渊洽，引征浩博，唐以前古书多藉以存不传之秘。"①（汲古阁本）

2.《六臣注文选》。《玉函山房藏书簿录》云："不知编辑者名氏，旧有吕延济、刘良、张铣、吕向、李周翰五臣注。兹本合李善注为六。陈氏《书录解题》已称六臣注，则宋人所合也。五臣注逊于善，而诠释文句亦可取焉。"②（宋本）

3.《古文苑》，南宋章樵注。《玉函山房藏书簿录》云："不著编辑者名氏。陈氏《书录解题》称唐人旧本，宋孙洙巨源得于佛寺经龛。淳熙中，颍川韩元吉编为九卷。绍定中，知吴县事武林章樵升道注释，厘为二十一卷。此编皆史传所不载，《昭明文选》所未取。"③（惜阴轩本）

4. 北宋李昉等《文苑英华》。《四库全书总目提要》云："宋太平兴国七年，李昉、扈蒙、徐铉、宋白等奉敕编，续又命苏易简、王佑等参修。至雍熙四年书成，宋四大书之一也。梁昭明太子撰《文选》三十卷，迄于梁初。此书所录，则起于梁末，盖即以上续《文选》，其分类编辑，体例亦略相同，而门目更为烦碎，则后来文体日增，非旧目所能括也。"④

5. 明黄佐《六艺流别》。《四库全书总目提要》云："是书大旨以六艺之源皆出于经，因采撷汉、魏以下诗文，悉以六经统之。凡诗之流五，其别二十有一；书之流八，其别四十有九；礼

---

① 《玉函山房藏书簿录》卷二十四，第一页。
② 《玉函山房藏书簿录》卷二十四，第一页。
③ 《玉函山房藏书簿录》卷二十四，第四页至五页。
④ 《四库全书总目提要》卷一百八十六，集部三十九，总集类一。

之流二，其别十有六；乐之流二，其别十有二；易之流十二，而无所谓别。分类编叙，去取甚严。"①

《玉函山房辑佚书》所引诸书，按四部列，如上所详。马国翰引书篇目细致，所引原文、注释皆标注详明，可谓"无一字无来历"，其辑《玉函山房辑佚书》所用之功可见一斑。古籍原典与古今注释是马国翰的引用重点。大型类书适用范围最广，如《太平御览》，为易、书、诗、周官礼、仪礼、礼记、通礼、乐、春秋、论语、尔雅、五经总、纬书、小学、杂史、杂传、目录、儒家、农家、道家、法家、名家、墨家、纵横家、杂家、小说家、天文、阴阳、五行、杂占、艺术 31 类所广泛引用。其所引佛教书虽然数量不多，但小学类诸佚书引用释玄应《一切经音义》中之各佛经音义达 288 种，佛经音义在辑小学类佚书方面用途极大。此外，《文选》李善注在众多引书中也是适用范围较广的引用书籍之一，有易、书、诗、周官礼、仪礼、礼记、通礼、乐、春秋、论语、孟子、尔雅、五经总、纬书、小学、杂史、杂传、目录、儒家、农家、道家、法家、小说家、阴阳、五行、艺术 26 类的佚书佚文来源自此。

明确《玉函山房辑佚书》之引书，是考察马国翰辑佚工作的一个重要方面，从引书可见马国翰辑《玉函山房辑佚书》的具体过程和在辑佚过程中所付出的具体劳动，对于认识《玉函山房辑佚书》的价值与作用具有重要意义。

---

① 《四库全书总目提要》卷一百九十二，集部四十五，总集类存目二。

第五节 《玉函山房辑佚书》叙录考

马国翰辑《玉函山房辑佚书》，不仅钩稽古佚书的内容，更撰写了详细的佚书叙录。其叙录包含诸多方面的内容，是一部巨大的佚书目录。从《玉函山房辑佚书》的叙录中，可以了解马国翰在从事辑佚事业的过程中究竟做了哪些具体工作。它与《玉函山房藏书簿录》一样，可以体现马国翰的目录学思想，亦有助于考察马国翰的目录学成就与贡献，从而判定马国翰在目录学史上的重要地位。

一、叙录之内容

（一）考辨作者

《玉函山房辑佚书》每书的叙录首先详列作者的朝代、姓名、籍贯、官职、师承、家世等，有异说者，则作考证。

1. 考订作者字号、爵里、行事。《玉函山房辑佚书》的叙录于一书作者首见时详书其籍贯、官职，后再见则只书姓名。若作者于史书中有传，则附录本传于书后。

如经编易类孟喜《周易孟氏章句》二卷，叙录云："喜字长卿，东海兰陵人，官至曲台署长，事迹见《汉书·儒林传》。"① 书后附本传。

---

① 《玉函山房辑佚书·经编易类·周易孟氏章句》叙录。

又如京房《周易京氏章句》一卷，叙录云："房本姓李，吹律自定为京氏，字君明，东郡顿邱人。受《易》梁人焦延寿，官至魏郡太守，见《汉书·儒林传》。"① 书后附本传载京房之师承。

一书作者有异议者，马国翰于叙录之中多有考证。如经编论语类《论语包氏章句》一卷，叙录云："后汉包咸撰。咸字子良，会稽曲阿人，少为诸生……皇侃《义疏》作苞咸。苞、包二字古通，当依《汉书》传作包。"②

又如经编五经总类《五经通义》一卷，叙录云："汉刘向撰。案，《隋志》《五经通义》八卷，注梁九卷，不著撰人姓名。《唐志》有刘向《五经杂义》七卷，又《五经通义》九卷。今佚，辑录一卷。考《后汉·曹褒传》，褒作《通义》十二篇，《演经杂论》百二十篇，隋、唐《志》皆不著录。《唐志》题刘向，必有所据，姑依题之。"③

2. 考订作者时代。如经编易类《蔡氏易说》一卷，叙录云："汉蔡景君撰。景君当是蔡氏之字，名爵未详。虞翻称'彭城蔡景君说'。翻生汉季，及引述之，则蔡氏汉人，在翻前。"④

于时代有疑者，详加考订，但不妄加推断，若无确凿证据，则从旧说。如经编易类《周易侯氏注》三卷，叙录云："侯果撰。果名于史志无考，惟《唐书·儒学列传·褚无量传》云：'始，无量与马怀素为侍读，后秘书少监康子原、国子博士侯行果亦践其选。'意侯行果即侯果。唐人多以字行，果名，而行果其字也。然《唐书·艺文志》不载，姑阙疑，不著其代，仅题侯果

---

① 《玉函山房辑佚书·经编易类·周易京氏章句》叙录。
② 《玉函山房辑佚书·经编论语类·论语包氏章句》叙录。
③ 《玉函山房辑佚书·经编五经总类·五经通义》叙录。
④ 《玉函山房辑佚书·经编易类·蔡氏易说》叙录。

而已。"①

3. 考订作者家世、师承。如经编仪礼类《贺氏丧服谱》一卷，叙录云："晋贺循撰。循字彦先，会稽山阴人。其先庆普，汉世传礼，世所谓庆氏学。族高祖纯，博学有重名，汉安帝时为侍中。避安帝讳，改为贺氏。循以陆机疏荐，官至左光禄大夫、开府仪同三司，赠司空，谥曰穆。"② 此详考作者家世。

又如经编诗类《齐诗传》二卷，叙录云："汉后苍撰。苍字近君，东海郯人，官至少府。《汉书·儒林》有传。《齐诗》出于辕固。固，齐人，故号'齐诗'。《儒林》固传云：'以治《诗》，孝景时为博士。'又云：'诸齐以《诗》显贵，皆固之弟子也。昌邑太傅夏后始昌最明。'苍传云：'事夏侯始昌。始昌通五经，苍亦通《诗》、《礼》。授翼奉、萧望之、匡衡。衡授琅邪师丹、伏理斿君、颍川满昌君都。由是《齐诗》有翼、匡、师、伏之学。满昌授九江张邯、琅邪皮容，皆至大官，徒众尤盛。'"③ 此考后苍传《齐诗》之师承。

《玉函山房辑佚书》各书叙录对作者的考订极为严谨，易类佚书书后多附录作者本传和前人之考证、论说，搜罗详备。

（二）考订书名

凡一书之书名有异说者，马国翰皆详作考证，以复其真。如经编乐类佚名撰《琴历》一卷，叙录云："《隋志》有《琴历头簿》一卷，《唐志》作《琴琴集历头拍簿》一卷，均不著撰人姓

---

① 《玉函山房辑佚书·经编易类·周易侯氏注》叙录。
② 《玉函山房辑佚书·经编仪礼类·贺氏丧服谱》叙录。
③ 《玉函山房辑佚书·经编诗类·齐诗传》叙录。

名，即此是也。"①

又如子编儒家类吴殷基《通语》一书，其叙录云："案《三国·吴志·顾邵传》：'乌程吴粲、云阳殷礼起乎微贱，邵皆拔而友之，为立声誉。'裴松之注云，礼子基作《通语》，曰礼字德嗣云云。又引《文士传》曰：'礼子基无难督，以才学知名，著《通语》数十篇。'《文士传》，晋张隐所作，松之宋人，二家所言当得其实。《隋志》儒家有《通语》十卷，晋尚书左丞殷兴撰，亡。《唐志》云《文礼通语》十卷，殷兴续。兴或基字之讹，吴亡入晋，官至左丞。抑或晋代别有一殷兴，就基书修而续之，故《唐志》云殷兴续也。但题《文礼通语》，则其误显然。殷基父名礼，基不得以父名为字，谓文礼即殷礼，而《通语》实非礼作，盖以基书载父礼行事，遂讹父为文耳。"②

马国翰对书名有异说者详加考订，使所辑佚书更加确切可征。

（三）明确各代著录情况

《玉函山房辑佚书》各叙录皆载其书在历代的著录情况，明其亡佚时间。其所列历代著录情况，有以下几种：

1. 诸书均不著录者。如经编易类《周易薛氏记》一卷，叙录云："其书诸志皆不著录。陆德明《释文》引其说，亦不详其著书卷数。"③

2. 《汉志》、《隋志》皆不著录，《唐志》复著录者。如经编

---

① 《玉函山房辑佚书·经编乐类·琴历》叙录。
② 《玉函山房辑佚书·子编儒家类·通语》叙录。
③ 《玉函山房辑佚书·经编易类·周易薛氏注》叙录。

易类《连山》一卷，叙录云："桓谭《新论》曰：'《连山》八万言。'盖后汉时此书尚存，君山及见之，而传者甚少，故《汉艺文志》及《隋经籍志》皆不著录。《唐书·艺文志》有《连山》十卷，司马膺注。"①

3.《汉志》著录，隋、唐《志》不著录者。如子编儒家类《漆雕子》一卷，叙录云："《汉志》儒家《漆雕子》十三篇，注孔子弟子漆雕启。……其书隋、唐《志》均不著目，佚已久。"②

4.《汉志》著录，《隋志》云亡，《唐志》不著录者。如子编儒家类《王孙子》一卷，叙录云："《汉志》儒家《王孙子》一篇，注一曰'巧心'，盖其书之别称，如扬子之《法言》，文中子之《中说》矣。《隋志》于《孙卿子》十二卷下注云：'梁有《王孙子》一卷，亡。'《唐志》不著录。"③

5.《汉志》著录，《隋志》不著录，《唐志》复著录者。如子编农家类《尹都尉书》一卷，叙录云："《汉志》农家有《尹都尉》十四篇，注不知何世。考《氾胜之书》曰：'验美田至十九石，中田十三石，薄田一十石。尹泽取减法，神农复加之。'尹泽疑都尉之名，意其为汉成帝以前人也。其书《隋志》不著录，《唐志》三卷，今佚。"④

6.《隋志》著录，《唐志》不著录者。如经编易类《周易徐氏音》一卷，叙录云："《隋书·经籍志》有《周易音》一卷，

---

① 《玉函山房辑佚书·经编易类·连山》叙录。
② 《玉函山房辑佚书·子编儒家类·漆雕子》叙录。
③ 《玉函山房辑佚书·子编儒家类·王孙子》叙录。
④ 《玉函山房辑佚书·子编农家类·尹都尉书》叙录。

东晋太子前率徐邈撰。《唐志》不著录，散亡已久。"①

又如子编道家类《夷夏论》一卷，叙录云："《隋志》道家著目一卷，云梁二卷。隋代已非完帙。《唐志》不著录。今佚，唯《齐书》及《南史》本传载其略。"②

7. 隋、唐《志》皆著录，后来亡佚者。如子编道家类《任子道论》一卷，叙录云："《隋志》道家《任子道论》十卷，魏河东太守任嘏撰。《唐志》同，又别有任嘏《顾道士论》三卷。马总《意林》亦载《任子》十卷，于《人物志》三卷后注云：'名奕。'考诸史志，无任奕著书之目。奕盖嘏之讹也。今其书佚，《意林》载十七节。"③

《玉函山房辑佚书》所辑各佚书，著录源流清晰可考。

（四）详载辑佚来源

《玉函山房辑佚书》中之佚书从何处辑得，利用了哪些书籍，马国翰皆于叙录中明载。

如经编春秋类《春秋决事》一卷，叙录云："从《礼记正义》、《通典》、《白帖》、《艺文类聚》、《御览》等书辑得八节，仍依汉、隋《志》入春秋类。"④

经编论语类《论语郑氏注》叙录云："近有集《郑注古文论语》二卷，托名宋王应麟者，所收有未尽。海宁陈氏鳣《论语古训》搜采详备，兹据录之，仍其十卷之旧。"⑤

---

① 《玉函山房辑佚书·经编易类·周易徐氏音》叙录。
② 《玉函山房辑佚书·子编道家类·夷夏论》叙录。
③ 《玉函山房辑佚书·子编道家类·任子道论》叙录。
④ 《玉函山房辑佚书·经编春秋类·春秋决事》叙录。
⑤ 《玉函山房辑佚书·经编论语类·论语郑氏注》叙录。

经编尔雅类《尔雅犍为文学注》三卷，叙录云："《释文》以为阙中卷，故自《释宫》至《释水》不及引舍人注。而《齐民要术》、《水经注》、《太平御览》等书所引犹足，捃摭成卷，以补陆氏之阙。"①

马国翰重视记载各书的辑佚来源，这对后人研究马国翰的辑佚过程提供了有益的线索。

（五）订正前人讹误

马国翰在辑佚过程中，参考众多古籍、注本、前人论述等，也发现了其中的不少讹误，马国翰在《玉函山房辑佚书》的叙录中均予以订正。

如经编易类薛虞《周易薛氏记》叙录云："胡一桂《启蒙翼传》谓虔薛《周易音注》见陆德明《释文》。遍捡《释文》，并无虔薛其人，惟于薛虞首见名氏详书，后凡薛虞说皆云'薛'。丰卦'沬'字下引服虔云'日中而昏也'，又引薛云'辅，星也'。虔与薛二字隔行相比，胡氏误记，遂以虔薛为一人，盖未谛考薛虞之记《子夏》，率臆言之。而朱太史彝尊止据胡氏说，《经义考》列虔薛一家，贻误后人，信非浅鲜，是不可不亟正之也。"②

又如张璠《周易张氏集解》叙录云："考《释文》于'直方大，不习无不利，则不疑其所行也'引'张璠本此上有易曰'。后引多节，皆承此省文言'张'。乃汲古阁《释文》本作'张伦'。以屯卦下有'张伦反'，涉笔而误。"又曰："朱氏《经义考》于张璠外别列张氏一家，以为《九家易》所引之张氏。又误以'直方大上易曰'之本并，凡《释文》单言张者属之。不知

---

① 《玉函山房辑佚书·经编尔雅类·尔雅犍为文学注》叙录。
② 《玉函山房辑佚书·经编易类·周易薛氏记》叙录。

《释文》之例，于独姓首见之人全书姓名，后皆省文。……其有同姓而见于序录者，前既书名，后仍书姓。其不见序录者仍详姓名……张璠下皆书'张'，有张轨、张晏则书'轨'与'晏'以别之是也。朱君未细绎其例，牵混言之，一归于误出之张伦，歧之又歧，谬以千里矣。"①

又如张讥《周易张氏讲疏》叙录云："又陆德明《释文》每称'师读''师说'，朱太史彝尊《经义考》谓'当即九师'。今考《释文》于《易》称师，似可傅会九师，而于他经亦引师说，当作何解？其误显然。臧氏镛谓'陆氏之师也'，然亦未尝明言何人。考本传云：'讥性恬静，不求荣利，常慕闲逸，所居宅营山池花果。讲《周易》、《老庄》而教授焉。吴郡陆元朗、朱孟博、一乘寺沙门法才、法云寺沙门慧休、至真观道士姚绥皆传其业。'元朗，德明本名，以字行。然则陆氏之师即讥也。"②

又如何妥《周易何氏讲疏》叙录云："《隋书·经籍志》有《周易私记》三十卷，不著撰人姓名，下次《周易讲疏》十三卷，注云'国子祭酒何晏撰'。考魏何晏官至吏部尚书，《隋志》集部题'魏尚书何晏《集》'十一卷。兹题'国子祭酒'，乃隋何妥之官号。且书名、卷数并与妥传不殊，而次序又在陈周宏正之下。不著代者，以妥为隋人也。《志》偶误'妥'为'晏'。而《册府元龟》遂云'何晏撰《周易私记》二十卷、《周易讲疏》十三卷'。朱太史彝尊信之，载入《经义考》。展转承讹，失而愈远矣。"

又云："宋《国史志》尚有《何氏讲疏》十三卷，今其书佚。《正义》及李鼎祚《集解》引之尚数十节。李明标'何妥'，《正义》称'何氏其说每与张氏、周氏、褚氏、庄氏并引'。庄氏不详何人，周为周宏正，张为张讥，褚为褚仲都，何即何妥，皆

---

① 《玉函山房辑佚书·经编易类·周易张氏集解》叙录。
② 《玉函山房辑佚书·经编易类·周易张氏讲疏》叙录。

唐近代为讲疏者。《正义》亦疏也，故仅题某氏。又王应麟《玉海》称'何襄城为《六象论》'云云。襄城，妥在周时所封男爵也。朱氏《经义考》于何妥《讲疏》外别出《正义》之何氏，又出何氏《六象论》，云'失名'。一人凡三见，皆失深考。"①

又崔灵恩《集注毛诗》一卷，叙录云："隋、唐《志》并二十四卷，成伯瑜《毛诗直说》同。《册府元龟》云二十二卷者，误也。"②

又刘智《丧服释疑》一卷，叙录云："智为太尉，实弟，贞素有兄风。负薪诵读，以儒行称。传载著《丧服释疑》，论多辨明其书。隋、唐《志》不载，而《隋志》别出梁有之书《丧服释疑》二十卷，孔智撰，亡。余氏萧客云：'《通典》引数处，并云晋刘智，无孔智。'按，《礼记正义》亦引刘智，以此合本传证之，知《隋志》误刘为孔也。"③

马国翰考订前人讹误的成果，毕见于《玉函山房辑佚书》之叙录中。

（六）概述佚书内容主旨或作出学术评价

马国翰对其所辑之书的内容皆有自己的评价与价值判断。

如经编易类《周易系辞荀氏注》，其叙录云："今佚，唯《释文》引其三节。如'议之而后动'作'仪之'，与郑康成、姚信同。较王弼本作'议之'者，理实深长有味。得兹一脔，令人想天厨之充美矣。"④

又如经编诗类《毛诗义问》之叙录云："训释名物与陆玑《毛诗草木鸟兽虫鱼疏》相似，盖当时儒者究心考据，犹不失汉

---

① 《玉函山房辑佚书·经编易类·周易何氏讲疏》叙录。
② 《玉函山房辑佚书·经编诗类·集注毛诗》叙录。
③ 《玉函山房辑佚书·经编仪礼类·丧服释疑》叙录。
④ 《玉函山房辑佚书·经编易类·周易系辞荀氏注》叙录。

人家法云。"①

又如经编诗类晋徐邈《毛诗徐氏音》之叙录云:"其音如'嫉'音'自'。'霾''莫戒反','旭''许袁反','洋'音'祥','琚'音'渠','俟'音'矣','黼'音'补','琇'音'诱','斗'音'主','铺'音'孚','央'音'英','茆'音'柳'之类,今废不行。偶或用之,必为世俗所骇然。仙民为晋名儒,夫岂无据而云然哉?则知沈约四声蔑古不少,存此旧音,比于齐钟薛鼓云尔。"②

《玉函山房辑佚书》之叙录大致载以上几类内容,马国翰以此种体例将其所辑佚书的基本情况详录于书前,堪比《四库全书》每书前之解题。《四库全书》每书前的提要集为《四库全书总目提要》,清代中期以后逐渐成为编纂书籍目录的典范。《玉函山房辑佚书》各书的叙录同样也形成一部提要目录,并且是一部佚书提要目录。它和《玉函山房藏书簿录》之间有着密切的关系,详见下节。

二、《玉函山房辑佚书》之叙录与《玉函山房藏书簿录》之解题的关系

(一)《玉函山房辑佚书》与《玉函山房藏书簿录》之关系

《玉函山房辑佚书》的叙录,载有某书在《玉函山房藏书簿录》中的著录信息。《玉函山房辑佚书》的叙录中,常有称某书"已别著录""已著录""并皆著录""已各著录"者,指此书于

---

① 《玉函山房辑佚书·经编诗类·毛诗义问》叙录。
② 《玉函山房辑佚书·经编诗类·毛诗徐氏音》叙录。

《玉函山房藏书簿录》中别有著录。下举例说明：

1. 经编仪礼类，汉何休《冠礼约制》一卷，其叙录云："休有《春秋公羊传解诂》，已别著录。"①

《玉函山房藏书簿录》卷五著录《春秋公羊传注疏》二十八卷，"司空掾任城何休邵公注，唐徐彦疏，宋邢昺校定"②。

此处著录之《春秋公羊传注疏》，即为《辑佚书》所云"已别著录"者。

2. 经编论语类，汉郑玄《论语郑氏注》十卷，其叙录云："元有《易》、《书》、《三礼》注，《毛诗》笺，并皆著录。"③

《玉函山房藏书簿录》经编易类著录宋王应麟辑《周易郑康成注》一卷。又著录惠栋辑《新本郑氏周易》三卷、张惠言辑《周易郑氏注》三卷。④ 经编书类著录郑玄《尚书郑注》十卷，⑤ 经编诗类著录《毛诗》二十卷，"汉毛苌传，郑元笺"⑥。经编礼类周礼之属著录《周礼注疏》四十二卷，仪礼之属著录《仪礼注疏》五十卷，礼记之属著录《礼记》二十卷，并云"郑氏注"⑦。

《玉函山房辑佚书》经编孟子类又有郑玄《孟子郑氏注》一卷，其叙录云："元于易、书、三礼、论语、孝经皆注，毛诗有笺，已各著录。"⑧

《玉函山房藏书簿录》经编孝经类则著录有《孝经郑注》一卷。

---

① 《玉函山房辑佚书·经编仪礼类·冠礼约制》叙录。
② 《玉函山房藏书簿录》卷五，第二页。
③ 《玉函山房辑佚书·经编论语类·论语郑氏注》叙录。
④ 《玉函山房藏书簿录》卷二，第四页。
⑤ 《玉函山房藏书簿录》卷三，第五页。
⑥ 《玉函山房藏书簿录》卷三，第三十一页。
⑦ 《玉函山房藏书簿录》卷四，第一页、第十页、第二十页。
⑧ 《玉函山房辑佚书·经编孟子类·孟子郑氏注》叙录。

3. 经编论语类，魏王弼《论语释疑》一卷，其叙录云："弼有《周易注》、《周易略例》，已各著录。"①

《玉函山房藏书簿录》经编易类著录《周易注》十卷，"魏尚书郎山阳王弼辅嗣撰"，又著录《周易略例》一卷，云"魏王弼撰"②。

4. 经编论语类晋范宁《论语范氏注》一卷，其叙录云："宁有《尚书集解》、《春秋穀梁传集解》，已各著录。"③

《尚书集解》不见于《玉函山房藏书簿录》，经编春秋类著录《春秋穀梁传注疏》二十卷，题"晋豫章太守顺阳范宁武子集解"④。

5. 子编儒家类，晋袁宏《去伐论》一卷，其叙录云："宏有《后汉纪》已著录史编。"⑤

《玉函山房藏书簿录》史编编年类著录袁宏《后汉纪》三十卷。

6. 子编儒家类，晋阳泉《太元经》一卷，其叙录云："泉有《物理论》已著录。"⑥

《玉函山房藏书簿录》子编儒家类著录杨泉《物理论》一卷。

《玉函山房辑佚书》各书叙录之中所云"已著录"者，不单指别著录于《玉函山房藏书簿录》，更多的情况是著录于《玉函山房辑佚书》的各类之中。《玉函山房辑佚书》中，一作者凡首

---

① 《玉函山房辑佚书·经编论语类·论语释疑》叙录。
② 《玉函山房藏书簿录》卷二，第六页。
③ 《玉函山房辑佚书·经编论语类·论语范氏注》叙录。
④ 《玉函山房藏书簿录》卷五，第三页。
⑤ 《玉函山房辑佚书·子编儒家类·去伐论》叙录。
⑥ 《玉函山房辑佚书·子编儒家类·太元经》叙录。

见,即详述姓名、朝代、籍贯、官职等,凡二见、三见者,只记姓名,并列前已著录之书,云"有某书已著录"。由此得见,《玉函山房辑佚书》与《玉函山房藏书簿录》两处著录通行。

(二)《玉函山房辑佚书》之叙录与《玉函山房藏书簿录》诸解题之关系

《玉函山房藏书簿录》的解题与《玉函山房辑佚书》的叙录在文句上十分相近,在文意上亦相互呼应。道光二十九年,马国翰已经完成了《玉函山房辑佚书》经编和子编的刊刻工作,《玉函山房藏书簿录》亦于同年刊刻,两书刊刻的时间十分接近。《玉函山房藏书簿录》所著录,除马氏所藏诸辑本外,皆是当时存世之书,故《玉函山房藏书簿录》是一部存书目录;而《玉函山房辑佚书》所载皆为已经亡佚之书,其总目与诸书叙录则可看做是一部佚书目录。两书一载存书,一载佚书,出于一人之手,于同一年刊刻,故其叙录与解题在文字上有诸多相似之处,兹举例说明:

1.《玉函山房辑佚书》经编易类《周易子夏传》二卷,其叙录云:"其《易传》,《汉志》不著录。王俭《七志》引刘向《七略》云:'《易传》子夏,韩氏婴也。'荀勖《中经簿》云:'《子夏传》四卷,或云丁宽所作'。张璠云:'或馯臂子弓所作《薛虞记》。'阮孝绪《七录》云六卷。《隋书·经籍志》云二卷,残阙,《唐书·艺文志》同。陆德明《释文序录》云三卷,《国史志》、《中兴书目》并云十卷。《唐会要》云:'开元七年三月十七日诏:《子夏易传》近无习者,令儒官详定。刘知几、司马贞议,皆以为不可。五月五日诏:《子夏传》逸篇,令帖《易》者停。'自时厥后,如晁说之、程迥、陈振孙、章如愚、何乔新、马贵与等,并以此书为伪。孙坦《周易折蕴》以为杜邺,赵汝楳

《周易辑闻》、徐几《易辑》皆以为邓彭祖。二人皆字子夏。悬空臆度,迄非定论,独洪迈信之。案子夏之《传》,汉代所师承也,刘向以为韩婴作,荀勖以为丁宽作,张璠以为馯臂作《薛虞记》,必其所说与子夏同。汉晋人及见丁、韩诸传,故有是论,非后人悬揣之比。盖此书自馯臂传之,至丁宽、韩婴得而修之,载入己书中,如毛苌说《诗》,首列子夏小序之类。故班《志》《易》十三家,有丁氏八篇、韩氏二篇,而不云子夏,犹之《毛诗》但言《毛传》而不别著小序之目也。……武威张太史澍辑此篇,刻入《张氏丛书》。今据校录,分为二卷,仍隋、唐《志》之旧目也。"①

《玉函山房藏书簿录》经编易类著录《子夏易传残本》二卷,解题云:"《汉志》不著录,刘歆云汉兴韩婴传,荀勖云丁宽所作,张璠云或馯臂子弓所作《薛虞记》。孙坦《周易析蕴》以为汉之杜子夏,赵汝楳《周易辑闻》以为邓彭祖字子夏,传梁邱《易》者。唯洪迈《容斋随笔》引群经著作,断为孔子弟子卜子夏。晋《中经簿》四卷,梁《七录》六卷,《隋书·经籍志》、《唐书·艺文志》并二卷,残阙。陆德明《经典释文序录》三卷。原书佚,知玉屏县前翰林院庶吉士武威张澍介侯辑录。武进张惠言亦有辑本,载《易义别录》之首。"②

2. 《辑佚书》子编儒家类《周生子要论》一卷,其叙录云:"《唐志》复有《周生烈子》五卷,较梁时卷数虽多,而已非蔑(茂)虔所献之原帙矣。今佚,马总《意林》载其十节、序一节。"③

《簿录》子编儒家类著录《周生烈子》一卷,解题云:"《唐

---

① 《玉函山房辑佚书·经编易类·周易子夏传》叙录。
② 《玉函山房藏书簿录》卷二,第三页。
③ 《玉函山房辑佚书·子编儒家类·周生子要论》叙录。

志》有《周生烈子》五卷，原书佚。马总《意林》载十一节。"①

此两条《玉函山房辑佚书》与《玉函山房藏书簿录》所述文句相似。

3.《辑佚书》经编易类《周易荀氏注》三卷，其叙录云："张氏惠言辑荀氏九家佚文，具载而杂入九家中，今特别出为三卷。"②

《簿录》经编易类著录《周易荀氏九家》三卷，张惠言辑。其解题云："原书散佚，张氏惠言辑并注，凡诸书引荀爽者，并采入。"③

此二处所载文意呼应。

4.《辑佚书》经编诗类申培《鲁诗故》三卷，叙录云："视明丰坊《鲁诗世学》及申培《诗说》之伪本固大有间矣。"④

《簿录》经编诗类著录申培《诗说》一卷，解题云："鄞人丰坊伪托，世多镂版传其书。姑依编录，识者自能辨其真赝也。"⑤

两书对《诗说》为伪书的判定态度相同。

5.《辑佚书》经编通礼类有郑玄、阮谌撰《三礼图》一卷，叙录云："考聂崇义《三礼图》引郑氏图、阮氏图，又引旧图，皆一书之文。……聂于旧图往往有所驳议，而要其去古未远，见闻非后人可及，惜其图尽亡，观者就文考之，犹如睹三代法物云。"⑥

---

① 《玉函山房藏书簿录》卷十一，第八页。
② 《玉函山房辑佚书·经编易类·周易荀氏注》叙录。
③ 《玉函山房藏书簿录》卷二，第五页。
④ 《玉函山房辑佚书·经编诗类·鲁诗故》叙录。
⑤ 《玉函山房藏书簿录》卷三，第三十三页。
⑥ 《玉函山房辑佚书·经编通礼类·三礼图》叙录。

《簿录》经编礼类通礼之属著录聂崇义《三礼图集注》二十卷，云："旧为图说，有郑元、阮谌、夏侯伏朗、张镒、梁正及开元宫礼六家。聂氏参考，成此书，虽未必尽如古制，而要皆有所依据。诸图并佚说义，此为最古云。"①

两书对聂崇义《三礼图集注》之评价相似。

6. 《辑佚书》经编春秋类有京相璠《春秋土地名》一卷，叙录云："如前城、柏举、焦、瑕、穷、养，杜氏所阙，此能确切指言之，则博洽足称也。"②

《簿录》经编春秋类著录杜预《春秋地名》一卷，云："地名大凡一千二百一十三，其五百六十阙。其百七十周及大小国附庸，其三十一阙。八百九十九地名，其四百□十一阙。四十一四夷（"四十一"疑是衍文），其二十一阙。四十一山，其□阙。五十八水，其十三阙。"③

《辑佚书》所称"杜氏所阙"，马国翰于《簿录》中备载之。

《玉函山房辑佚书》与《玉函山房藏书簿录》同出马国翰之手，其叙录与解题文意相通，相互补充，可互为参考而读。《玉函山房藏书簿录》中所载之藏书，为马国翰的辑佚事业提供了重要的支持，是他进行学术研究的资料库。《玉函山房辑佚书》与《玉函山房藏书簿录》完成时间相近，内容上亦有诸多相关之处，两者之间存在着密切的关联。

---

① 《玉函山房藏书簿录》卷四，第三十四页。
② 《玉函山房辑佚书·经编春秋类·春秋土地名》叙录。
③ 《玉函山房藏书簿录》卷五，第五页。

三、《玉函山房辑佚书》之叙录的价值与意义

（一）庞大的佚书资料库与佚书目录

《玉函山房辑佚书》共辑录古佚书604种722卷，其中有叙录之书共529种。其叙录详载一部佚书的作者、时代、流传、著录信息、主旨等，内容丰富，考述详尽，不但是一部庞大的佚书资料库，更形成一部内容详备的佚书目录。

1. 体现唐以前经部书籍的散佚情况。《玉函山房辑佚书》之叙录的目录作用显而易见，观《玉函山房辑佚书》之叙录，可以略见唐以前书籍散佚的概况。马国翰所辑佚书，以经部为多，其所辑经书达415种520卷，加上《玉函山房辑佚书补遗》的18种19卷及《玉函山房辑佚书目耕帖续补》的9种10卷，马国翰所辑经部佚书共442种549卷，占《玉函山房辑佚书》所辑全部佚书的七成以上，可以说《玉函山房辑佚书》主要呈现的就是唐代以前经部书的散佚情况。马国翰所辑史部佚书数量较少，以《玉函山房辑佚书》、《玉函山房辑佚书补遗》及《玉函山房辑佚书目耕帖续补》三编观之，只有9种11卷，子部佚书数量亦只及经部佚书的三分之一，故《玉函山房辑佚书》不足以体现史部及子部书籍的散佚情况。

马国翰对经编每一类佚书都按照时代顺序排次，古来散佚之经书，条理明晰，毕见于目。

2. 详载历代著录信息，明确佚文出处，有索引之功。《玉函山房辑佚书》每书之叙录，皆详载历代著录情况及辑佚来源，前文已详述。详载著录情况及佚文出处，亦相当于目录之记载馆

藏、出处等内容，对于后来读者查询、探究，具有索引之功，是目录所应体现的重要内容之一。马国翰注重记载这些内容，可见他有意突出《玉函山房辑佚书》之叙录的目录学作用。

3. 考证学术源流，承目录学"辨章学术，考镜源流"之旨。《玉函山房辑佚书》的叙录对于每书作者的师承、学派源流多有详细考证，前文亦述及。这种做法是承《汉志》书序之考辨学术源流而来，体现了目录学"辨章学术，考镜源流"的核心价值。马国翰还将这种目录学的方法应用到具体的辑佚工作中来，利用作者的师承关系、学术流派等信息，来判断佚文的具体归属，形成了一套高效、准确的辑佚方法，详见本章第四节所述。

综上，《玉函山房辑佚书》诸书之叙录，体现出明显的目录学作用，其著录了大量的古佚书信息，形成了一部庞大的佚书目录，尤其形成了一部内容详备的经部佚书目录。

（二）与《玉函山房藏书簿录》共同体现马国翰的目录学成就

现在比较详备的古典目录，一般包括书名、卷数、作者、时代、版本、出处及内容解题等方面，而中国古代的书籍目录真正做到各方面内容皆详细的并不多。

观《玉函山房藏书簿录》，其基本体例包含了上述全部内容，体例相当完备。《玉函山房辑佚书》的叙录，按照《簿录》的规制来看，亦包含上述内容，是非常完备的佚书目录。

清代以前的公私书目，内容多比较简略，书名、作者、版本、解题俱全的不多。如宋尤袤之《遂初堂书目》，注重记载书籍版本，而于作者信息、书籍内容等信息记载不详。又如明代杨士奇主修之《文渊阁书目》，只记书名、册数，而不及其他，著录较为简陋。至于明代私人藏书之目录，亦少有体例详备者。清代初期之私家藏书目，如钱谦益《绛云楼书目》，著录亦简单，或著录书名、册数，或著录书名、作者，或著录版本、书名，如"宋版史记""元版史记"之类，无各项内容均具备者。宋晁公武《郡斋读书志》及陈振孙《直斋书录解题》，其每书均撰有解题，间述版本信息，体制最为详备。但二书一度散佚，至清代康乾年间才重现世间，故明代及清代前期藏书家未得参考其制。乾隆年间修《四库全书》，成《四库全书总目提要》二百卷，至此树立了官修目录的典范，后世私家书目亦多仿《四库全书总目提要》之例。在形成《四库全书总目提要》的过程中，又有《浙江采集遗书总目》等进呈书目。纵观整个清代，带有解题，内容详备的私人书目，唯张金吾《爱日精庐藏书志》、姚振宗之诸补史目录、周中孚《郑堂读书志》及马国翰《玉函山房藏书簿录》而已。

　　清代目录学家中，周中孚《郑堂读书记》承《四库全书总目提要》之制，多载四库未备之书，对书籍作者之行事、书籍版本流传等记载较《四库全书总目提要》更加详备，目录学价值亦十分重大。但周中孚此书至民国十年才由刘承干刻入《吴兴丛书》，民国二十九年，商务印书馆又排印《郑堂读书志》，编入《国学基本丛书》。此前《郑堂读书志》的稿本被莫有芝、李之鼎等先后收藏过，但流布不广，鲜有人知，故《郑堂读书志》在清代未形成较大影响。又嘉庆年间，张金吾撰成《爱日精庐藏书志》，嘉庆二十四年刻4卷本，道光三年又刻成36卷本。《爱日精庐藏书志》亦是体例完备之书目，乃是张金吾选取其藏书中"宋元旧椠及抄帙之有关实学而鲜传本者"编撰而成，其书分类与《四库全书总目提要》几乎相同，其著录包括书名、卷数、版本、作者、提要及序跋、题识的摘录等。《爱日精庐藏书志》在清代中期诸书目中，著录内容最为详尽。又清代中后期以姚振宗为目录学大家，其所著《后汉书艺文志》、《三国艺文志》等补史志目录在目录学史上占有重要地位。姚振宗所著目录的著录方式亦较为完备，包括书名、卷数、作者信息、提要、考证等重要内容，对于现代的古典目录编撰亦具有重大影响，起到了典范作用。

周中孚生于乾隆三十三年，时代略早于马国翰，但其稿在清代较为隐晦，鲜为人知。姚振宗生于道光二十二年，时代晚于马国翰。其著作多成于光绪年间，时马国翰已经去世。故马国翰所处的时代，市面上看得到的书目，除《四库全书总目提要》、《浙江采集遗书总录》等官修书目及张金吾《爱日精庐藏书志》等私藏书目，以及《郡斋读书志》、《直斋书录解题》等重出之目著录较完备外，其他目录多较简略。从这一点上来看，马国翰在同时代的目录学家中，是走在时代前沿的。

《玉函山房辑佚书》的叙录，同样具备《簿录》之解题的各项功能与价值，形成了一部严谨详明的佚书目录。而于存书、佚书两者皆作目录者，在清代，除马国翰外别无一人。从这一点进行考量，马国翰对于清代目录学的贡献应该是最大的。马国翰在中国目录学史上，应当占有一席重要的位置，其在中国目录学史上的地位也应该得到后人的充分重视。

第六节　马国翰的辑佚原则与辑佚方法及其在辑佚学领域的成就与贡献

马国翰作《玉函山房辑佚书》，有自己的辑佚原则，亦使用了科学严谨的辑佚方法。其在辑佚学领域的成就与贡献也是十分突出的。

一、辑佚原则

（一）判定佚书与明确辑佚依据的原则

马国翰所辑佚书，根据历代书目之著录，凡《汉志》、《隋志》、《唐志》有不载，其书见于他书征引者，则辑录之。其辑佚根据均详列每书叙录之中。如《辑佚书》经编尚书类《尚书古文音》一卷，晋徐邈撰。其叙录云："《隋志》载其《古文尚书音》一卷外，又云：'梁有《尚书音》五卷，孔安国、郑玄、李轨、徐邈等撰，亡。'盖邈后之人集四家《音》合为五卷，至隋已亡，犹存邈一卷之《音》。今并佚矣。从陆氏《释文》，参《集韵》、《六经正误》等书辑录。"①

又如经编仪礼类《丧礼》一卷，晋贺循撰。其叙录云："隋、唐《志》均无《葬礼》之目，《通典》、《太平御览》引贺循《要记》外，又引贺循《葬礼》，盖本二书。《要记》拟《仪礼·丧服传》，《葬礼》拟《仪礼·士葬礼》也。兹据辑录。"②

马国翰根据书目所录和群书所引来判定一书是否亡佚，并据各书所引辑录。

（二）不重复辑佚原则

参考《玉函山房藏书簿录》就会发现，马氏辑佚，亦有知某书确为佚书而不辑者。凡前人有较完备的辑本者，马氏则不再重复辑录。以《玉函山房藏书簿录》子编儒家类为例，其著录《曾

---

① 《玉函山房辑佚书·经编尚书类·尚书古文音》叙录。
② 《玉函山房辑佚书·经编仪礼类·丧礼》叙录。

子》四卷，解题云："周鲁国曾参子舆撰。《汉志》十八篇，《隋志》二卷，今惟存《大戴礼记》所载十篇。嘉庆中阮相国元辑录并为注释。"①

又著录《牟子》一卷，解题云："后汉太尉安邱牟融子优撰。《隋志》儒家《牟子》二卷，题后汉太尉牟融。《唐志》道家《牟子》二卷，亦题牟融。今其书佚。梁僧祐《宏明集》有汉牟融《理惑论》三十七篇，前有自序，一名《牟子理惑》。……嘉庆中孙观察星衍从《宏明集》录出，定为《牟子》一卷。"②

又著录《典论》一卷，解题云："魏文皇帝撰。隋、唐《志》并五卷，今佚。承德孙冯翼辑三十余事，惟《论文》篇差全。"③

又著录《傅子》一卷，解题云："晋司隶校尉北地傅元休奕撰。隋、唐《志》杂家并载《傅子》一百二十卷，宋代尚存二十三篇，今佚。乾隆中四库馆从《永乐大典》录出十二篇，改入儒家。"④

诸如此类，《玉函山房藏书簿录》中著录尚多，这些已有较完备辑本的佚书，马国翰不再辑入《玉函山房辑佚书》。

若某佚书已有辑本，但马氏认为尚须改进者，则辑入《玉函山房辑佚书》。如《玉函山房藏书簿录》经编易类著录《子夏易传残本》二卷，解题云"知玉屏县前翰林院庶吉士武威张澍介侯辑录"⑤，而《玉函山房辑佚书》中又有《周易子夏传》二卷，叙录云："武威张太史澍辑此篇，刻入《张氏丛书》。今据校录，分为二卷，仍隋、唐《志》之旧目也。"又《玉函山房藏书簿录》经编易类著录《周易荀氏九家》三卷，为张惠言所辑，

---

① 《玉函山房藏书簿录》卷十一，第一页。
② 《玉函山房藏书簿录》卷十一，第六页至七页。
③ 《玉函山房藏书簿录》卷十一，第七页至八页。
④ 《玉函山房藏书簿录》卷十一，第八页至九页。
⑤ 《玉函山房藏书簿录》卷二，第三页。

《玉函山房辑佚书》中又载《周易荀氏注》三卷，云："张氏惠言辑荀氏九家佚文，具载而杂入九家中，今特别出为三卷。"①

不过此种情况属少数，总体来看，马国翰不提倡做重复工作。

马国翰辑录佚书，有清晰的思路与原则，所辑之书有明确的根据与来源，且不重复辑录前人已辑之书。

（三）辑佚、校勘并重的原则

辑佚与校勘密不可分，马国翰在辑《玉函山房辑佚书》时，亦非常重视佚文的校勘工作。马国翰于每条佚文之下，皆注佚文来源，标明辑此条佚文的根据，且罗列诸书所载文字之异同。如经编易类《周易梁丘氏章句》"损上益下，民说无疆"条，下注"《汉书》王莽传"，标明佚文出处。② 又如《周易刘氏章句》"君子以经论"条，下注云："《正义》云刘表、郑元以'纶'为'论'字。"③ 此注明确了佚文用"论"字的根据。

对于诸书所载佚文有文字异同者，马国翰亦于小注中详载之。如经编易类《周易蜀才注》"初九馆有渝"条，注云："《释文》'官有'，蜀才本作'馆有'。"④ 又如经编诗类《鲁诗故》"侁侁征夫，每怀靡及"条，注云："《说苑·奉使篇》、《列女传》卷二引《诗》并作'莘莘'，《楚辞章句》引首句作'侁侁'，云一作'莘'，是《鲁诗》'莘'与'侁'通用也。兹依《楚辞章句》。"⑤

诸如此类，每条佚文的来源根据都清晰可考，诸书文字异同

---

① 《玉函山房辑佚书·经编易类·周易荀氏注》叙录。
② 《玉函山房辑佚书·经编易类·周易梁丘氏章句》，第二页。
③ 《玉函山房辑佚书·经编易类·周易刘氏章句》，第一页。
④ 《玉函山房辑佚书·经编易类·周易蜀才传》，第三页。
⑤ 《玉函山房辑佚书·经编诗类·鲁诗故》，第一页至第二页。

亦可见。马国翰在辑佚的同时，也对诸书所引佚文进行了详细的校勘工作。

除列出文字异同外，《玉函山房辑佚书》所辑佚文下，常有马国翰之案语，以"案"或"按"字与所引书之语区分。《玉函山房辑佚书》全书有马国翰案语438条，马国翰对于诸书之考证皆见于其案语中，其校勘之功力毕见于此。如经编诗类《鲁诗故》中"君子无易輶言"条，注云："《释文》'由'与'輶'声相近。臧琳《经义杂记》据周兴嗣《千字文》'易輶攸畏，属耳垣墙'，以为周氏所见本有作'无易輶言'者。案，周氏《千字文》又云'俊乂密勿'，与刘向引《诗》'密勿从事'同，知所据者亦《鲁诗》也。"①

又经编诗类《毛诗驳》"侵镐及方"条，先列笺云："镐也，方也，皆北方地名。"又列王肃云："镐，京师。"下列驳曰："据下章云'来归自镐，我行永久'，言吉甫自镐来归，犹《春秋》'公至自晋'、'公至自楚'，亦从晋、楚归来也，故知向日千里之镐，犹以为远。镐去京师千里。长安、洛阳代为帝都，而济阴有长安乡，汉有洛阳县，此皆与京师同名者也。"下有马国翰案语云："案，'知向日'，卢文弨云刘向曰，是也，此在《汉书》陈汤传。惠栋曰，'汉'下当有'中'字，'阳'字衍。"②

其案语征引众书，相互参考，考证前贤之论。这些案语在《玉函山房辑佚书》中形成一部庞大的校勘资料库，在辑录佚文的同时，也使读者得见诸书之原貌。马国翰辑佚与校勘并重的原则，使得《玉函山房辑佚书》不但是一部辑佚巨著，更具有很高的校勘学价值。

---

① 《玉函山房辑佚书·经编诗类·鲁诗故》，第十二页。
② 《玉函山房辑佚书·经编诗类·毛诗驳》，第三页。

二、辑佚方法

类书、古注等引古佚书之文，多比较零散，而将散在各处之佚文有条理地编连成书，是辑佚的一大难点。马国翰辑《玉函山房辑佚书》，力求恢复古书原貌。他将零散的佚文进行整合，按照古书次序进行编排，最终连缀成书。马国翰在辑录佚书的过程中，使用了科学的辑佚方法，其方法可以总结为以下几点：

（一）以文意判断佚文归属

如一书引古书之语但未说明其来源，马国翰则通过引文的文意来判断其是否为某书佚文。如经编诗类晋陈统《难孙氏毛诗评》，"于以奠之，宗室牖下。谁其尸之，有齐季女"条，下辑录陈统之评，出处为《毛诗正义》，而马国翰有案语云："案，此节不明标陈统之名，而逐句驳王肃，而末以孙毓为谬，是隐用统义也。据补，下皆仿此。"[①]

《毛诗正义》引此节不云陈统之名，而马国翰以其评"以孙毓为谬"为据，判断此节应是《难孙氏毛诗评》之佚文。

（二）依前书之说定佚文归属或补充佚文

马国翰辑录佚文依靠众多的古书、古注，也参考其说法来判断佚文的归属，并补入佚书中。如尚书类隋刘炫《尚书述义》，"死魄"一条有注云："《正义》载此文云，顾氏解死魄与小刘

[①]《玉函山房辑佚书·经编诗类·难孙氏毛诗评》，第二页。

同。不别引小刘,知此即刘解也。"①

后又有顾彪《尚书顾氏疏》一卷,其解"死魄"之语与刘炫同,下亦有注云:"《正义》载此文,下云顾氏与小刘同,不别引刘解,知刘、顾均如此解。"② 顾彪与刘炫解"死魄"之说同,故马国翰依《尚书正义》所说,分别录佚文于两书之中。

马国翰亦据古书之说补充佚文。经编尚书类载魏王肃《尚书王氏注》一卷,"此见群臣觐诸侯之坐"一句,出处为孔安国《尚书大传》,句下有注云:"《正义》云,王肃说四坐皆与孔同。据补。"③

马国翰根据《尚书正义》之说,判定此句为王肃之语,故将其辑入《尚书王氏注》中。

(三) 以师承关系判断佚文归属

如经编诗类载汉申培《鲁诗故》三卷,《关雎》一篇题解云:"周道缺,诗人本之衽席,《关雎》作。"下注出处为司马迁《史记·十二诸侯年表》,后有马国翰案语,曰:"案《汉书·儒林传》,迁从孔安国问,安国为申公弟子,则《史记》所引述,皆《鲁诗》也。后仿此。"④ 后"关关雎鸠,在河之洲"条辑录申培之说,云:"周之康王夫人晏出朝,关雎预见,思得淑女以配君子。夫雎鸠之鸟犹尝见乘居而匹处也。"此条出处为刘向《列女传》卷三。后有马国翰案语,云:"案,王应麟《困学纪闻》云,《鲁诗》出于浮邱伯,以授楚元王交。刘向乃交之孙,其说盖本《鲁诗》,兹取向著《列女传》、《新序》、《说苑》及本传所引

---

① 《玉函山房辑佚书·经编尚书类·尚书述义》,第一页。
② 《玉函山房辑佚书·经编尚书类·尚书顾氏疏》,第七页。
③ 《玉函山房辑佚书·经编尚书类·尚书王氏注》卷下,第十四页。
④ 《玉函山房辑佚书·经编诗类·鲁诗故》卷上,第一页。

《诗》并辑录,后皆仿此。"①

马国翰根据司马迁的师承关系及刘向的家学渊源,判定《史记》、《列女传》、《说苑》等书所引《诗》为《鲁诗》。

马国翰所使用的辑佚方法,科学且有效率,减轻了逐条钩稽并判断佚文归属的难度,但使用这些方法进行辑佚需要扎实的经学功底和准确的学术判断。马国翰能娴熟运用这些辑佚方法,可见其经学功力之深厚。

三、马国翰在辑佚学领域的成就与贡献

前文考述了《玉函山房辑佚书》各方面的内容与价值,并总结了马国翰的辑佚原则和方法。这些内容都体现了马国翰在辑佚学领域的巨大成就和深远贡献。现以《玉函山房辑佚书》经编易类为例,总结阐述马国翰的辑佚学成就与贡献。

(一)辑佚数量巨大

以《玉函山房辑佚书》经编易类为例,马国翰所辑易类书籍为 64 种 66 卷(内 15 种不分卷),在马国翰所辑全部辑佚书中数量最多,这也足见马国翰对于易学古籍的用心。其所辑易类书籍,自先秦至唐代,以两汉至南北朝时期著作为多,计有两汉时期易书 16 种,三国时期 6 种,两晋时期 12 种,南北朝时期 9 种。另有不确定年代,按各代著录推测为魏晋南北朝间著作者 9 种。

辑佚学在清代达到顶峰,专事辑佚的学者不少。从易学辑佚一个方面看,有张惠言、孙堂、黄奭等。张惠言《张皋文笺易诠

---

① 《玉函山房辑佚书·经编诗类·鲁诗故》卷上,第一页。

全集》专辑易类文献，但数量远不及马国翰所辑。孙堂《汉魏二十一家易注》辑 21 种 30 卷，数量亦逊于马国翰。其余如王谟、张澍、孙冯翼、吴骞等，亦均辑有若干易类佚书，但从规模数量上来说，还是马国翰所辑更为全面。黄奭《黄氏逸书考》所辑易书从种类上说略多于马国翰，有 71 种，其中 38 种在《易杂家注》中，合为一卷，故其所辑卷数不及马国翰多。且黄奭之书全无叙录，从学术价值上说，略逊于马国翰。马国翰之后，有王仁俊、胡薇元等，亦从事辑佚事业。王仁俊补辑马国翰未辑之书，成《玉函山房辑佚书续编》，胡薇元的辑佚则参照马国翰却未能超越马国翰。单从辑佚数量，就足见马国翰在辑佚方面的成就。

（二）多有独创之功

以经编易类为例，所谓独创，即指马国翰独家辑佚之易学典籍，共 7 部：

1. 《易象妙于见形论》一卷，晋孙盛撰。其叙录云："隋、唐《志》均不著录，而《隋志》集部有《晋秘书监孙盛集》五卷，残阙，或其所著论在集中与？今其略见《世说新语注》，孔氏《正义序》亦引其说重卦语。兹并采录，附《正义》驳语于后。王应麟《玉海》列晋《易象论》有孙盛，未可以《隋志》不载，听其沦没而不为之属意也。"① 此书前人不曾辑佚，马国翰从刘孝标所注《世说新语》和孔颖达《周易正义序》中辑得两条。

2. 《周易王氏义》，王嗣宗撰。叙录云："遍考史志，无嗣宗《易注》之目。陆德明《释文》引其音义三节，与徐邈、梁武并

---

① 《玉函山房辑佚书・经编易类・易象妙于见形论》叙录。

称,又实以著作知名之士。考张璠《集解序》,二十二家有王宏,字正宗,弼之兄,晋大司农,赠太常,为《易义》。嗣宗或正宗之别字。弼字辅嗣,或缘此取义乎?然无显征,故仍题王嗣宗。附著王凯冲注后,俟淹雅君子权定焉。"① 此书不见别家辑录。

3.《周易王氏音》一卷,王肃撰。叙录云:"陆德明《释文序录》云为《易音》者三人,王肃、李轨、徐邈。《隋书·经籍志》有徐邈、李轨《音》各一卷,王肃《注》十卷,不言《易音》,或并入《注》中欤?然《释文》既叙其《注》,又叙其《音》,陆氏所见定为两书。兹就《释文》所引别辑一卷,附肃《注》之后,可与李、徐二家互考同异焉。"②

4.《周易元义》一卷,唐李淳风撰。其叙录云:"此书唐、宋史志皆不载,郑樵《通志·艺文略》著录三卷,今佚。《火珠林》引其八卦六位图。佚文见著仅此,据辑录之。"③

5.《周易新论传疏》一卷,唐阴宏道撰。其叙录云:"原书十卷,《绍兴书目》有之,今佚。晁说之《易诂训传》引其说。晁《易》亦不传。元董真卿《周易会通》载吕东莱《古易音训》多用晁氏,尚存宏道佚说二条,附证为一卷。"④

6.《周易新义》一卷,唐徐郧撰。其叙录云:"《唐会要》云:'太和元年六月,直讲徐郧上《周易新义》三卷。'新、旧《唐志》均不著录,书佚已久。惟吕祖谦《古易音训》晁氏引之,

---

① 《玉函山房辑佚书·经编易类·周易王氏义》叙录。
② 《玉函山房辑佚书·经编易类·周易王氏音》叙录。
③ 《玉函山房辑佚书·经编易类·周易元义》叙录。
④ 《玉函山房辑佚书·经编易类·周易新论传疏》叙录。

多辨悉文句之脱误。"①

7.《易纂》一卷,唐僧一行撰。其叙录云:"《中兴书目》有一行《易传》十二卷,原缺四卷。《绍兴阙书目》有唐《易论》一卷,《经义考》疑即一行书。王应麟《困学纪闻》引作一行《易纂》。"②

以上7种易学典籍,不见于其他辑佚家著作,而仅见于《玉函山房辑佚书》。

从马国翰首辑之书,可见其辑佚的独创性,是为其辑佚成就之一。

(三) 叙录严谨详明,多做学术判断

前文已述,《玉函山房辑佚书》拥有高水平的解题,即叙录。其叙录内容包括考订作者、明确年代、详载辑佚来源及考订前人讹误等众多方面。而且,马国翰或引用前人评价,或自己进行评价,对每部书都给予了学术评价。以易类为例,荀柔之《周易系辞荀氏注》叙录云:"今佚,唯《释文》引其三节。如'议之二后动'作'仪之',与郑康成、姚信同。较王弼本作'议之'者,理实深长有味。"③ 又如何晏《周易何氏解》云:"《南齐书·张融传》云晏所不解《易》中九事,诸卦中所有时义,是其一也。知当日于《易》亦称解矣。孙盛《魏氏春秋》载何晏语曰:'唯深也,故能通天下之志,夏侯泰初是也。唯几也,故能成天下之务,司马子元是也。唯神也,不疾而速,不行而至。吾闻其

---

① 《玉函山房辑佚书·经编易类·周易新义》叙录。
② 《玉函山房辑佚书·经编易类·易纂》叙录。
③ 《玉函山房辑佚书·经编易类·周易系辞荀氏注》叙录。

语，未见其人.'盖欲以神况诸己者也。然管辂讥其说《易》生义美而多伪，又谓其为少功之才。伏曼容亦以'了不学'轻之。盖其人习于浮华，辞常胜理，故时人虽吸习归服而不能逃有识者之鉴也。"①

其叙录具有明显的目录学作用，与清代其他辑佚家相比，其叙录详明精确，具有重要价值。黄奭之书，虽然在数量上与马国翰不相上下，但其书缺少叙录，故不具备目录性质。从这一点上来说，黄奭在学术源流的梳理方面，成就不及马国翰。孙堂《汉魏二十一家易注》每书前亦有叙录，但其重点往往在于对佚书内容的阐释。如其所辑《荀爽周易注》云："荀爽以八纯卦之爻，六八四十八，加乾坤二用为五十，则又三百八十六爻矣。"② 孙堂辑佚书之叙录，从整体看不如马国翰详备。故从辑佚书的叙录来看，马国翰在辑佚领域的成就也十分重大。

（四）佚文完整详备，考证详明

判断一部辑佚书的好坏，关键在于看所辑佚文是否周全、体例是否统一，编次是否得当，考证是否详明。《玉函山房辑佚书》所辑佚书，首叙录，次佚文，佚文后均注明出处，间有考证之语。从整个辑佚书的编排上看，十分统一、完备。而诸考证之案语，如前文所述，更见马国翰辑佚之功。

有数量巨大的辑佚书，所辑佚书具有一定的独创性，且具备高水平的叙录和严谨详明的考证，马国翰在辑佚领域的成就与贡献显而易见，其在辑佚学领域的地位也不可动摇，而《玉函山房辑佚书》所具有的价值更值得后世学者不断深挖。

---

① 《玉函山房辑佚书·经编易类·周易何氏解》叙录。
② 〔清〕孙堂：《汉魏二十一家易注·荀爽周易注》叙录，第七册，嘉庆四年刻本，第一页。

第六章　马国翰文学研究

马国翰在文学领域亦有一定的建树。本章着重分析马国翰在文学方面的成就。

第一节　诗文创作

马国翰一生创作诗歌数量很大，有《玉函山房诗集》九卷、《玉函山房诗钞》八卷、《夏小正诗》十二卷、《文选拟题诗》一卷、《月令七十二候诗自注》四卷、《五峰山馆诗课》二卷、《治家格言诗》一卷、《海棠百咏》一卷、《玉函山房试帖》一卷《续》一卷等多部诗集传世。马国翰十四岁学诗，《玉函山房诗集》所收马国翰诗作，亦自嘉庆十二年马国翰十四岁始。《玉函山房诗钞》所录之诗，与《玉函山房诗集》多有重复，且不著创作年份，其中有年代可考者，最晚者为作于咸丰五年的《家庙落成》诗。马国翰咸丰七年卒，由此可见，其一生不曾间断诗歌创作。

一、诗歌体裁

马国翰《玉函山房诗钞》按诗歌体裁编次，依其分类，马国翰所作诗歌的主要体裁有：

（一）古体诗

马国翰的古体诗主要有乐府诗、长短句、三言古诗、四言古诗、五言古诗和七言古诗。

马国翰所作乐府诗数量不多，共20首，《拟补鼓吹曲十解》十首作于嘉庆十八年，《新乐府》四首作于道光五年。《咏古新乐府》六首载于《玉函山房诗钞》，《诗钞》不记具体创作年份，按《玉函山房诗集》所收诗歌最晚至道光二十六年，《诗集》不载而载于《诗钞》，则马国翰此诗应作于道光二十六年以后。马国翰的乐府诗，大部分为其早期作品，模仿痕迹较重。如《拟补鼓吹曲十解》之《出关》一首，云："出关复出关，壮士无欢颜。爷娘走相送，临歧泪不干。不愿封爵，愿子生还。吁嗟乎，人生共有劬劳艰。"① 此诗仿杜甫《兵车行》而略简。

长短句13首，以道光十年所作为多，有《帝母祠》、《黄金台》、《芜萎亭》、《麻姑城》、《楼桑村》、《阆仙祠》6首，皆咏古迹。三言古诗8首：《五杂组》二首，道光二年作；《雨雪谣五章》五首，道光十九年作；《饥鸢篇》一首，《玉函山房诗集》不载，《玉函山房诗钞》载之，应作于道光二十六年之后。四言古诗39首，多拟前人旧作。《拟张茂先励志诗》九首与《效陶渊明劝农诗》六首为道光二十六年后作。其所作五言、七言古诗较

---

① 《玉函山房诗集》卷一，第十二页；《玉函山房诗钞》卷一，第一页。

多，有近200首，是其古体诗创作的主体。

（二）近体诗

马国翰所作近体诗，主要为五言律诗、七言律诗、五言绝句和七言绝句。其所作五言律诗有232首，七言律诗298首，五言绝句90首，七言绝句218首，又有五言长律10首，七言长律27首，六言绝句15首。五言、七言律诗和绝句是马国翰的创作主体，其诗多作于道光年间。

（三）试帖、课艺

马国翰经历过为时不短的科考之路，自嘉庆十六年回乡至道光十二年中进士，马国翰在科举求仕的道路上走了二十年。中间开馆授徒，出仕为官之后，亦讲于当地书院，故积累了大量的课艺之作。其所作《玉函山房试帖》、《玉函山房制艺》皆其科举道路上的课业之作，取经书语句为题，取一字为韵，是典型的应试诗。《五峰山馆诗课》则是马国翰在陇州任上主讲五峰山馆时为生员所作之范文，每诗后均附详解诗义及诗作技巧之语。如《桑畴雨过罗纨腻》一诗云："关怀蚕作茧，细腻出罗纨。花雨随时报，桑畴过处看。晴添红旭耀，润浥绿云团。柿蒂纹堪拟，桃浆洒一般。缫怜轻雪叠，制想美衣襌。佛果因缘悟，诗图绘画难。景光春五色，经纬意千端。更写生香妙，南园兴未阑。"后附讲解云："此东坡诗语，即东坡之禅语也。罗纨从蚕而出，蚕从桑而育，桑从雨而茂，层层追想上去，又层层顺说下来。佛家所谓前因后果，正如此题。本虚境，不可呆写，开手先从罗纨逆入，通首乃得势。大凡题之层折多者，宜用此法。制想句用司马相如《凡将篇》'黄润纤美宜制襌'，见《文选》注所引。黄润谓筒中细布也。襌，单衣，与禅字从示者不同。"① 其课艺之诗句法精工，技巧纯熟，但均是为应试而作，固少真情。

二、诗歌内容

（一）怀古诗

此类诗歌多作于马国翰青年时期，以嘉庆二十一年至嘉庆二十三年所作为多。这一时期马国翰回乡居住，游学山东，又在齐河、冶山、鲍山等地开馆授课，足迹所至，多作诗吟咏。其所作《岳云楼》、《超然台》、《弦歌台》、《郑公乡》、《四知台》、《盖公堂》、《伏生祠》等诗，皆咏怀古迹，抒发思古之情。如《郑公乡》诗云："心香久拟拜经神，通德门前许问津。君子儒纯过绛帐，先生风远感黄巾。豆笾隆报归仁里，笺注丰功赖圣臣。撲见宅边书带草，当时教泽尚相亲。"② 此诗赞郑玄笺注经典之功。又如《四知台》诗云："千秋清节与台存，洁白非缘雀报恩。时以鬼神严暮夜，不教金玉累儿孙。关西古彦心犹泐，海右流风谊尚敦。最有深情棠邑令，冰怀应许绍壎垣。"③ 咏关西夫子杨震暮夜却金故事，亦可见其有清廉之志。

（二）赠答唱和之诗

马国翰一生交游广泛，常与友人寄诗赠答，故此类诗歌数量极多。嘉庆十六年回乡居住后，马国翰交游增广，先后结识郝

---

① 《五峰山馆诗课》卷上，第二页至三页。
② 《玉函山房诗集》卷一，第二十一页。
③ 《玉函山房诗集》卷一，第二十二页。

答、李邺、李廷棨等人，赠答之诗逐渐增多。嘉庆二十年，郝答有《赠马大国翰十六韵》，马国翰遂作《和郝餐霞元韵》答之。嘉庆二十一年，郝答又作《拟古采莲曲有赠》八首，马国翰遂作《采莲曲十解和餐霞作》和《和餐霞采莲曲后再题七绝二首》以应。嘉庆二十四年，马国翰结识李邺，是年有《李东溟见访雪而复雨留三日归别有赠》诗赠之。嘉庆二十五年，马国翰结识李廷棨，是年有《仲秋八日泛舟明湖待月与李三戟门扣舷联句》。后出仕为官，题赠诗更多，有《周芝田铨部同年自京归省过陕有赠》、《仲冬十二日陪金鸿轩仇直卿王雨亭诸同官登慈恩寺塔用少陵韵》、《题长春富贵图为方心如山长作》、《贺武芝田同年廉吏行》等。道光二十年谢病回乡后，加入鸥社，与鸥社诗人亦多赠答唱和之诗。

除与友人相赠答外，马国翰亦有不少怀念旧友的诗歌，如《忆昔》八首、《怀旧绝句》十五首等，皆怀念友人之作。

由赠答唱和与感怀旧友之诗，可见马国翰对友人的真挚情谊和以文会友的文士情怀。

（三）吟咏乡居生活

此类诗歌以道光二十年至道光二十四年马国翰谢病居家时期所作为多。这一时期马国翰作有《夏日村居漫兴》、《观稼与邻父闲话》、《闲咏》、《新晴》、《闲居课儿经句漫然有咏》、《刈麦词》等吟咏乡村生活的诗歌，文笔洒落，多呈闲适、自然之态。

（四）自述读书及学术活动

马国翰一生勤奋著述，其读书及著述情况，在其诗歌中也多有体现。如道光元年作《秋雨夜读杨忠愍公椒山集》，道光四年和李廷棨作《读毛诗四十五章》有序云:"李子戟门有《读毛诗作》十七章,根据注疏及齐、鲁、韩三家说,而以骚选之笔出之。余爱其古雅,抄存箧笥中。暇日漫兴,复续成四十五首,萃荟群说,折衷同异,意在说经,工拙弗计。"① 又道光十三年有《读明史纪事本末大礼议》诗,道光二十一年作《读皇侃论语义疏》,皆依其读书所感而发。道光二十二年,马国翰辑农家佚书成,作有《辑农家佚书成诗纪其事》,道光二十五年又有《辑录史籀苍颉诸篇成偶赋》诗,皆其作《玉函山房辑佚书》时所作之诗。

(五) 以诗存史

马国翰之诗多有记山东、陕西等地风俗民情、历史事件者,以诗存史,可资参考。如嘉庆二十三年作《观东省大阅》,记其观山东阅兵之情景云:"平原漠漠沙尘开,六丁霹雳惊轰豗。朱英耀日银海炫,将军阅武临高台。中军旗鼓司大将,如山号令严风雷。旐常双结鱼丽动,丁宁再震錞于催。龙蛇变化阵云合,长山率然滚滚来。守如处女出脱兔,三单七萃真奇侅。后羿弯弧落乌鸟,李冰凿水攻离堆。苍头奋击角技勇,捣坚致果无徘徊。"后有评论云:"齐风自古擅拳勇,毋恃血气成祸胎。但须磨厉识大义,御侮始足绥埏垓。我时观礼校场侧,闻开府语心潆洄。安危有备大臣计,嗟尔中丞真治才。"② 可见其报国之志。道光十三年作《我爱山城好》十章,记陕西敷城风土民情,略见其作为地方官员对考察风俗的重视。又道光十五年作《三月廿八日白城桥雨中作》诗,记洛川久旱降雨之事,诗云:"昨宵云意重,朝雨霈山庄。滴沥泉通溜,空濛土散香。缕沾油幕湿,珠溅缊衣凉。

---

① 《玉函山房诗集》卷二,第二十一页至二十二页。
② 《玉函山房诗集》卷二,第三页至四页。

下尺霖堪待，宏施赖上苍。未辍苍龙舞，雩坛企望频。欣看云似水，幸使雨随轮。策策坡泥滑，青青陇麦新。难鸣欢忭意，计日报明禋。"诗中有小注云："时设坛虔祈已三日。因公下乡，委少尹汤黼堂代祷。"① 诗中可见马国翰作为地方官员对农事的关注。

马国翰所作此类诗歌，乃是继承杜甫"诗史"传统而来，其尊崇杜甫之状见下文第三部分。

三、马国翰及鸥社诗人的诗歌艺术特色

（一）鸥社诗人之作品与影响

马国翰道光二十年归乡养病，家居五年。他于道光二十二年加入鸥社，与鸥社诗人唱酬良多，详见第三章第四节。

鸥社诗人，多是诸生出身的布衣文人，少有有功名者。前期鸥社成员有翟凝、李肇庆、范坰、周奕黉、李偁、周乐、乔岳、谢焜、何邻泉、徐子威、郑云龙。其中翟凝、李肇庆、李偁、郑云龙为举人出身，翟凝和李肇庆曾有官职。后期鸥社成员有马国翰、周乐、王德容、谢焜、何邻泉、朱诵泗、李纬、彭蕉山八人，其中名望最高者属马国翰，余皆是无功名之文人，故鸥社诗人推重马国翰。

鸥社诗人多有诗集流传。翟凝有《真研斋诗草》一卷，范坰有《如好色斋稿》十卷、《新齐音风沦集》一卷、《平定三省歌》一卷，周奕黉有《范墅诗草》一卷，李偁有《耐寒轩诗草》，周乐有《二南诗钞》、《二南文集》等，乔岳有《松石诗钞》二卷，谢焜有《绿云堂稿》四卷，何邻泉有《无我相斋诗选》四卷，徐子威有《海右集》八卷、《云樵诗选》一卷，郑云龙有《焚余诗

① 《玉函山房诗集》卷五，第二页。

草》二卷，王德容有《秋桥诗选》四卷、《秋桥诗续选》四卷，朱诵泗有《朱诵泗遗诗》一卷，李纬有《湖上闲吟草》。鸥社诗人的诗集，多是自行刊刻，流传不广，但于后世仍有一定影响。近代徐世昌所编《晚晴簃诗汇》收入了鸥社中徐子威、马国翰和何邻泉的诗歌作品，其于马国翰处有诗话云："竹吾尝辑古佚书多种，盖笃古嗜学君子也，故其诗近于质实。"① 可见鸥社虽是一个地方性的诗社，但在清代亦具有一定的影响力。

（二）鸥社祭祀杜甫的活动及渊源

鸥社有一个独特的活动——每年四月十九日祭祀杜甫。这项活动由谢焜发起，原因则是出于对杜甫的尊崇。谢焜《绿云堂稿》有《题杜少陵先生戴笠小像诗》，题下有小序云："王荆公有少陵先生戴笠小像，面长瘦，目炯，左腮一痣，生毫数茎。余于友人处见之，倩画工临摹，与同社范伯野坰、周二南乐、何岱麓邻泉、李仲恂侗每年四月十九日设祭于历下亭，盖仿四川浣花草堂故事也。"② 宋陆游《老学庵笔记》卷八载："四月十九日，成都谓之浣花遨头，宴于杜子美草堂沧浪亭。倾城皆出，锦绣夹道。自开岁宴游，至是而止，故最盛于他时。"③ 杜甫建草堂于四川成都浣花溪畔，蜀人每年四月十九日有游宴浣花溪的习俗，故鸥社仿蜀人游浣花溪故事，于每年四月十九日祭祀杜甫。

鸥社祭祀杜甫一方面是为了纪念杜甫这一伟大诗人，一方面也是集合同社成员宴饮唱酬的名目，可以说既是祭祀活动，也是文学活动。

相比杜甫，鸥社诗人更直接呈现出来的，是对明代后七子中

---

① 徐世昌：《晚晴簃诗汇》卷一百四十一，中国书店，1988年影印本，第600页。
② 〔清〕谢焜：《绿云堂稿》卷一，嘉庆中刻本，第五页。
③ 〔宋〕陆游：《老学庵笔记》卷八，中华书局，1979年版，第108页。

边贡和李攀龙的推崇。范坰、周乐等人缔结鸥社,曾被马国翰称为"盛事传播,比于明七子云"①。边贡和李攀龙均是济南人。清代诗人王士禛提出"历下诗派"的概念,云:"'历下诗派'始盛于弘正四杰之边尚书华泉,再盛于嘉、隆之李观察沧溟。"② 鸥社受"历下诗派"影响较大,李肇庆曾重刊边贡《华泉集》十四卷,马国翰《玉函山房藏书簿录》云:"华泉为弘治七子之一,诗在李梦阳、何景明、徐祯卿、高叔嗣之间,屹然自树一帜。旧板散溄,嘉庆中,邑人李肇庆余堂重梓。"③ 周乐有《拜华泉先生墓》、《拜沧溟先生墓》等诗,马国翰亦多有依李攀龙原韵所作之诗。周乐曾评马国翰之诗云:"微旨君先悟,宗工我所求。沧溟坛坫在,把臂继前修。"④ 这足可见鸥社诗人对边贡与李攀龙的推崇。

鸥社重边、李,而边、李皆重杜甫。边贡主张复古,对李白、杜甫诗歌尤为看重,并将李杜之诗作为其论诗的标准。边贡推重杜诗的沉郁风格,其在《刻岑诗成题其后》中云:"若奇焉,而又悲且壮焉,非子美孰能当之。"⑤ 李攀龙亦崇尚杜诗的沉郁壮阔风格,而更追求格律、章法的整饬与精工。边、李对杜甫的推崇足见杜甫对于齐鲁诗坛的影响。谢焜有《题杜少陵先生戴笠小像诗》赞曰:"诗卷纵横天地间,一字一泪吟何苦。后人诵诗如见公,诗史声华绝千古。至今光焰万丈长,身后之名繄何补。"⑥ 马国翰亦有诗赞杜甫,云:"人心不谋有同然,遗俗骎骎传齐鲁。"⑦ 此亦足说明杜甫对后世诗坛的影响。

---

① 《玉函山房文集·周二南先生诗钞序》,卷三,第十页。
② 〔清〕王士禛:《带经堂诗话》,人民文学出版社,1998年版,第722页。
③ 《玉函山房藏书簿录》卷二十一,第十页。
④ 〔清〕周乐:《玉函山房诗集题辞》,《玉函山房诗集》题辞,第二页。
⑤ 〔明〕边贡:《华泉集》,《四库全书》本,第1264册,上海古籍出版社,2002年影印本。
⑥ 〔清〕谢焜:《绿云堂稿》卷一,第五页。
⑦ 〔清〕马国翰:《四月十九日为唐拾遗杜少陵生辰诸同人循鸥社故事集北极台酹祭便就会饮诗纪其事》,《玉函山房诗集》卷七,第十五页。

杜甫对边、李的诗歌创作产生影响，继而又对鸥社产生影响，此为鸥社尊杜、祭杜的渊源所在。

(三) 马国翰与鸥社诗人的诗歌特色

鸥社推崇杜甫，祭祀杜甫，故也崇尚杜诗，学习杜诗。鸥社诗人，包括马国翰的诗歌，都具有鲜明的现实主义风格。

1. 着眼现实，继承杜诗"诗史"传统。马国翰与鸥社诗人的诗作，多着眼于现实生活，从平常生活取材，以诗纪事，重视描写民生、民俗，多有忧民之思。马国翰有《我爱山城好》诗十章，又有《石泉杂咏》三十首，皆纪敷城、石泉地方风土人情。又有《钐麦行》长律，纪河南地区麦收风俗，《苦旱》述农人稼穑之不易，皆平实质朴。

2. 继承杜诗"萧散自然"的诗风，显出闲适之情。马国翰诗歌中有不少是闲居乡里时所，皆可见其闲适之情。如马国翰《徙居劝夫庄故宅喜赋》诗云："不惯居城市，新家得故村。松楸先墓近，桑梓敝庐存。绿水斜萦舍，青山直对门。邻杯呼共把，父老倍情敦。"① 杜甫有《客至》一诗云："舍南舍北皆春水，但见群鸥日日来。花径不曾缘客扫，蓬门今始为君开。盘飧市远无兼味，樽酒家贫只旧醅。肯与邻翁相对饮，隔篱呼取尽余杯。"马国翰此诗与《客至》颇有相似之处，其学习、模仿杜诗可见一斑。马国翰与鸥社诗人都作有不少表现村居闲适生活的诗歌，体现出洒落与自然之风。

3. 格律精工。马国翰所作五言、七言律诗颇多。其所作律

---

① 《玉函山房诗集》卷六，第十八页。

诗，格律精工，文句整饬，体现出扎实的近体诗创作功底。如道光三年所作《除夕》诗云："寒宵人守岁，围坐话更深。近榻松生火，偎炉栗爆金。迎春一杯酒，感旧廿年心。随分成清咏，窗梅足赏音。"① 又如道光十二年所作《谒岳忠武祠》云："一战堪期扫寇锋，不教痛饮捣黄龙。锻成冤狱传三字，揣识君心忌二宗。奸魄褫来铸顽铁，忠魂显处寄贞松。低徊祠宇瞻遗像，义愤能开万古胸。"② 其格律严谨，对仗精工，可谓用心于诗律章法。

马国翰的诗歌，以五言、七言律诗为多，古体诗创作亦颇多。其诗歌以怀古、怀人、抒发心意为主，具有强烈的现实主义色彩。其与鸥社诗人皆推崇杜甫之诗，其诗歌与鸥社其他诗人的诗歌在诗歌特色上有相通之处。

四、文章创作

马国翰作诗以外兼作文，著有《玉函山房文集》五卷、《玉函山房文续集》五卷、《红藕花轩赋草》一卷等。《玉函山房文集》中所收文章体裁较全，可见马国翰文章之貌。

《玉函山房文集》中所载马国翰文体，主要有赋、颂、表、疏、对问、书、启、传、记、论、赞、辨、说、序、跋、箴、铭、碑、墓表、墓志、诔、考、解、引、祝、约、谕二十七种。

（一）赋

其所作赋，多以前代诗文之句为韵，或以题为韵，题材多样。马国翰之赋，多为课业之作，而少有堆砌辞藻、空言无物之

---

① 《玉函山房诗钞》卷四，第五页。
② 《玉函山房诗钞》卷五，第十三页。

篇，其赋紧扣题目展开，主题明确，言之有物。如其《兰比君子赋》，以黄庭坚《书幽香亭记》中"清风过之，其香霭然"之句为韵，详摹兰草之品性优良，用"搴兰阰兮比君子之见录，树兰畹兮比君子之乘时，浴兰汤兮比君子之挹彼，纫兰佩兮比君子之温其"①之排比，将兰与君子关联起来，切题又顺其自然，文笔清丽不俗。道光六年，马国翰作《瑞蓍书屋赋》。瑞蓍书屋之事，马国翰于其诗、文、笔记小说中多有提及。《和周雨蕉斋中待雪杂咏十二首用尖叉韵》诗之十有小注云："何仙槎尚书督学山左时，试院中忽生灵蓍一丛，因颜其斋曰'瑞蓍书屋'。丙戌冬，吴巢松先生莅任观风，首取予与范宣亭、李孚雨、金少文、郭外楼等凡十人覆试此间，即以瑞蓍书屋命赋。"②《竹如意》中亦有《瑞蓍》一文，记何凌汉督学山东时，署中生蓍草一事，末云："覆试以瑞蓍书屋命赋题。时方严冬，炙砚起草拙作，颇叨奖拔。"③《瑞蓍书屋赋》以《周易·系辞》中"蓍之德，圆而神"一句为韵，以蓍草起兴，以师德收尾，颂扬天朝人才之盛，宛如瑞蓍之生，中有句云："则有二东试院，十郡文司，南山抱势，北渚营基，萃鲁邹之秀气，宏海岱之雄规，四照则晴岚滴沥，钟楼则霁雪纷披。颔红栏于池角，标虚舫于湖湄，扑榭松风，借秋声而伴读，霏帘棠雨，和春藻以同摛。"④写书院之景，文笔清秀，可略见其雕绘之工。

马国翰之赋，篇幅皆不长，虽无长篇俪辞，但短而精，用笔秀丽有致，章法结构亦称严谨，其于举业用功之深可见一斑。

---

① 〔清〕马国翰：《兰比君子赋》，《玉函山房文集》卷一，第一页。
② 《玉函山房诗集》卷五，第六页。
③ 《竹如意》卷上，第九页。
④ 〔清〕马国翰：《瑞蓍书屋赋》，《玉函山房文集》卷一，第四页至五页。

（二）考据文章

马国翰的考据类文章数量不少，《文集》中辨、说、考、解等文体皆是考据文章。其所考多有关经史。这部分文章是马国翰平日读经阅史积累而得，有较高的学术价值。

1. 考辨前说之讹误。马国翰作有《孔门三世出妻辨》一文，力辟俗说孔氏出妻之谬，征引宏博，考证颇严谨。其云孔门三世出妻之俗传，"皆由误解《礼记·檀弓》"①，后征引《礼记·檀弓》、《孔子家语·本姓篇》、《素王记事》等书，证孔门无出妻之事。其证孔子无出妻事云："按《檀弓》云：'伯鱼之母死，期而犹哭。夫子闻之，曰：谁与哭者？门人曰：鲤也。夫子曰：嘻，其甚也。伯鱼闻之，遂除之。'孔颖达曰：'伯鱼父在，为出母，应十三月祥，十五月禫。……或曰，为出母无禫，期后全不合哭。'谓孔子出妻者本此。考《家语·本姓篇》，孔子年十九娶宋亓官氏，明年生子鲤。《素王事记》云：'年六十六，亓官夫人卒。'无出妻之文。据《礼》，伯鱼为母，父在降服，十一月小祥，十三月大祥，十五月禫，礼祥而外无哭者。既期，犹哭，故夫子叹其甚，未见其为出母也。是孔子无出妻之事也。"②

其说行文条理明晰，证据确凿，论证充分，足辨古今俗传之谬误。

2. 考述文献。马国翰有《八索说》、《大衍说》等文，阐发"八索""大衍"之义。《八索说》列前贤说法于前，云："孔安国《古文书序》云：'八卦之说，谓之八索。'马融宗之。贾

---

① 〔清〕马国翰：《孔门三世出妻辨》，《玉函山房文集》卷二，第二十三页。
② 《孔门三世出妻辨》，《玉函山房文集》卷二，第二十三页。

遂以为八王之法。张平子以为《周礼》八议之刑索空也，空设之。杜预但云古书名。王伯厚《困学纪闻》历引众说，以为案《国语》史伯曰'平八索以成人'，韦昭注谓八体，以应八卦也。谓乾为首，坤为腹，震为足，巽为股，离为目，兑为口，坎为耳，艮为手。此足以证马、孔之说。又《玉海》三十五'句微'曰：'五帝时名八索，坤三索，于乾而得三男。乾三索，于坤而得三女，遂成八卦。八八相索，广生六十四。'其说覈辨。"① 又附己见于后曰："考《春秋》定公四年左氏传，祝佗语苌宏，谓卫命以康诰而封于殷墟，皆启以商政，疆于周索。又谓晋命以唐诰而封于夏墟，启以夏政，疆以戎索。意周索、戎索，当日必有其书，或即八索之二。则《国语》所谓平八索以成人者平，如书禹平水土之平。平八索谓均天下也，未知是否。书此以质妮古者。"②

此文考述文献详尽，可见其博闻强识，后文抒发己见，谓"平八索"为"均天下"，独有见解。

马国翰还作有《舜诗考》、《禹歌考》、《乐歌考》、《伯益考》、《夔龙考》、《伊尹五就考》、《老彭考》、《周公灭国五十考》、《孔子弟子考》、《孟子弟子考》、《七十子弟子考》、《宰粟九百考》等考述类文章，其对文献运用娴熟，征引详备，考述之功毕见于其中。

3. 解析经义。《文集》中，名"解"之文，皆阐述经义，如《克明俊德以亲九族解》、《西伯戡黎解》、《苤苢解》、《柏舟解》等，亦列前人解说于前，附己说于后。

4. 考征地理。马国翰作有《汉县同名小识》、《漯水考》、

---

① 〔清〕马国翰：《八索说》，《玉函山房文集》卷二，第二十八页。
② 《八索说》，《玉函山房文集》卷二，第二十八页至二十九页。

《祝柯考》等文，考征古地理，具有根柢。如其《祝柯考》一文云："《春秋》襄公十有九年春王正月，诸侯盟于祝柯。杜预注，祝柯县今属济南郡。又庄公十有三年冬，公会齐侯，盟于柯。杜预注，今济北东阿，齐之阿邑，犹祝柯今为祝阿。"① 后马国翰就"祝柯"与"祝阿"之名进行考证，引《水经注》、《太平寰宇记》、《春秋释地》等书之说，证《太平寰宇记》所称"祝柯"即"东柯"之谬，又证"柯""阿"二字古通用，考据严明，颇足征信。

（三）公文

马国翰道光十二年中进士，在陕西做地方官近二十年，其除科举课业与考据文章外，也作有一定数量的公文。从马国翰所作公文可见其政治才干与治理地方的策略、政绩。其官洛川时，作有《酌捐流民月粮约》一文曰："今为量捐口粮，月给粟米六斗，以朔望日分领，日以二升为率，作粥均赡，聊藉充腹。每岁隆冬额粮外，月益其二花布，绵衣照旧给发。吏胥及该主守之人，勿得侵克干没，致干查究实。贴此约于宿所，俾共见之。"② 此文述捐流民月粮、给冬衣之办法，并嘱有司不得违此约。又有《禁私押约》云："今与我民约，凡票无拘锁而敢以缧绁横加，或两造具备而勒抑不为送审者，立即禀究治罪。尔吏胥亦当自惕，知法故玩，政有常刑，罪已逮而噬脐也其奚及。"③ 规范了地方司法程序，其治理地方之用心可得见。

马国翰为官期间治理讼狱，安抚流民，关心民生。其任洛川令时，又作有《劝洛民种桑谕》，劝洛川乡民种桑以自足，文曰："蚕帖争粘，恰好降来戴胜，茧秋有穫，共欣缫出新丝。组绮縠

---

① 〔清〕马国翰：《祝柯考》，《玉函山房文集》（一卷抄本），第二十页。
② 〔清〕马国翰：《酌捐流民月粮约》，《玉函山房文集》卷五，第三十一页。
③ 《玉函山房文集》卷五，第三十一页。

以成章，献裳襦而上寿，岂弗颉颃建德而匹埒江南乎。尔等试之期年，将有大验。绕屋而荫垂于路，伫我行舆，烘煁而樵以为薪，酌尔劳酒。当知古人不事欺诞，而笃课非云烦扰也。"① 将种桑之利告之于民。

马国翰身为一任地方官员，勤于公事，平讼断狱、观察民风，多行利民之办法，可称廉吏。

（四）伦理百箴

马国翰作有《伦理百箴》，分《天箴》、《地箴》、《人箴》、《物箴》、《命箴》、《性箴》、《善箴》、《德箴》、《仁箴》、《义箴》、《礼箴》、《智箴》、《信箴》、《道箴》、《教箴》、《父箴》、《子箴》、《君箴》、《臣箴》、《兄箴》、《弟箴》、《夫箴》《妇箴》、《师箴》、《友箴》、《身箴》、《心箴》、《意箴》、《知箴》、《情箴》、《才箴》、《志箴》、《气箴》、《和箴》、《诚箴》、《敬箴》、《恭箴》、《忠箴》、《恕箴》、《喜箴》、《怒箴》、《哀箴》、《乐箴》、《学箴》、《问箴》、《思箴》、《辨箴》、《行箴》、《视箴》、《听箴》、《言箴》、《动箴》、《品箴》、《度箴》、《器箴》、《量箴》、《识箴》、《养箴》、《本箴》、《质箴》、《勇箴》、《直箴》、《俭箴》、《勤箴》、《孝箴》、《悌箴》、《慈箴》、《让箴》、《廉箴》、《耻箴》、《节箴》、《宽箴》、《裕箴》、《温箴》、《柔箴》、《发箴》、《强箴》、《刚箴》、《毅箴》、《斋箴》、《庄箴》、《中箴》、《正箴》、《文箴》、《理箴》、《密箴》、《察箴》、《谨箴》、《慎箴》、《戒箴》、《惧箴》、《肃箴》、《义箴》、《哲箴》、《谋箴》、《圣箴》、《宏箴》、《笃箴》、《位箴》、《时箴》共百篇。金鼎年为其作《伦理百箴序》曰："竹吾天资粹美，德意盎然，其遇人浑浑中有泾渭，而外无圭角。尝心折其为人，睹是篇，益知

---

① 《玉函山房文集》卷五，第三十三页。

其自治之深也。今莅政有日矣，以此自治，即以此治人，将见兴教化，美风俗，蒸蒸焉迈迹于古之循良，而与圣人淑身淑世之意有同揆也。"① 马国翰作此以为自律之箴言，其于儒家伦理道德之尊崇见于此百篇箴言中。

（五）序、跋、碑、诔、墓表等保存文献之功

其所作序言、跋文、碑文、诔文、墓表等，多存山东、陕西之人文旧迹，可作史参。如其所作《李处士碑》、《洛社秋成报赛碑》、《清处士历山翁墓表》、《清邑庠武生屈茂才彬然墓志铭》等，皆记人物始末颇为详细，于地方文史大有裨益。

张舜徽曾评马国翰之文曰："国翰学殖浮浅，文亦庸劣。"②其说颇有偏见。马国翰之文章，显扬文采之篇少，实用之文多。其所作赋非能极尽雕绘之能事，但清新秀雅，颇有风致，其对作赋之技巧亦掌握纯熟。其所作考证文章，征引有据，考论详备，是其学术活动的成果积累，颇有学术价值。其所作公文体现出马国翰的政治作为与理政能力，其所作序、跋、碑、墓表等文又于地方文献有益。因此，马国翰的文章价值是多方面的，不能仅从文采一点来做评判。

第二节　笔记小说的创作和诗话创作

马国翰除创作诗文外，对笔记小说的创作亦有兴趣。其藏书

---

① 〔清〕金鼎年：《伦理百箴序》，《玉函山房文集》卷四，第一页。
② 张舜徽：《清人文集别录》，台北明文书局，1982年版，第423页。

中，小说家类有 260 部，数量着实不少。马国翰著有志怪类笔记小说《竹如意》，可见其对于小说的创作是极有热情的。除创作笔记小说外，马国翰亦作有一部文学批评著作——《买春诗话》。马国翰于诗、文、小说、诗话均有著作传世，可谓是一个全面的文人。

一、笔记小说的创作

《竹如意》是马国翰的一部笔记小说，分为上下两卷，共记叙百余篇志怪小说。马国翰在《竹如意序》中云："余不能谈而喜听人谈。忆昔伏热炎蒸，群諠暑乎豆棚瓜架之间，此矜恢诡，彼斗新奇，酣兴蓬勃，娓娓然引人入胜也。或冬夜坐斗室中，深灯相对，下帘爇乌薪，围炉清话，每至宵分，不欲骤寝。又或春雨新晴，与二三知己踏青陌上，携酒榼，具野籔，茵花藉草，各畅天机。于时语语不必尽出习见，乃知东坡好人说鬼，个中大有佳趣也。一官匏系，奔走风尘，此乐久不复得。犹喜山邑荒僻，酬应较稀，农忙停讼，案牍亦简，昼长无事，寂坐衙斋，半炉香篆，袅袅窗纱，追忆所闻，泚毫条记，凡得百余事，厘为上下两卷，非敢云著书也。以笔代谈，聊资挥麈，因取《齐书》明僧绍传语以颜之曰《竹如意》者，谈柄也。"① 此述极似蒲松龄《聊斋志异》自序。

《山东通志·艺文志》论此书云："书中多传闻之说，不尽可稽。然如《黑虎神》一条、《孟姜女》一条，驳俗说之谬，皆有引据。其《赵羊》一条，记历城赵廷召善画羊，《张虎》一条，记高唐张际泰善作墨虎，颇有关于山左文献。又《凌波仙珮》一条，叙述有唐人风第。《第茅苟芍》一条，记一时谐谑之词，亦

---

① 〔清〕马国翰：《竹如意序》。

堪资□噱也。"①

《竹如意》本是"以笔代谈,聊资挥麈"的通俗文学作品,《山东通志》云其"不尽可稽",未免苛刻,而后所评论则较为中肯。

(一)《竹如意》的故事类型

书中多载马国翰所见闻之奇闻异事,大致可分为历史遗迹、民间传说、奇人异事、亲历之事四种类型。

1. 历史遗迹。如《卜子遗迹》、《相里公碑》、《铁马关帝庙》等,记其随父在山西时所见之古迹,间考证历史人物。此一类笔记不属志怪小说,乃马国翰亲见之遗迹,其中有些考证亦颇可信,但亦掺入民间传闻以增加其传奇性。如《相里公碑》云:"汾郡有晋建雄节度使左龙武将军检校太尉太子太师西河郡侯食邑一千三百户相里公神道碑,朝散大夫行刑部员外李□(原注:碑缺一字)奉敕撰。字体古劲,似欧阳率更,文多剥落。其叙相里氏世系云:晋杀大夫里克,其妻同成氏携少子季连避地居相城,遂呼相里氏。此亦足补传注之缺。按《韩非子》及陶潜《圣贤群辅录》,墨家有相里氏。"②

此记相里氏由来,颇详实可信。而《铁马关帝庙》一文则实中有虚,颇有传奇色彩:"汾郡有铁马关帝庙,门外神马及控马奴像皆铁铸,故名。土人云,铁马极有神异。庙内左右大碑各二,皆有亭。亭内大碑下各有小碑一,上刻风雨二竹。竹叶撇捺成文,隐诗一首云:不谢东君意,丹青独立名。莫嫌孤叶淡,终

---

① 《山东通志》卷百四十四,艺文志第十,第3932页。
② 《竹如意》卷上,第一页。

久不凋零。相传帝君去魏时赠曹操所作,世多翻刊,此为帝君亲笔云。"①

2. 山东风土。马国翰于《竹如意》中多有记山东风土地理之作。如《无盐墓》、《牛山》、《铁牛山》、《九顶松》、《鸡鸣石》、《驴山》、《一步两眼井》等文,记山东历史、自然之景观,间入民间传说,颇有趣味。《鸡鸣石》一文云:"历之南门曰历山门,沿城东行半里许,有数武地伏石半露似鱼脊。以他石扣之,其声格格然若鸡鸣,他处则否。父老相传地下有石鸡隐焉。"②

《一步两眼井》记齐河孙耿镇二井云:"齐河孙耿镇有二井,相距仅一步许。一甘冽可供瀹茗,与历下诸泉水无异,一苦且咸,不中饮食,惟给涤濯而已,俗呼一步两眼井。此与沈怀远《南粤志》所载庐陵城中有井半青半黄者同奇。要之色味殊别,皆繇泉脉而然,其事似怪而其理则常也。"③

此一类文既记录地方乡土风情,亦有较强的趣味性。

3. 奇人异事。《竹如意》中记载不少奇人故事和灵异之事,皆为马国翰以其所见闻润色加工而成,如《占易奇验》一文记马国翰少年时所闻之事云:"介休令蔡公夔以疾罢,邵公菜以甲班补介缺。入郡,与先君会食,翰时侍侧,酒间谈及易卜事,邵曰:'余于班中例得首补,而久无缺出。偶筮周易,得兑之四爻,初第玩有喜二字,以为吉占。未三日介休告病缺出,而余得补,适符商兑未宁,介疾有喜之语。'亦奇中矣哉。"④

以巧合入故事,亦颇有兴味。

又如《凌波仙珮》一文云:"家静涵叔于都中小市构得玉玦

---

① 《竹如意》卷上,第二页。
② 《竹如意》卷上,第十九页。
③ 《竹如意》卷上,第二十二页。
④ 《竹如意》卷上,第二页。

一枚。初买时上有瘢污,第谓旧物,亦不知其奇也。及久拂拭,渐见本质通明莹澈,内有天然纹理,作疏竹数竿掩映佛寺,殿宇飞翚,上供观音大士像,缨络宛然,宝瓶莲座历历可指。座侧有一架鹦鹉,羽毛喙爪毕肖。寺外作一翁持伞渡桥状,雨意水势,落花芳草,远树层岚,色色欲活。复露古篆四字,如蝇头大文,作凌波仙珮,点画皆隐入肌里,断非人工雕镂所能及。叔宝之至今。"①《山东通志·艺文志》曾评此文"叙述有唐人风第",颇似唐传奇之文风。

又如《京师四怪》,记京城四位身怀绝技的民间艺人,描写细致,末云"一技之微,具关至道。四怪同时与吴中七绝并美矣"②,可见其对民间技艺的欣赏与肯定。

4. 志怪故事。《竹如意》本质上是一部志怪笔记小说,其中灵怪故事所占比重最大。如《蛇受佛戒》、《金刚钻佛》、《姜文彬》、《狐拜年》、《张灵邱》等,皆述灵怪故事,颇似《聊斋志异》文风。

5. 谐谑故事。如《酱王》、《第茅苟芍》、《赵钱孙李》、《戏联》等故事,皆诙谐有趣。

《酱王》比其他谐谑故事情节较为丰富,描写也较为详细。其记京都王氏子学做生意,见某镇汤饼甚佳,便尽收一市汤饼并汁浆,贮于瓮中,欲至京师贩卖。至京师后,其父叹其愚笨,而启瓮视之,汤饼已成美酱,其家遂开酱园而巨富。阴差阳错而成就其事,诙谐之余亦有一丝嘲讽之意。

又如《第茅苟芍》云:"陈元圃孝廉超言某甲倩人作文,凡文中第字从草头,减笔皆书茅字,人遂以第茅学士呼之。又华新

---

① 《竹如意》卷上,第三页至四页。
② 《竹如意》卷上,第六页。

丰茂才阳尝为某作文，草书苟字，某皆误写作芍。当时皆目为苟芍童生。此二事天然对偶，书之以供笑柄焉。"① 此记马国翰见闻之事，讽刺生员作文不严谨，亦有嘲弄之意。

（二）《竹如意》的叙事特色与内容主旨

1. 叙事简练直白，但亦颇有意味。《竹如意》中的大部分条目都比较简单，多则一页有余，少则三五行，多是短小简练之篇，少有情节丰富者。但马国翰的简约笔法却能营造出较大的想象空间，于简单处见意味。如《可酒》一篇云："武乡赵可福善酿。邑有张鸿儒者，知名士也，饮而美之，题其壁曰：'酒可人亦可，知味惟有我。'自是，亲实非可酒不为盛馔，馈遗非可酒不为厚仪。而可酒之名遂喧，传于潞沁焉。"② 此篇叙事、文字都很简单，但因美酒题壁一处描写却是点睛之笔，使人对可酒之美有无限遐想。

又如《茅索系钟》一篇云："武邑南十里段村有古寺，寺有巨钟，以茅索系之。土人云，初铸成此钟，悬辄坠，遂置廊间。后有一行脚僧挂褡，越宿去，明日钟已以茅索悬梁间矣。今且百余年，父老无能记之者。"③ 此篇文字亦简练，留白更多，行脚僧如何将钟悬起始终无人知晓，作者亦不着笔墨，反而更具传奇色彩。

《竹如意》中此类简约叙事之篇比比皆是，可见马国翰文笔之精干。

2. 多因果报应故事。《竹如意》中所载之故事，志怪者较多，大部分都围绕着因果报应的主题，这也是志怪小说的传统

---

① 《竹如意》卷上，第二十三页。
② 《竹如意》卷上，第二至三页。
③ 《竹如意》卷上，第三页。

主题。

如《姜文彬》一文，是少有的情节丰富之作，其文曰："章丘姜文彬与一友合商，友得暴病死，姜遂干没所有。其家人问之，诈谓友有贷金，以故人故不克期相索也。友家寒窘，漠置之，斗升缓急不少存恤。阅数岁，妻将临蓐，姜独假寐庭中，见友人直入内室，心异之，惊而寤，旋闻呱呱声，则已弥月诞子矣。姜知索债人至，名之曰忙。忙之文从心从亡，心欲其速亡也。后忙至七八岁，顽劣不可教训，尝睚眦其亲，楚之转厉。每怀挟匕首，数刺其父不中。姜以此郁郁死，忙市薄箐，草草殓事。日与无赖子征逐，挥金如粪土，不数岁家产荡然。忙乃乞食于市。姜之旧仆怜之，日给汤饼一盂。初，忙当父在时，凡食水角，必弃无馅处余面。姜仆拾得，濯以水，晾干收贮，积至瓮许。所献汤饼，乃汤沃所弃余面也。忙食而美之，仆以情告，感而涕泣，食尽瓮中物，忙亦寻毙。"① 这是一篇典型的因果报应故事，索债事毕，姜文彬之友亦不复存留人间，颇有大仇得报，虽死足矣之意。

又如《厨人索命》一篇，其文曰："汾郡邓太守饮食多奇制，虽谢讽《食经》、韦巨源《食谱》不足讶也。厨人不中意，辄笞之至数百。每晨食鸡卵，白欲嫩，黄欲坚，使滋尽入黄内。其法，用二卵，先煮熟其一，剥白留黄，和滋浸入，再用其一，去彼黄而纳此黄，入汤内，一沸即急盛出。故白犹胎嫩而黄已坚且多滋矣。一日，厨人为不中款，立升堂杖四十，厨人忿恨，乃入庖以刀自断其手。血出如注，至夕死。邓自是寝兴昼夜，尝见厨人在其前。初犹少远，渐进榻前，后则逼切于身，以手扼其喉，遂患喉痛，创溃断喉而卒。"② 此篇亦讲因果报应。马国翰叙述此类故事，不名言报应之理，全篇亦不加评论，而篇中所揭露恶人

---

① 《竹如意》卷上，第十三页至十四页。
② 《竹如意》卷上，第十四页。

恶事明晰可见，读之者自能从文中揣摩其意味。

3. 有劝善、规诫之意。除因果报应故事，《竹如意》中亦有不少有劝诫之意的篇章。如《神杖》一文云："吾郡城隍庙神敕封威灵公，爵比岱宗，颇著灵异。庙祝每闻枷锁笞棰声，与阳世官府无异。每岁清明、中元二节，土人报赛奉神像往东郭外，羽葆仪卫甚隆，供物丰腆。值日生人有荷重囚枷者，有以铁钩置腕上挂篆香者，多为父母及本身祈禳。士女随观，香火极盛。自辰抵未而归，谓之城隍出巡。甲申清明，神驾归庙，会犹未散，有一人狂奔庙中，跪阶下叩首，自称该打该打，又言不屈。旋即退下，自褫衣俯地哀号乞免。两股暴赤肿，半就溃裂，杖痕宛然。百众目睹，莫不骇愕。食顷自起，系下衣蹩然而去。人问之，云：'吾在家向祖母乞百钱，不与，因夺诸手中，误踣祖母。出门遇二皂衣人，以索系颈，随至庙中，上座神怒目以待，推问前事，因喝使杖责三十，而后释也。'"①

又如《定官石》一文云："陕西藩署内有石如铁，近丈许。相传隋唐间陨星于鄠县人家园中，化为巨石。移府城九街，唐时举人就试，以铁钉钉之，验其中否。后复置藩署中，以卜官。官清者大者钉之入，否则弗入。因号'定官石'焉。今石上钉犹多，余亲见之。"② 此篇亦有劝为官清廉之意。

（三）《竹如意》与《聊斋志异》同源故事比较

《竹如意》中有些故事与《聊斋志异》相似，应出于同源，而其风貌却大不相同。

如卷上《四耳人》一文，述渔人偷听水鬼聊天，云："明日

---

① 《竹如意》卷上，第十五页至十六页。
② 《竹如意》卷上，第二十二页。

有四耳人代君喜也。"翌日果有人戴两耳釜于首而涉河,然未沉溺。渔人怪鬼言不验,又听水鬼言曰:"我自入水以来,魂魄幽沦,每念父母妻子,肠如刀割。此人家有老母,此人死,母亦不生。我不忍以二命代一厄也。"后来因水鬼一念之仁,上帝嘉奖,遂成一方土地。此故事与《聊斋志异》中《王六郎》颇相似。《王六郎》亦是以渔人视角叙事,但《王六郎》中渔人直接与鬼物有交,而《四耳人》中,渔人始终站在第三者角度。《王六郎》中,水鬼因不忍婴儿无母而放弃使妇人代替自己;《四耳人》中,水鬼因不忍老母无子可依而放弃;两个故事中,水鬼皆因有善念而受上帝嘉奖,成为一方土地。这两个故事,明显出于同源。

又卷下《三生》一文,述济阳艾方显受继母虐待,自述三生经历,云其前世为东郡茂才,因婢女有过,以茶盏击之,误中头颅而死,婢女报仇,使其被鬼差勾去,但未饮鬼市茶汤,故能记三生事。冥王判其来世为蛇,遂为蛇。其为蛇不伤人,旬日饿毙草间。冥王念其无咎,允其为人,但婢怨未释,故婢女成为艾方显之继母,艾方显"仍作人身受报"。此篇与《聊斋志异》之《三生》类似,均是生前有过,冥王判罚,但未饮迷魂汤,故能记前生事。《竹如意》中之《三生》,艾生只被罚为蛇一次,后即为人;而《聊斋志异》之《三生》,刘孝廉一为马,二为犬,三为蛇,最后才为人。《聊斋志异》之《三生》情节更为波折。这两篇故事,亦出同源。

马国翰《竹如意》自序云"于时语语不必尽出习见,乃知东坡好人说鬼,个中大有佳趣也"①,《聊斋志异》自序亦称:"才非干宝,雅爱搜神;情类黄州,喜人谈鬼。闻则命笔,遂以成编。"② 二书中均有从他人处听闻之故事,故两书中所述篇章有出于同源者,但经过作者的加工,两个故事呈现出不同的风貌。

---

① 《竹如意序》。
② 〔清〕蒲松龄:《聊斋志异·自序》。

《四耳人》中的渔人，是一个旁观者，偷听两个水鬼谈话，闻有四耳人将代其中一个水鬼，第二天则抱着"觇其异"的态度前去观看，水鬼所言没有灵验，他又于夜间去偷听水鬼谈话，并且从此"渔人夜必往"，直至水鬼因善念受嘉奖，成为一方土地。全篇之中，并无明显的感情色彩，渔人也只是出于猎奇心理去探听水鬼谈话，亦未渲染水鬼之善，而仅以一语言水鬼有不忍之心。《王六郎》则复杂得多，首先，渔人以一个经常祭奠水中溺鬼的热心人身份出场，王六郎亦因渔人酹祭而与渔人交好。篇中述两人交情笃深，所以渔人听闻有人将代王六郎，使其得以投生，心生喜悦，以至于看到妇人溺水而不救。《王六郎》对于人物有心理描写，其述"妇沉浮者屡矣"，亦是隐写王六郎的心理斗争过程。而王六郎成为邬镇土地之后，渔人还前往拜见，续前之情谊。《四耳人》较之《王六郎》，情节简单，少有细节描写，人物刻画也较粗略，只单纯叙述故事，而缺乏文学感染力。

《竹如意》之《三生》，亦是一个单纯的因果报应故事，艾广文对婢女行凶，则被罚为蛇，其为蛇未行不义之事，则又为人。婢为其继母，常虐待之，艾广文因记其前生之过，只能"帖然受之"。其事为众人所知后，众人仅是"每举为因果之戒"。其文虽有劝人行善之意，但亦流露出较强的宿命论观点。而《聊斋志异》之《三生》除有劝善之意外，亦有讽刺意味。刘孝廉前生"行多玷"，故罚作马，因受不了主人鞭挞，愤而绝食以死。又罚作犬，不愿食秽物，每欲死，又恐冥王责其罚限未满，主人亦不肯杀戮，无奈之下咬下主人一块肉，才达成了死的愿望。如此三生为畜，才能以为人。其为人之后，优待马匹，乃是回想起自己作马时的痛苦之状。其讽刺之意跃然纸上，读之则觉刘孝廉之可笑。

《竹如意》笔力仅在叙事，而对于故事内旨深意的挖掘则不够，情节描写、细节描写也相对薄弱，故其神怪故事与《聊斋志异》相较缺乏感染力。《竹如意》多短小简单的志怪故事，宣扬因果报应，有劝诫之义，但少有如《聊斋志异》一样含有深意的篇章，虽然有些短篇故事文笔较有兴味，但其思想价值却稍显不足。

二、诗话创作

马国翰著有《买春诗话》一卷，是一部稀见的文学评论著作。关于《买春诗话》，诸家论清诗话者多未有详细论述。蒋寅《清诗话考》云："《买春诗话》一卷，马国翰，《玉函山房全集》本。"[1] 吴宏一《清代诗话考述》云："编者按，马国翰《买春诗话》一卷，据孙殿起《贩书偶记续编》著录。"[2] 孙殿起《贩书偶记续编》云："《买春诗话》二卷，清历城马国翰撰，无刻书年月，约道光间刊。"[3] 孙殿起是亲见《买春诗话》这部书的，但其目录著录不详细。《清诗话考》和《清代诗话考述》这两部提要性质的清代诗话目录著作对《买春诗话》的叙述也不详尽，其作者都没有亲见过这部诗话。这足见《买春诗话》流传极少，罕为人知。青岛图书馆藏有清道光、咸丰间刻本一部，《山东文献集成》第三辑据以影印出版。此书前后无序跋，亦无牌记，首页右下角有"青岛市图书馆藏书印"朱文方印，右上角版框外有"壬寅中夏"朱文方印，为青岛藏书家张鉴祥旧藏。此外不见别馆收藏。

---

[1] 蒋寅：《清诗话考》，中华书局，2005年版，第17页。
[2] 吴宏一：《清代诗话考述》，台湾"中央研究院"中国文哲研究所，2006年版，第916页。
[3] 孙殿起：《贩书偶记续编》，上海古籍出版社，1980年版，第321页。

（一）《买春诗话》之内容

《买春诗话》全书38页，共79条，评述78人之诗句，内容十分丰富。

1. 评述名人诗句。如评杜甫《赠李十五丈别》之诗，与鲍照《代白头吟》和杜牧《阿房宫赋》相比较，云："杜工部别李泮公诗'清高金茎露，正直朱丝弦'本用鲍明远'清如玉壶冰，直似朱丝绳'语，而以下三字直属上二字中，与杜紫微《阿房宫赋》'明星荧荧，开妆镜也，绿云扰扰，梳晓鬟也'等句同一奇劲。视鲍诗'如'字、'似'字，犹未免迹象矣。"① 又如评韩愈《和张侍郎酹郓州马尚书被召途中见寄开缄之日师已再领郓州之作》中"暖风抽宿麦，清雨卷归旗"二句云："盖从小雅'昔我往矣，黍稷方华。今我来思，雨雪载涂'四语中化去，非寻常赋物景也。"②

其评名人诗句，独有见解。

2. 评述师友之诗。如评章丘李邺之诗云："丙戌之岁，开所著《柿园稿》，有余序及《顿邱子小传》。稿内佳句颇多，其最奇者，梦中得二句云：'越山看未尽，犹渡大江来。'足成一律。以此为发端，矫健超迈，可与谢客'池塘春草浅，起江上峰青'同传。"③ 又如评齐河郝餐诗云："郝餐霞餐，齐河诸生，倜傥不羁，任侠有奇气。博学工诗，以《四面荷花赋》受知于阮芸台先生，名大振。所著《爱吾庐稿》、《南游小草》并属余序之。诗涉唐贤

---

① 《买春诗话》，第一页。
② 《买春诗话》，第一页。
③ 《买春诗话》，第六页。

之域，同人中无出其右者。"① 其对友人评价极高。

3. 评女性诗人之诗作。如评孔丽贞之诗，云："诗从至性中流出真切，笃挚不假雕饰。"② 孔丽贞是马国翰的外高祖母，马国翰于《买春诗话》中亦详述孔丽贞行事，云："外高祖母阙里孔氏讳丽贞，字韫光。幼聪慧，能辨四声。比长，潜心翰墨，几案罗列悉经史，无一切鄙俗物。常取涑水《资治通鉴》，日阅十余页，能不忘。说古来兴亡成败，如数家珍。性至孝，父抱西河之痛，赖依膝下，承亲欢志。适外高祖父威久而孀，节凛松筠，安于义命。"③ 又有评女诗人康澄之诗，云："其《春日寄怀顾敬贞表妹彭城》云：'料得江南诗兴好，数番风雨酿花天。'《春日杂吟》云：'丁香一树开如雪，戏数何枝是旧枝。'楚楚有致。"④ 此外亦有评雄县店壁所见姑苏女子李梅之诗、洛阳店壁江左沈湘湄之《幻香词》等，评价皆恳切。

4. 楹联、谐语等。《买春诗话》所评不全然为诗，谐语、楹联、歌谣等皆入诗话。如评历下孙善垲自嘲之谐语"一肚焉哉乎也语，三餐疏食菜羹瓜"云："至今忆之，未尝不令人解颐也。"⑤ 又如评睢阳吴淇所编《粤风》中的粤方言歌谣《狼歌》、《獞歌》云："语意奇创，越《榜人歌》后，此为嗣响。惜不令刘子政见之也。"⑥ 又如评述童子拾蜗牛所唱之歌谣"波罗牛，波罗牛，先出角，后出头"，马国翰云："必先出角，而后出头。学之渐进如是夫。他日以语戟门，戟门以为然。"⑦ 由童子歌谣而思

---

① 《买春诗话》，第十二页。
② 《买春诗话》，第十八页。
③ 《买春诗话》，第十八页。
④ 《买春诗话》，第三十七页。
⑤ 《买春诗话》，第六页。
⑥ 《买春诗话》，第二十五页。
⑦ 《买春诗话》，第三十四页。

及治学,其向学之心可见。诸如此类,所评不拘形式,凡有感之语,则记述评论。

(二)《买春诗话》的素材来源

1. 来自其所藏之书。《买春诗话》所评七十九条诗作中,来自于马国翰藏书的有四十一条。如清盛复初《且种树斋诗钞》、明薛昌胤《蓼虫吟》、清李邺《柿园诗集》、清任兆麟《心斋诗稿》、清鹿林松《雪樵诗集》、清李文藻《岭南诗集》、明薛瑄《薛文清公集》、明王体复《姑射山人吟稿》、清高述明《积翠轩集》等,《玉函山房藏书簿录》均有著录。马国翰读诗之心得,皆记于《买春诗话》中。

2. 来自其自身见闻。除却藏书所载外,马国翰的见闻也是其诗话的来源。如评德州农女《自伤诗》云:"德州农女年十五,有奇志。工诗,一里推重之。高宗纯皇帝之东巡也,其父率之迎銮献诗。时随驾大臣以卷中有愤激语抑之而未达。女悲伤不已,乃作《自伤诗》云:'今日空怀下第伤,龙门咫尺意彷徨。世无知我宁关数,命不犹人自苦狂。妄忆龙光安祖舍,痴思恩曜慰高堂。天如明鉴何相阻,空使英雄泪两行。'吁,以女子而脱尽巾帼脂粉气习,亦大可佳。然以女子而有丈夫心,假使得志,必为两间尤物。其不遇也,殆亦与五角六张之赋命数同奇欤?"① 又如马国翰于雄县店壁见姑苏女子李梅题句"随母驰驱出帝郊,长裙拖地瘦纤腰。当年误把桃夭咏,肠断燕南十二桥",马国翰评之曰:"二十八字中,性情风度,遇命行程,历历可见,是谓传神之笔。"② 又评章丘董元铸之诗,《买春诗话》云:"章邱董茂才元铸有清

---

① 《买春诗话》,第三页。
② 《买春诗话》,第三页。

才，东溟尝诵其近作，有'一簇白云寺，数声黄叶钟'，洵佳句也。"① 可见平日见闻的积累也是《买春诗话》内容的重要来源。

（三）《买春诗话》的考据特点

《买春诗话》最鲜明的特点，是不全从文学角度来品评诗歌。这部诗话也有大量的考证内容，充分体现了马国翰作为一位文献学家的考据功底。《买春诗话》第四页有姚苞埏《咏蚕豆》诗有句云"离离豌豆满中田，小字更呼吴下传"，句下有自注云："蚕豆即豌豆，吴人谓之蚕豆。"马国翰有按语云："蚕豆、豌豆自是两种。《农政全书》云：生田野间，其苗初塌地，生后分茎叶。又叶似苜蓿叶而细，茎叶稍间，开淡葱白塌花，结小角，有豆如豍豆状，味甜。又云：蚕豆，今处处有之，生田园中，科苗高二尺许，茎方。其叶状类黑豆叶而圆长光泽。纹脉坚直，色似豌豆颇白。茎茎稍间，开白花，结豆角，其豆似豇豆而小，色赤味甜。其说二豆形状殊别，非一物明矣。姚诗以蚕豆为豌豆，盖承吴瑞《本草》之说而误。抑知李时珍《本草纲目》固早引吴说而驳斥其非乎？"

又述德州田雯"官水部时，于寓所见山姜花，爱之，形诸咏歌，有'墙角残立山姜花'之句。一时属和者数百，遂以为号。先生孙西圃同之禀承家学，复号'小山姜'"②。随后又对古今三字字作了一番考证："隋时道士屈突无为，字无不为，见《龙川别志》。晁景迂一字伯以父，见《陆务观文集》。刘敞、刘攽兄弟字伯贡父、仲原父，见欧公所作《原父墓志》。前凉张天锡字公纯嘏，见《十六国春秋》。陶一字昭万有，太原傅山字青主，一字公之佗，见王阮亭《池北偶谈》。若因先世二字而加'小'

---

① 《买春诗话》，第三十三页。
② 《买春诗话》，第三十三页。

以别之，则小山姜始也。"①

又评唐李贺《塞下曲》"沙远席箕愁"一句，云："李贺《塞上》诗'天远席箕愁'，刘会孟注：席箕，如箕，踞坐。杨升庵《丹铅录》驳其说，曰：'秦韬玉《塞上曲》云席箕风紧马燹豪，此岂踞义乎？席箕恐是塞上地名。'然亦非也。考任昉《述异记》，席箕，一名塞芦，生北胡地，古诗'千里席箕草'。以升庵之博洽，岂未见此。甚矣，强记之难也。"②诸如此类，考证良多，皆详尽有据，足见其博闻强识。

（四）《买春诗话》与《玉函山房藏书簿录》的互补之处

1. 《买春诗话》记载马氏收藏但不见于《玉函山房藏书簿录》著录之书，详见第四章第四节。《玉函山房藏书簿录》刻于道光二十九年，之后马氏所得之书《簿录》皆不得体现。《买春诗话》因前后无序跋，无法准确判断其刊刻年月，只能约略记为"道光、咸丰间刻本"。从这些马国翰收藏但《玉函山房藏书簿录》没有著录的诗集来看，《买春诗话》的刊刻应晚于《玉函山房藏书簿录》。

2. 《买春诗话》中对诗人、诗作的评述，与《玉函山房藏书簿录》解题中的记述可相互参照。《诗话》中所记诗人的著作，马国翰多有收藏，前文已述，而两书中对于诗人、诗作的记录，可以相互参照阅读。如评清秀水盛复初诗，《买春诗话》云："自序云：'自乾隆庚辰岁来宾冈州，历年葺内外书舍。客有谓予曰，前人种树后人乘凉。予曰，且种树。'遂颜其斋而系之以诗。"③

---

① 《买春诗话》，第三十一页。
② 《买春诗话》，第三十二页。
③ 《买春诗话》，第三页。

盛复初《且种树斋诗钞》,《玉函山房藏书簿录》卷二十三著录,云:"国朝秀水盛复初子亨撰。隐于幕,好谈兵,诗有奇气。自序谓'前人种树后人乘凉,吾且种树',此命集之意也。"① 又《买春诗话》云阳周石攻玉"所刊《绎贤堂小草》,宋人语录也,中有诗凡十首"②。《玉函山房藏书簿录》卷二十三著录,《绎贤堂小草》云:"国朝阳周石攻玉伯可撰。诗有理致。"③ 又《诗话》述吴县张琦一条云:"吴县张映山琦,磊落英伟,工词翰,隐于幕府。乾隆戊申开所著《苍雪山房集》二卷于武昌节署之晚晴亭,有阳湖洪稚存常博亮吉序。"④《苍雪山房集》,《玉函山房藏书簿录》卷二十三著录,云:"国朝诸生吴县张琦映山撰。游幕江左,诗有奇气。有洪稚存序。"⑤

《买春诗话》之记述,与《玉函山房藏书簿录》相呼应,二者可相互补充。

3.《买春诗话》与《玉函山房藏书簿录》可相互补正对方谬误。《买春诗话》和《玉函山房藏书簿录》皆有些许刊刻错误或缺陷,两部相互参照,可相互补正。如《买春诗话》载建水傅为𧦮一条云:"建水傅岩溪为仁……诗载《密藏斋诗钞·北征集》中。"⑥ 查《玉函山房藏书簿录》卷二十三,著录《藏密诗钞》一卷,云:"国朝建水傅为𧦮岩溪撰,有乾隆辛巳自序。"⑦《清人诗文集总目提要》有《藏密诗钞》五卷,云:"傅为𧦮撰。为𧦮生于康熙四十年,卒于乾隆三十五年。字嘉言,号谨斋,又号岩溪,云南建水人。雍正十一年进士,官至左副都御史。"⑧《诗

---

① 《玉函山房藏书簿录》卷二十三,第七页。
② 《买春诗话》,第十五页。
③ 《玉函山房藏书簿录》卷二十三,第十五页。
④ 《买春诗话》,第十六页。
⑤ 《玉函山房藏书簿录》卷二十三,第二十一页。
⑥ 《买春诗话》,第二十页。
⑦ 《玉函山房藏书簿录》卷二十三,第十七页。
⑧ 柯愈春:《清人诗文集总目提要》,北京古籍出版社,2001年版,第574页。

话》称"建水傅岩溪为仁",又云其诗集名《密藏斋诗钞》,皆误,而《玉函山房藏书簿录》所著录书名、作者为确,惟卷数为一卷,与现在著录之五卷不符。《藏密诗钞》内分小集若干,有《官辽集》、《寸草集》、《纪行集》等,《玉函山房藏书簿录》盖统云一卷。又如《买春诗话》述汉军李锴一条,云:"李铁君楷,别号鹰青山人,著《睫巢集》若干卷,余于京师购得后集一帙,通州牧补堂杜君所刊本,有秦蕙田味经序。"①《玉函山房藏书簿录》卷二十二著录《睫巢集》六卷《后集》一卷,云:"国朝奉天李锴铁君撰。号豸青山人。"② 李锴,《买春诗话》作"楷"。《清史稿·列传二百七十二》文苑二有李锴传,云:"李锴,字铁君,汉军正黄旗人。祖恒忠,副都统。湖广总督辉祖子。锴娶大学士索额图女,家世贵盛,其于荣利泊如也。……"③ 其名为"李锴",《诗话》刊刻有误。《玉函山房藏书簿录》有一些卷数、版本信息不全的情况,《买春诗话》也在一定程度上补正了这种缺失。如《玉函山房藏书簿录》卷二十三著录《春声堂集》,只有书名,卷数、版本、作者及提要部分全为墨条,著录不完整。《买春诗话》评汉阳戴喻让之诗,云:"汉阳戴思任喻让,陈勾山先生及门士也。著有《春声堂诗集》七卷,秀丽于飞卿为近。"④ 乃知《春声堂诗集》为七卷,作者为汉阳戴喻让。《买春诗话》在一定程度上补充了《玉函山房藏书簿录》的不足。

(五)《买春诗话》的历史价值

《买春诗话》不但是一部品评诗歌作品的文艺评论著作,同

---

① 《买春诗话》,第二十六页。
② 《玉函山房藏书簿录》卷二十二,第三十八页。
③ 赵尔巽:《清史稿》卷四八五,列传二百七十二,中华书局,1976年版,第13378页。
④ 《买春诗话》,第十一页至十二页。

时，其中保留了大量的人物传记资料。《买春诗话》以人纪诗，对诗人的介绍都翔实可靠，可供史参。全书所评78位诗人中，山东籍诗人25人，其对山东籍诗人及其诗作的评述，有的被《山东通志》直接引用。

《山东通志·艺文志》引用马国翰《买春诗话》者九条：

1. 掖县王炳昆《雪黍草》，云："《买春诗话》载是编，云：'有《饮晋茗丛乐园》七律云：石林晚霁夕阳斜，奉使重游几岁华。松菊有情寻旧好，山河无地不悲笳。歌翻红袖人如玉，句问晴天雪欲花。蔺烛正堪深夜醉，城头画角蚤催车。气骨傲岸，慷当以慨，大似玉溪拟杜之作。'"①

2. 章丘术翼宗《雪鸿集》四卷，云："《买春诗话》云：'章丘术石发先生负才名，倜傥不羁，落拓名场四十年。奉母归山，不复出，时论高之。'"②

3. 历城高瑾《藉青书屋诗集》十二卷，云："《买春诗话》高瑾一条云：'与渔洋、莲洋诸先生相酬和，著有《藉青书屋诗稿》，藏于家。其族孙宴桃，余弟宪甫之妻兄也，尝从借得其诗，朴淡真切，不事雕绘。'"③

4. 益都李文藻《岭南诗集》八卷，云："《买春诗话》云：'所著《岭南诗集》八卷，官为一集，用梁王筠之例，分恩平、桂林、潮阳，凡古今诗五百八十首，有钱竹汀先生序。集中美不胜收。'"④

---

① 《山东通志》卷百四十四，艺文志第十，第4076页。
② 《山东通志》卷百四十四，艺文志第十，第4100页。
③ 《山东通志》卷百四十四，艺文志第十，第4128页。
④ 《山东通志》卷百四十四，艺文志第十，第4184页

5. 历城朱曾武《说饼庵诗》，云："《买春诗话》云：'吾邑朱孝廉曾武应试礼部时，会阙有献俘，朱赋《楼兰头颅歌》，轰传都下。同人或戏曰：御史以君诗奏上，闻将捕君矣。朱大惧，即日束装归，遂以心悸病卒。吁，此亦可为多言之戒矣。"①

6. 福山鹿林松《雪樵诗集》四卷，云："《买春诗话》载是集，云：'刘寄庵先生为之序，诗学李少鹤刺史兄弟，所谓高密派也。'"②

7. 齐河郝答《爱吾庐稿》、《南游小草》，云："《买春诗话》云：'餐霞倜傥不羁，任侠有奇，博学工诗。以《四面荷花赋》受知于阮芸台先生，名大振。所著《爱吾庐稿》、《南游小草》并属余序之。诗涉唐贤之域，同人中无出其右者。'"③

8. 章丘李邺《柿园诗稿》云："《买春诗话》李邺一条云：'性拙朴，癖嗜于诗，学唐律四十余年，无间冬夏。丙戌之岁，开所著《柿园稿》，有余序及顿邱子小传。稿内佳句颇多。'"④

9. 李邺《饭颗山房集》，云："《买春诗话》云：'……东溟有《戏题骂郎坡绝句》一首，落句云：未识当年谁薄幸，至今犹号骂郎坡。诗载前刻《饭颗山房集》中，语固含蓄得妙，然词意两平，似待悍妇过恕。'"⑤

---

① 《山东通志》卷百四十四，艺文志第十，第 4209 页。
② 《山东通志》卷百四十四，艺文志第十，第 4220 页。
③ 《山东通志》卷百四十四，艺文志第十，第 4245 页。
④ 《山东通志》卷百四十四，艺文志第十，第 4261 页。
⑤ 《山东通志》卷百四十四，艺文志第十，第 4261 页。

能够被官修地方志所引用，足见《买春诗话》中所保存的人物传记资料的真实性和重要性。这部诗话在保存山东地方史料方面有不小的贡献，在山东历史文化史中应该占有一席之地。

马国翰的《买春诗话》是一部内容丰富，偏重考证的诗文评著作，与《玉函山房藏书簿录》亦有密切关系，同时也颇有历史价值与文化意义。

综上，马国翰在文学方面著述亦多，除诗文著作外，马国翰于笔记小说的创作有浓厚的兴趣，于文学评论方面亦有著作，其文学修养与文学成就也不应被忽视。

结　语

　　马国翰一生勤勉，专精辑佚，其最大成就，就是辑录《玉函山房辑佚书》。这部大书的完成，与马国翰个人的勤奋与努力是分不开的。《玉函山房辑佚书》由马国翰独立完成，前后历时二十余年。马国翰自青年时期便笃心学术，尤用心于考据之学，这也是他从事辑佚事业的动力。马国翰并不是无功名的布衣学者，他是清代一名基层地方官，因此要做必要的公务。而其在为官期间，已刻成经编和子编的书版。经、子类古佚书是《玉函山房辑佚书》的主体，由此可见，马国翰在出仕期间已基本完成《玉函山房辑佚书》的编纂工作。能够在繁忙的公务之余，仅凭一己之力，完成如此巨作，其勤奋程度和对学术的用心可想而知。正是由于马国翰对辑佚事业的执着和不懈努力，才有了《玉函山房辑佚书》这部辑佚学巨著。

　　马国翰的辑佚学成就，除其自身的勤奋外，与他所处的时代也是密不可分的。首先，清代辑佚学的发展与清代考据学的发展关系密切。从事考据要求学者对文献的掌握要完整、全面，这促使了"稽古之学"即辑佚学的发展。其次，辑佚学在乾嘉时期尤为兴盛。清代辑佚家们也已经明晰了辑佚的概念，明确了辑佚的方向，并有具体的辑佚方法，辑佚学理论已经在实践中形成。第三，在马国翰之前，余萧客、张惠言、张澍等前辈学者已具有了一定的辑佚学成果。马国翰借鉴并有效利用了前人的辑佚成果。由此可见，马国翰的辑佚学成就，得益于时代，而他的辑佚成果，也泽惠后人。

《玉函山房辑佚书》是马国翰毕生学术精力的结晶，它既是一部辑佚巨著，其佚文前的叙录又形成一部完备的佚书目录，不但具有辑佚学价值，也具有高度的目录学价值。基于这一点，马国翰在清代辑佚学史和目录学史上都应占有重要的地位。

专事辑佚之外，马国翰也拥有多元的学术身份。首先，他是一位藏书家。其所藏书，除注重经部书籍的收藏外，亦注重收藏山东乡贤著作、小说、医书及明清地方志，形成与其他藏书家不同的藏书特色。其次，他是一位目录学家。其所著《玉函山房藏书簿录》，著录大量清代人著作，保留了丰富的清代书籍信息，亦体现出清代出版业的繁盛，具有鲜明的时代意义与目录学价值。第三，他是一位诗人。马国翰有数量颇丰的诗歌作品，其诗风格质朴，格律精工。马国翰亦曾参与推动济南鸥社的发展，在鸥社诗人中颇有威望，亦是清代山东诗坛一位较有分量的诗人。除创作诗歌，马国翰还著有《买春诗话》，其在诗文评方面亦多有自己的见地，评论诗人、诗作十分恳切。此外，马国翰对古钱币亦颇有研究，著有《红藕花轩泉品》，录先秦至明代古币，考证颇为严谨。作为一位多元、全面的学者的同时，马国翰为官清廉，颇有政声。其在任上积极兴学，扶持当地学子，并出资为儒生刊刻诗文集，亦是一位正直、笃诚的地方官员。

总之，马国翰博通儒术，精于辑佚，擅长诗文，著书勤勉，是一位学术与文学兼修的文献大家。

参考文献

1. 〔清〕马国翰撰：《玉函山房诗集》，光绪十年章丘李氏补刻本。
2. 〔清〕马国翰撰：《玉函山房诗钞》，光绪十年章丘李氏补刻本。
3. 〔清〕马国翰撰：《玉函山房文集》，光绪十年章丘李氏补刻本。
4. 〔清〕马国翰撰：《文选拟题诗》，光绪十年章丘李氏补刻本。
5. 〔清〕马国翰撰：《玉函山房藏书簿录》，道光二十九年历城马氏刻本。
6. 〔清〕马国翰撰：《五峰山馆诗课》，光绪十五年章丘李氏补刻本。
7. 〔清〕马国翰撰：《竹如意》，《山东文献集成》第三辑第二十三册，山东大学出版社，2010年版。
8. 〔清〕马国翰撰：《夏小正诗》，道光十一年刻本。
9. 〔清〕马国翰、李廷棨合撰：《百八唱和集》，光绪十五年章丘李氏补刻本。
10. 〔清〕马国翰撰：《买春诗话》，道光、咸丰间历城马氏刻本。
11. 〔清〕马国翰撰：《玉函山房辑佚书》，同治十年皇华馆书局补刻本。

12. 〔清〕马国翰撰:《玉函山房辑佚书》,光绪十五年章丘李氏补刻本。

13. 马笃恒、马笃艮主修:《马氏家谱》,民国二十年第五次续修本。

14. 〔清〕周乐撰《二南文集续刻》,道光二十二年枕湖书屋刻本。

15. 〔清〕郝荅撰:《爱吾庐续集》,道光十三年刻《郝氏四子诗钞》本。

16. 〔清〕王德容撰:《秋桥诗续选》,道光三十年刻本。

17. 〔清〕李㴑撰:《纫香草堂诗集》,《山东文献集成》第四辑第三十册,山东大学出版社,2011年版。

18. 〔清〕李㴑撰:《柿园诗稿》,道光中春雨楼刻本。

19. 〔清〕谢焜撰:《绿云堂稿》,嘉庆中刻本。

20. 〔宋〕陆游撰:《老学庵笔记》,中华书局,1979年版。

21. 〔明〕边贡撰:《华泉集》,《四库全书》本,上海古籍出版社,2002年影印本。

22. 〔清〕王士禛撰:《带经堂诗话》,人民文学出版社,1998年版。

23. 〔清〕永瑢、纪昀等撰:《四库全书总目提要》,中华书局,1965年版。

24. 〔清〕皮锡瑞撰:《经学历史》,中华书局,2011年版。

25. 叶德辉撰:《书林清话》,广陵书社,2007年版。

26. 〔清〕戴震撰:《戴震文集》,上海书店出版社,2009年版。

27. 〔清〕惠栋撰:《九经古义》,《皇清经解》本,凤凰出版社,2005年版。

28. 〔清〕余萧客撰:《古经解钩沉》,《四库全书》本,上海古籍出版社,2002年影印本。

29. 〔清〕章学诚撰:《章学诚遗书》,文物出版社,1985

年版。

30.〔清〕孙星衍撰:《古史考序》,《平津馆丛书》本,凤凰出版社,2010年影印本。

31.〔清〕孙星衍撰:《尚书今古文注疏》,《平津馆丛书》本,凤凰出版社,2010年影印本。

32.〔清〕周中孚撰:《郑堂读书记》,上海古籍出版社,2002年版。

33.〔清〕全祖望撰:《鲒埼亭集外编》,《续修四库全书》本,上海古籍出版社,2002年版。

34.〔清〕朱筠撰:《笥河文集》,《续修四库全书》本,上海古籍出版社,2002年版。

35. 朱铸禹校注:《全祖望集汇校集注》,上海古籍出版社,2000年版。

36.〔清〕严可均撰:《全上古三代秦汉三国六朝文》,中华书局,2012年影印本。

37.〔清〕严可均撰:《铁桥漫稿》,《续修四库全书》本,上海古籍出版社,2002年版。

38.〔清〕黄奭撰:《黄氏逸书考》,《续修四库全书》本,上海古籍出版社,2002年版。

39.〔清〕苏惇元撰:《望溪先生年谱》,《北京图书馆藏珍本年谱丛刊》,北京图书馆出版社,1999年版。

40.〔清〕刘锦藻撰:《清朝续文献通考》,浙江古籍出版社,2000年影印本。

41.〔清〕杨守敬撰:《增订丛书举要》,《杨守敬集》本,湖北人民出版社,1988年版。

42.〔清〕王照圆撰:《列女传补注》,《续修四库全书》本,上海古籍出版社,2002年版。

43.〔清〕张之洞撰,范希曾补正:《书目答问补正》,上海世纪出版集团,2010年版。

44. 〔清〕蒲松龄撰：《聊斋志异》，人民文学出版社，2007年版。

45. 张曜、杨士骧等修：《山东通志》，民国四年至七年山东通志刊印局铅印本。

46. 毛承霖撰：《续历城县志》，民国十五年济南大公印务公司印本。

47. 沈乾一撰：《丛书书目汇编》，民国十八年上海医学书局排印本。

48. 孙殿起撰：《贩书偶记》，中华书局，1959年版。

49. 孙殿起撰：《贩书偶记续编》，上海古籍出版社，1980年版。

50. 杭州大学图书馆编：《杭州大学图书馆线装书总目》，杭州大学图书馆，1964年印本。

51. 刘节撰：《中国史学史稿》，中州书画社，1982年版。

52. 王重民撰：《清代两个大辑佚书家评传》，载于《中国目录学史论丛》，中华书局，1984年版。

53. 梁启超撰：《中国近三百年学术史》，中国书店，1985年版。

54. 徐世昌编：《晚晴簃诗汇》，中国书店，1988年影印本。

55. 王欣夫撰：《蛾术轩箧存善本书录》，上海古籍出版社，2002年版。

56. 赵尔巽等撰：《清史稿》，中华书局，1976年版。

57. 孙启治、陈建华编：《古佚书辑本目录》，中华书局，1997年版。

58. 上海图书馆编：《中国丛书综录》，上海古籍出版社，2007年版。

59. 曹书杰撰：《中国古籍辑佚学论稿》，东北师范大学出版社，1998年版。

60. 张舜徽撰：《清人文集别录》，华中师范大学出版社，

2004 年版。

61. 柯愈春撰：《清人诗文集总目提要》，北京古籍出版社，2001 年版。

62. 蒋寅撰：《清诗话考》，中华书局，2005 年版。

63. 吴宏一撰：《清代诗话考述》，台湾"中央研究院"中国文哲研究所 2006 年版。

64. 张升撰：《论清代辑佚兴盛的原因》，载于《古籍整理研究学刊》1994 年第 5 期。

65. 张升撰：《四库馆签永乐大典辑佚书考》，载于《文献》季刊 2004 年第 1 期。

66. 宁荫棠撰：《百年藏板重现记》，载于《藏书家》第 4 辑，齐鲁书社，2001 年版。

67. 杨祖逵、顾亚东撰：《清代辑佚思想探源》，载于《图书馆理论与实践》2007 年第 6 期。

68. 张涛撰：《三礼馆辑录永乐大典经说考》，载于《故宫博物院院刊》2011 年第 6 期。

69. 曹书杰撰：《马国翰》，《中国古代文献学家研究》，广西师范大学出版社，1996 年版。

70. 邱丽玟撰：《马国翰及其〈玉函山房藏书簿录〉研究》，台北大学古典文献研究所，硕士论文。

图书在版编目（CIP）数据

马国翰研究 / 赵晨著. —北京：北京联合出版公司，2021.5
　　ISBN 978-7-5596-3556-3

　　Ⅰ. ①马… Ⅱ. ①赵… Ⅲ. ①马国翰（1794-1857）-人物研究 Ⅳ. ①K825.41

中国版本图书馆 CIP 数据核字（2019）第 184620 号

马国翰研究

作　　者：赵　晨
出 品 人：赵红仕
责任编辑：张永奇
整体设计：黄晓飞
出版发行：北京联合出版有限责任公司
　　　　　北京联合天畅文化传播有限公司
社　　址：北京市西城区德外大街 83 号楼 9 层
邮　　编：100088
电　　话：(010) 64243832
印　　刷：固安县云鼎印刷有限公司
开　　本：710mm×1000mm　1/16
字　　数：334 千字
印　　张：26
版　　次：2021 年 5 月第 1 版
印　　次：2021 年 5 月第 1 次印刷
ISBN 978-7-5596-3556-3
定　　价：72.00 元

文献分社出品

未经许可，不得以任何方式复制或抄袭本书部分或全部内容
版权所有，侵权必究